期货市场民事责任
法律问题研究

贺绍奇 等 著

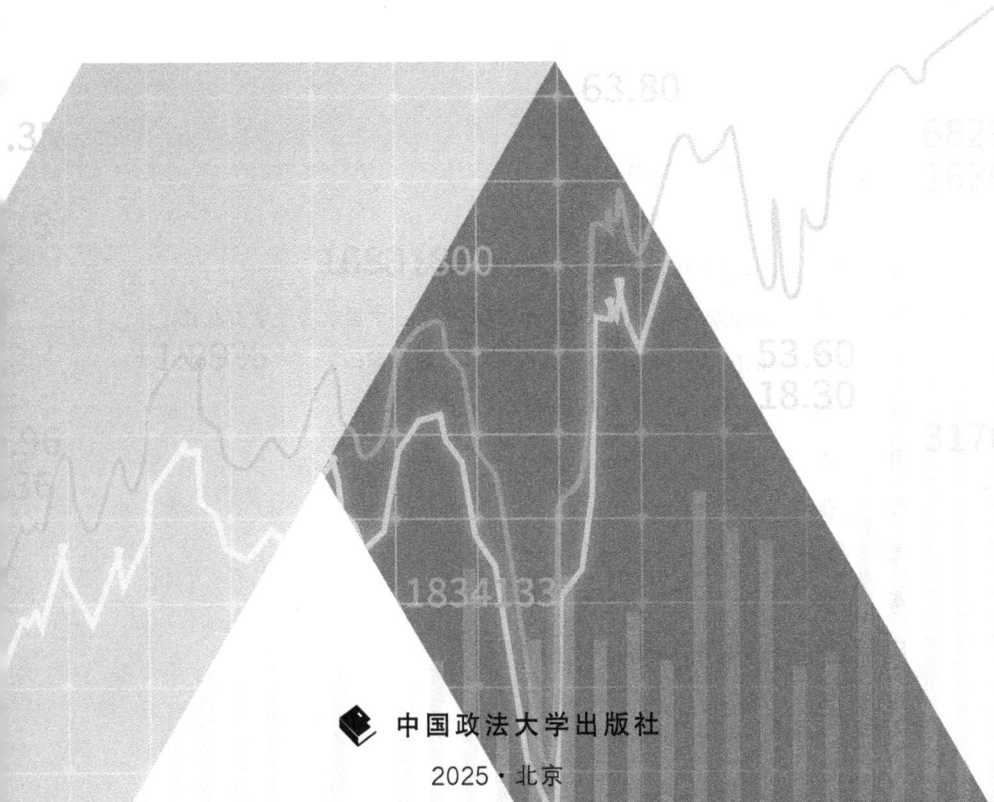

中国政法大学出版社

2025·北京

声　明　1. 版权所有，侵权必究。

　　　　　2. 如有缺页、倒装问题，由出版社负责退换。

图书在版编目（CIP）数据

期货市场民事责任法律问题研究 / 贺绍奇等著.
北京：中国政法大学出版社, 2025. 6. -- ISBN 978-7
-5764-2090-6
　Ⅰ. D922.287.4
中国国家版本馆 CIP 数据核字第 2025JV8284 号

出　版　者	中国政法大学出版社
地　　　址	北京市海淀区西土城路 25 号
邮寄地址	北京 100088 信箱 8034 分箱　邮编 100088
网　　　址	http://www.cuplpress.com（网络实名：中国政法大学出版社）
电　　　话	010-58908437(编辑部) 58908334(邮购部)
承　　　印	保定市中画美凯印刷有限公司
开　　　本	880mm×1230mm　1/32
印　　　张	11.75
字　　　数	275 千字
版　　　次	2025 年 6 月第 1 版
印　　　次	2025 年 6 月第 1 次印刷
定　　　价	59.00 元

前 言

本书首次尝试以金融监管理论逻辑诠释期货市场民事责任法律制度。

本书由贺绍奇牵头组织撰写,第一章、第六章由贺绍奇执笔,第九章由孙李涛和贺绍奇执笔,第三章、第四章、第五章由申傲与贺绍奇共同执笔,第二章、第七章、第八章、第十章则分别由杨文婕、郑燕玲、李淑仪、康俊澳与贺绍奇共同执笔,王雨欣也参与了本书撰写,贡献良多。全书由贺绍奇统稿,申傲协助。本书出版不仅得到了中国政法大学资助,还得到了民商经济法学院以及民商经济法学院财税金融法所大力支持。在此一并致谢。同时,还要特别感谢中国政法大学出版社编辑老师,她们细致编审和高度敬业精神让本书许多错漏得到纠正,为本书增色不少。

内容摘要

《中华人民共和国期货和衍生品法》（以下简称《期货和衍生品法》）在民事责任制度立法上一步到位，但落实面临巨大的挑战。一是有关期货市场民事责任理论研究成果非常少，二是民事赔偿诉讼判例也非常少。本书对所有民事责任制度从条文演变、民事赔偿责任构成要件、民事责任性质、归责原则、损失赔偿范围及损失计算方法进行了系统化的论述。

第一章从监管法视角阐释了证券期货法上的民事责任制度的金融监管功能，并对晚近司法政策进行了梳理，阐释新的功能定位下民事责任制度背后的监管逻辑，即强调民事赔偿责任追责对证券期货违法的震慑功能与公私执法的协同效应，立体追责体系下民事追责不再单纯依靠诉讼，而是依靠调解、仲裁与诉讼等多元纠纷解决机制的对接与协调落实。

第二章专章阐释期货市场违反交易者适当性义务，即错误销售的民事赔偿责任。本章梳理目前所有错误销售赔偿纠纷案例，对错误销售民事赔偿司法裁判逻辑进行全面梳理总结。

第三章、第四章、第五章分别阐释操纵期货市场、内幕交易、扰乱期货市场的民事赔偿责任。这三章通过对学术文献、刑事案件判例、行政处罚案例等的梳理阐释了民事赔偿责任构成要件的认定标准、赔偿范围及损失计算方法。

第六章专章阐释强行平仓的民事责任，从行为监管和审慎监管逻辑视角，结合司法判例对强行平仓导致损失风险在期货经营机构与交易者之间进行公平分配提出了独到的见解。

第七章专章阐释《期货和衍生品法》第78条期货经营机构损害交易者的民事责任，并结合行政处罚、司法判例、司法解释、立法、监管规定、学术文献以及最新立法释义对所列各项进行逐条展开。

第八章专章讨论期货交易所的民事赔偿责任。

第九章专章讨论了我国当下证券期货民事赔偿多元纠纷解决机制的创新与探索。

第十章为欧盟、美国期货市场民事赔偿责任制度比较研究，尤其对美国期货经营机构欺诈客户和违反风险揭示义务以及美国民事赔偿多元纠纷解决机制的独特经验与做法进行了研究。

目　录

第一章　期货市场民事责任新的功能定位及机制再造 … 002
　一、金融监管法下民事责任制度新的功能定位 ………… 002
　二、民事责任制度短板补齐，立体追责体系的形成……… 003
　三、公私执法的协同 …………………………………… 008

第二章　违反交易者适当性义务的民事责任…………… 014
　一、适用的范围 ………………………………………… 016
　二、错误销售赔偿责任构成要件 ……………………… 026
　三、适当性义务履行可视化要求及期货经营机构的举证
　　　责任 …………………………………………………… 043
　四、民事责任性质：缔约过失责任还是侵权赔偿责任 … 044
　五、期货经营机构的免责抗辩 ………………………… 046
　六、损失赔偿范围 ……………………………………… 051

第三章　操纵期货市场的民事责任……………………… 054
　一、操纵期货市场民事赔偿责任构成要件 …………… 055

二、归责原则 …………………………………… 070
　　三、责任主体的识别 …………………………… 070
　　四、损失赔偿范围及计算方法 ………………… 071
　　五、证券操纵市场与期货操纵市场民事责任制度
　　　　通约性 ………………………………………… 072

第四章　期货市场内幕交易的民事责任 …………… 078
　　一、期货市场内幕交易的构成要件 …………… 079
　　二、受害人 ……………………………………… 090
　　三、损失赔偿范围及计算方法 ………………… 091

第五章　扰乱期货市场的民事责任 ………………… 093
　　一、扰乱市场行为民事赔偿责任构成要件 …… 094
　　二、扰乱市场行为与操纵市场行为的区分 …… 096
　　三、损失赔偿范围及计算方法 ………………… 097

第六章　强行平仓致人损失的民事责任 …………… 100
　　一、强行平仓条文的沿革 ……………………… 101
　　二、强行平仓民事纠纷晚近发展趋势 ………… 104
　　三、强行平仓权利行使或行使约定的纠纷 …… 105

第七章　期货经营机构损害交易者的民事责任 …… 116
　　一、向交易者作出保证其资产本金不受损失或者取得最低
　　　　收益承诺 …………………………………… 117
　　二、与交易者约定分享利益、共担风险 ……… 127
　　三、违背交易者委托进行期货交易 …………… 132

目录

　　四、隐瞒重要事项或者使用其他不正当手段，诱骗交易者
　　　　交易 ·· 138
　　五、以虚假或者不确定的重大信息为依据向交易者提供
　　　　交易建议 ·· 142
　　六、向交易者提供虚假成交回报 ···················· 146
　　七、未将交易者交易指令下达到期货交易场所 ········ 155
　　八、挪用交易者保证金 ······························ 163
　　九、未依照规定在期货保证金存管机构开立保证金账户，
　　　　或者违规划转交易者保证金 ······················ 170
　　十、利用为交易者提供服务的便利，获取不正当利益或者
　　　　转嫁风险 ·· 173

第八章　期货交易所的民事责任 ···················· 180
　　一、交易所的民事责任相对豁免认知及制度建构 ···· 180
　　二、美国期货交易所民事责任豁免制度 ············· 189
　　三、交割库违约违法行为下交易所的民事责任 ······ 192

第九章　期货市场民事责任的追责路径、实施方式
　　　　——多元纠纷解决机制 ·························· 196
　　一、证券期货民事纠纷调解 ·························· 198
　　二、仲裁 ·· 213
　　三、证券期货民事赔偿纠纷诉讼 ···················· 216
　　四、公益诉讼 ·· 226
　　五、案例测试 ·· 228

第十章　美欧期货市场民事责任法律制度比较研究 …… 233
一、美国期货经营机构欺诈交易者的民事赔偿责任 …… 233
二、违反告知说明义务（风险揭示）的民事法律责任 … 234
三、赔偿范围及损失计算 …………………………… 240
四、欧盟期货市场民事责任制度 …………………… 245
五、美国民事赔偿多元纠纷解决机制 ……………… 254

附　录 ……………………………………………… 260

参考文献 …………………………………………… 359

缩略语

1995年纪要：1995年《最高人民法院关于审理期货纠纷案件座谈会纪要》

2003年司法解释：《最高人民法院关于审理期货纠纷案件若干问题的规定》

1999年条例：1999年《期货交易管理暂行条例》

2007年条例：2007年《期货交易管理条例》

2012年条例：2012年修订的《期货交易管理条例》

2017年条例：2017年修订的《期货交易管理条例》

期货和衍生品法：《中华人民共和国期货和衍生品法》

《九民纪要》：2019年《全国法院民商事审判工作会议纪要》

《期货和衍生品法释义》：王瑞贺、方星海主编的《中华人民共和国期货和衍生品法释义》

第一章

期货市场民事责任新的功能定位及机制再造

一、金融监管法下民事责任制度新的功能定位

2021年中共中央办公厅、国务院办公厅《关于依法从严打击证券违法活动的意见》"总体要求"之（二）"工作原则"明确指出，"坚持零容忍要求。依法严厉查处证券违法犯罪案件，加大对大案要案的查处力度，加强诚信约束惩戒，强化震慑效应"。虚假陈述是资本市场违法行为的典型形式，也是严重损害投资者合法权益的易多发行为，依法追究证券虚假陈述相关责任主体的民事责任，是投资者权利救济的主要途径。司法解释的修改和发布，是最高人民法院贯彻落实中央对资本市场财务造假"零容忍"要求，依法提高违法违规成本、震慑违法违规行为的重要举措。[1]上述文件反复强调民事责任制度对违法违规行为的震慑功能。

《期货和衍生品法》就其性质来说是监管法，从期货市场监

---

〔1〕《最高人民法院民二庭负责人就〈最高人民法院关于审理证券市场虚假陈述侵权民事赔偿案件的若干规定〉答记者问》，载 https://baijiahao.baidu.com/s? id=1722583492947376598&wfr=spider&for=pc，最后访问时间：2023年3月22日。

管角度来说，立法、监督法律遵守和对违法追究责任都是服务于特定金融监管目标的手段。法律责任制度，无论是刑事责任、行政处罚还是民事赔偿责任都属于执法，分别由公诉检察机关、公共行政监管机构和私人（民事主体）发起追责，其目的是确保监管规则得到遵守，违法行为受到制裁，并对未来可能的违法产生吓阻震慑，防止新的违法行为发生，以此来保护金融消费者或投资者，防范金融风险，维护金融安全与金融稳定。因此，期货市场民事责任制度与民事赔偿诉讼的功能定位不同于民法上的民事责任制度，它不仅仅局限于对受到损失的私人进行经济补偿，同样重要的还有保证监管规则的实施与落实，实现金融监管目标。《期货和衍生品法》建立健全了期货市场民事责任制度，补齐了立体追责体系中长期存在的短板。民事赔偿诉讼行政处罚前置程序的取消，让作为私人执法的重要机制——民事赔偿诉讼与公共执法（追究行政责任和刑事责任的监管执法和刑事司法）得以平行协同。当然，公私执法协同还有赖于民事责任制度，尤其是民事赔偿纠纷得到有效、高质量、便捷的解决，而这又依赖于多元化纠纷解决机制，让私人执法效能得以充分发挥。

二、民事责任制度短板补齐，立体追责体系的形成

（一）证券民事责任制度立法演进

1993年《股票发行与交易管理暂行条例》规定的法律责任极为单一，仅笼统规定"违反本条例规定，给他人造成损失的，应当依法承担民事赔偿责任"与"违法本条例规定，构成犯罪的，依法追究刑事责任"。在行政处罚方面，该条例将行政处罚，尤其是罚款具体金额交给了中国证券监督管理委员会（以下简称"证监会"）与国务院证券委员会，针对个人违法行为设置了5000元至50万元的罚款区间。1998年《中华人民共和

国证券法》（以下简称《证券法》）设立了民事责任条款，明确了行政处罚的具体金额，并专门规定了证券监管机构的执法权限。然而，民事责任条款仅规定了短线交易、虚假陈述、证券公司违背客户委托和中介机构出具虚假文件的民事责任，没有规定操纵市场、内幕交易的民事责任。在行政处罚上，1998年《证券法》针对不同类型的违法行为分别规定不同的罚款标准。如内幕交易行为处违法所得1倍至5倍罚款，虚假陈述行为处30万元至60万元罚款。针对直接责任人员的罚款则为3万元至30万元。2001年9月，《最高人民法院关于涉证券民事赔偿案件暂不予受理的通知》中止了法院对证券民事赔偿案件的受理，导致证券法上民事责任有名无实。2002年1月，最高人民法院发布《关于受理证券市场因虚假陈述引发的民事侵权纠纷案件有关问题的通知》，设置了证券监管机构行政处罚作为民事赔偿案件受理的前置程序，且不允许集体诉讼。2005年修订的《证券法》规定了10条民事责任条款，并明确了内幕交易、操纵市场的民事责任；还规定了上市公司实际控制人或控股股东作出虚假陈述的连带民事责任；同时扩大了证监会的执法权限，允许其采用交易的临时限制，并扩大了其调查取证权力。但在行政处罚力度方面基本维持了原状，仅将操纵市场行政处罚的罚款提升到300万元，大部分针对单位违法行为的行政处罚的罚款仍维持最高60万元不变。[1]

（二）强监管下证券民事责任制度立法

《国务院办公厅关于加强金融消费者权益保护工作的指导意见》（国办发〔2015〕81号）指出，"金融消费者是金融市场的

---

〔1〕何海锋、席琢玉：《从〈股票交易条例〉到新〈证券法〉——法律责任的视角》，载《金融博览》2020年第12期。

重要参与者,也是金融业持续健康发展的推动者。加强金融消费者权益保护工作,是防范和化解金融风险的重要内容,对提升金融消费者信心、维护金融安全与稳定、促进社会公平正义和社会和谐具有积极意义"。该意见还提出"保障金融消费者依法求偿权",以及"建立金融消费纠纷多元化解决机制"。

2019年《证券法》修订将"进一步加强投资者合法权益保护,推动证券行业创新,简政放权,强化事中事后监督,促进多层次资本市场健康发展"作为修法的"指导思想"。这一指导思想在一审稿中民事责任制度修订部分体现得非常充分。具体表现为:其一,增加了违反适当性义务的民事赔偿责任;其二,发行人、控股股东、实际控制人等主体作出公开承诺不履行的民事赔偿责任;其三,程序化交易扰乱市场证券交易秩序给投资者造成损失的民事赔偿责任等;其四,民事诉讼实施机制增加了代表人诉讼制度,完善了股东派生诉讼制度,并对投资者保护机构提出股东派生诉讼所需的持股比例和期限作出了特别规定。与此同时,在事后监管手段上,完善监管执法方式、手段和措施,加大对违法行为的惩罚力度。[1]三审稿进一步完善相关证券民事责任纠纷解决相关制度,对如何落实有关民事责任制度,全国人大宪法和法律委员会提出了以下建议:一是增加关于证券纠纷调解的规定,确立强制调解制度。二是增加支持诉讼的规定。即国家设立投资者保护机构,对损害投资者利益的行为其可依法支持投资者向人民法院提起诉讼。三是完善股东代表诉讼相关规定。即明确对于"发行人的控股股东、实际控制人等侵犯公司合法权益给公司造成损失"的行为,持有

---

[1] 吴晓灵在2015年4月20日代表全国人大财政经济委员会在第十二届全国人民代表大会常务委员会第十四次会议上所作的《关于〈中华人民共和国证券法(修订草案)〉的说明》。

该公司股份的国家设立的投资者保护机构可提起股东代表诉讼。三审稿还进一步加大了对证券违法行为的惩处力度。[1]这些最终都被纳入了立法。

2019年《证券法》修订补齐了证券民事责任制度长期存在的短板，形成了一个强有力的比较完善的对证券违法行为的立体追责体系。其中，法律责任条款中，规定的行政处罚的责任条款有40条，民事责任条款有19条，分别占67.8%和32.2%。其中民事责任条款相对于2005年《证券法》提高了近15个百分点。违法者个人同时需要承担民事责任和行政处罚的有43个条款，在责任条款中的占比高达72.8%。不仅如此，处罚的力度也空前提高。以违法所得为基础计算行政处罚的罚款从最高5倍提高到10倍，对单位违法的行政处罚的罚款上限从原来的60万元提高到500万元，此类条款在行政处罚条款中占比高达70%。发行人欺诈发行行政处罚的罚款最高上限达到2000万元，证券公司挪用客户资金、虚假陈述等违法行为行政处罚的罚款最高上限高达1000万元。个人违法行政处罚的罚款上限由30万元提高到200万元，处罚上限高达200万元的条款占所有对个人违法者行政处罚的罚款条款的85%。同时，2019年《证券法》修订再次大幅度扩大了证监会的执法权，并赋予证监会更多可用的监管矫正措施。如新增了证券市场诚信档案，扩大了证券市场禁入的范围，赋予了证监会更多调查取证权限和能够采取的调查手段，更重要的是加大了不配合调查执法的惩罚力度（最高罚款可达200万元）。在民事责任执法机制上，除规定普通投资者个人（包括法人）可通过传统个人诉讼、共同诉讼外，

---

[1] 李飞代表全国人民代表大会宪法和法律委员会在2019年4月20日第十三届全国人民代表大会常务委员会第十次会议上的《关于〈中华人民共和国证券法（修订草案）〉修改情况的汇报》。

还规定了普通代表人诉讼和特别代表人诉讼等实施机制。同时，制定多元民事纠纷解决机制及救济渠道，向投资者提供灵活多样的选择以便利其获得救济，包括单方面请求调解权，虚假陈述等重大违法事件中控制人、控股股东或相关证券公司与受损失的投资者协商和解、先行赔付等。[1]通过加大行政监管与公检法等各部门的联动，综合运用行政监管措施、行政处罚、民事赔偿、刑事追责、诚信惩戒和退市监管、自律管理等手段，构建起"立体追责"体系。

（三）期货市场民事责任立法紧随其后补齐短板

在期货市场民事责任方面，由于立法始终滞后，司法长期以来同时承担造法与司法的双重职能。在司法造法过程中，行政监管机关囿于职能的限制，无法直接走到台面上，但始终在背后积极推动期货市场民事责任制度造法，并提供专业支持，与司法机关之间形成了良好的互动关系。这在2003年《司法解释》[2]中也得到了充分体现。

《期货和衍生品法》的出台，补上了我国期货市场民事责任制度立法缺失的短板。从长期缺失到建立起比较完备的民事责任制度体系的巨大跨越很大程度上得益于对证券法立法成就的直接移植与借鉴。对《证券法》充分参考借鉴一直是期货市场立法的指导思想。立法者冠冕堂皇的理由就是：需注重期货法与证券法之间的协调衔接。因为"期货市场和证券市场在经营机构和服务机构、监督管理和自律管理以及法律责任等方面存在较多相通之处。因此，对新修订的证券法已经确立的制度，草案充分参考借鉴，确保两部法律在同类事项的处理上保持一

---

[1] 何海锋、席琢玉：《从〈股票交易条例〉到新〈证券法〉——法律责任的视角》，载《金融博览》2020年第12期。
[2] 法释〔2003〕10号，2003年7月1日起实施。

致"。[1]在法律责任这一块,除个别条款稍微作了调整外,有关条款基本上全面复制了证券法的立法成果。

《期货和衍生品法》的出台补齐了期货立法上民事责任的短板,结束了长期以来期货市场领域民事责任立法的"司法造",即完全依靠最高人民法院司法解释的时代,从立法上建立健全了期货市场违法立体追责制度体系。更重要的是,由于此前《期货交易管理条例》没有明确的民事责任条款,期货市场民事责任一直依靠最高人民法院的司法解释,而该司法解释主要依赖于民法这个基础法,换言之,期货市场民事责任完全是由民法来调整的。而《期货和衍生品法》民事责任制度体系确立后,民法作为一般法只起到补充作用,这就意味着,期货市场民事责任制度体系将遵循自己特有的逻辑路径演绎发展。此外,它还确立了民事赔偿优先的原则。《期货和衍生品法》第154条规定:"违反本法规定,应当承担民事赔偿责任和缴纳罚款、罚金、违法所得,违法行为人的财产不足以支付的,优先用于承担民事赔偿责任。"

三、公私执法的协同

（一）民事赔偿诉讼是与公共行政执法并行并协同的执法机制

2015年《最高人民法院关于当前商事审判工作中的若干具体问题》规定,取消虚假陈述民事赔偿诉讼的前置程序要求,并明确指出:"因虚假陈述、内幕交易和市场操纵行为引发的民事赔偿案件,立案受理时不再以监管部门的行政处罚和生效的刑事判决认定为前置条件。"对前置程序的取消,意味着通过民

---

[1] 徐绍史:《关于〈中华人民共和国期货法(草案)〉的说明——2021年4月26日在第十三届全国人民代表大会常务委员会第二十八次会议上》,载《中华人民共和国全国人民代表大会常务委员会公报》2022年第3期。

事诉讼的民事责任追责不再是行政监管公共执法的附属或补充。二者是并行不悖、协同作用的关系，公共执法不能替代民事赔偿诉讼以实现其损害赔偿请求权，公法责任形态的没收违法所得亦不能影响私法责任形态的损害赔偿请求权的实现，公共执法与民事赔偿诉讼是并行并协同的两种执法机制。

基于监管效能的角度，从有关监管法实施的实效角度定位民事责任制度与民事赔偿诉讼与纠纷解决机制，就需要不只是考虑到民事责任与民事赔偿诉讼的损失补偿功能，同样重要的还有防止违法再次发生的震慑功能。这是中共中央办公厅、国务院办公厅《关于依法从严打击证券违法活动的意见》提出的战略考虑。正如一位学者所说："从体系化视角出发，强调从立法、执法、司法和协调配合机制构成的整个制度体系来实现从严打击证券违法活动的重大部署。这种系统性的具有战略意义的联动安排超越了从具体问题出发解决个别问题的问题性思考路径的局限，谋求从证券违法行为责任设定到实施机制整个运行体系中获得解决问题的综合方案，从而实现从立法、执法、司法等各系统的资源整合和协调配合中获得更大的监管效能。"[1]

（二）民事责任司法积极回应金融监管政策目标

民事责任的制度功能正在由传统单纯私权权益保护逐渐向金融安全与系统性风险防范等公共法益保护倾斜，这种倾斜不是以牺牲私权益的保护为代价的，而是以强化私权益保护（落实兑现上）的形式来体现的，从宏观话语表达和具体举措中回应金融监管政策目标。司法通过审理证券市场民事纠纷、行政争议和刑事犯罪案件，直观上是维护了个案当事人的合法权益，

---

[1] 陈洁：《从问题性思考到体系化安排——〈关于依法从严打击证券违法活动的意见〉评述》，载《证券法苑》2021第4期。

实质是从维护证券市场秩序及金融秩序出发，着眼于市场总体风险的下降，力促实现个案公平正义与社会公共利益均衡。故司法在防范化解金融风险过程中，所欲保护的不单单是某一方的利益，所欲防范或化解的不仅仅是某一个或某一方的风险。[1]

因此，自2017年《关于进一步加强金融审判工作的若干意见》印发以来，以最高人民法院为代表的司法机关在金融商事纠纷案件的裁判上，特别是金融商事交易行为的效力评判上，从更多地尊重金融商事主体的私法自治空间，转向跟随趋严的金融监管政策，反映出金融强监管背景下金融司法对监管政策目标更加积极能动回应的立场。作为对历次全国金融工作会议精神和要求的有效回应，最高人民法院通过颁布司法解释、政策性文件等方式，将金融监管的政策要求在司法领域的法律解释中予以积极能动回应，对证券期货法民事责任监管法属性也越来越重视和强调，这种转变并不是政治上的权宜之计，而是对金融法的监管属性认知的提升。正如一位专业法官所说："这是因为金融法具有商事交易法和监管调控法的双重特性，法官在办理金融案件中对金融合同效力进行评判时，在考虑商事交易同时，往往也需要考虑监管调控的因素。金融领域很多重要的规定的阶位往往是达不到法律法规层级的，更谈不上效力性强制性规范，如果一味死抠规范的阶位、性质，则很难否认场外配资等严重影响金融市场的金融合同的效力。在这样的价值观指导下，在一些金融案件中，对于违反规章的金融合同，因为同时构成违背金融市场公共秩序而被判定无效。"[2]对金融法的金

---

[1] 薛峰、马荣伟：《论审判在证券市场风险防范化解中的作用》，载《中国应用法学》2020年第1期。

[2] 竺常赟：《民法典施行背景下的金融法裁判方法》，载《法律方法》2020年第3期。

融监管法属性的正视与重视，也引导司法对金融领域民事责任制度与民事赔偿诉讼监管功能的重新认识，即对其违法震慑功能与私权益保护功能的同等重视。《九民纪要》中也明确提出，民事案件的审理，在切实维护投资者合法权益的同时，通过民事责任追究实现震慑违法的功能，维护公开、公平、公正的资本市场秩序。

（三）公私执法协同目标导向下证券期货民事赔偿多元纠纷解决机制的建立与健全

第一，在公私执法协同目标导向下建立健全证券期货民事赔偿诉讼机制。2012年最高人民法院《关于人民法院为防范化解金融风险和推进金融改革发展提供司法保障的指导意见》[1]提出"保障证券期货市场稳定发展。各级人民法院要从保护证券期货市场投资人合法权益、维护市场公开公平公正的交易秩序出发，积极研究和妥善审理因证券机构、上市公司、投资机构内幕交易、操纵市场、欺诈上市、虚假披露等违法违规行为引发的民商事纠纷案件，消除危害我国证券期货市场秩序和社会稳定的严重隐患"。不仅如此，在具体机制创新建设上，金融监管目标也成为导向。2017年8月4日最高人民法院《关于进一步加强金融审判工作的若干意见》回应2017年中央金融工作会议精神，将"加强投资者民事权益的司法保护，维护投资者的财产安全"作为"有效防范化解金融风险，切实维护金融安全"的重要举措。基于证券期货民事赔偿诉讼的新功能定位，司法对传统诉讼机制进行了创新。一是创造性推出了证券市场虚假陈述、内幕交易的民事案件证券投资者保护机构特别诉讼代表人制度，一个具有中国特色的集团诉讼。二是探索建立证

---

[1] 法发〔2012〕3号，2012年2月10日实施。

券侵权民事诉讼领域的律师调查令制度，提高投资者的举证能力。三是依法充分运用专家证人、专家陪审员制度，扩充证券案件审理的知识容量和审理深度，提高证券案件审判的专业性和公信力。

第二，建立完善多元化民事赔偿纠纷解决机制，便利证券期货法上民事责任制度的落实以及违法震慑功能的充分发挥。在"依法服务和保障金融改革，建立和完善适应金融审判工作需要的新机制"的同时，证券期货监管机构与最高人民法院联手推动"探索完善金融案件的多元化纠纷解决机制"，并推动诉调与仲裁等纠纷解决机制对接、协调与协同，为投资者与交易者民事赔偿提供高效、高质量、便捷的多元化救济渠道，充分动员各种专业资源和力量，发挥自律组织、专业投资者（交易者）保护机构等专业优势，防范和化解金融纠纷，通过立案前委派调解、立案后委托调解方式，促进金融纠纷依法、公正、高效解决（详见后面专章讨论）。

在具体措施上也有多方佐证体现，如2021年中共中央办公厅、国务院办公厅印发的《关于依法从严打击证券违法活动的意见》，在"指导思想"中提出了对违法活动的"零容忍"和"提高执法司法效能"的要求。在执法层面，提出"加强证券期货监督管理机构与公安、司法、市场监管等部门及有关地方的工作协同，形成高效打击证券违法活动的合力"。"完善资本市场违法犯罪法律责任制度体系"中特别提到了"健全民事赔偿制度"。要求"抓紧推进证券纠纷代表人诉讼制度实施。修改因虚假陈述引发民事赔偿有关司法解释，取消民事赔偿诉讼前置程序。开展证券行业仲裁制度试点"。在执法司法体制机制健全方面提出"完善证券案件审判体制机制"，"加强北京、深圳等证券交易场所所在地金融审判工作力量建设，探索统筹证券期货领域刑事、行政、民事案件的管辖和审理。深化金融审判专业化改革，加强金融审判队伍专业化建设……建立专家咨询制度和专业人士担任人民陪审员的专门机制"。

本章小结

期货市场民事责任制度及民事赔偿诉讼及其他多元纠纷机制功能重新定位意味着对相关制度解释、适用与民事赔偿诉讼及多元纠纷机制的建构必须积极能动回应其背后金融监管目标，因循监管目标导向的金融监管逻辑。

第二章

违反交易者适当性义务的民事责任

交易者适当性义务起源于英美金融市场,是指金融机构建议客户购买特定金融产品时,需确保该投资对该客户是适当的,具体来讲,应保证提供的产品或服务与客户的财务状况、投资目标、风险承受能力、财务需求、知识和经验相匹配。[1]

我国投资者(交易者)适当性义务是"行政监管造法",即通过银行业、证券业监管机构行使其监管规则制定权力在其监管规章或规范性文件中引进、阐释与发展起来的。[2]而违反投资者(交易者)适当性民事赔偿责任则是通过判例法发展起来的,是完全的"司法造法"。"司法造法"积累最终成果体现在《九民纪要》[3]中。《九民纪要》将其归于"金融消费者权益保护"机制,并用很大篇幅阐释投资者适当性义务的内涵、义务主体、义务内容、举证责任分配、告知说明义务的司法审查标准和损

---

[1] Basel Committee on Banking Supervision, "Customer Suitability in the Retail Sale of Financial Products and Services", available at https://www.iosco.org/library/pubdocs/pdf/IOSCOPD268.pdf, last visited at 2022-12-3.

[2] 贺绍奇:《期货立法基础理论研究》,中国财富出版社2015年版,第227页。该书第12章对我国投资者适当性制度引进以及早期的演进、存在的问题以及有关民事纠纷司法裁判推理等存在的问题进行了系统性论述。

[3] 《九民纪要》虽非司法解释,但至少反映了司法界的主流看法,对法院裁判具有指导意义。

失赔偿范围及计算办法。2019年修订的《证券法》和2022年颁布的《期货和衍生品法》先后将适当性义务作为投资者（交易者）重要保护机制纳入立法，并明确了违反适当性义务的民事责任，从而完成了从监管规定到司法解释再到立法的制度接力，从造法上建立健全了违反投资者（交易者）适当性义务的民事责任制度。

准确地讲，违反投资者适当性义务的民事责任应当是错误销售的民事责任。所谓错误销售，就是卖方销售给了投资者（交易者）不适合的产品或服务。如何认定"适当""适合"，这取决于交易者的风险收益偏好、风险承受能力与产品或服务的风险收益特点的适配性，适当性并不是要求交易者获得最佳适配，而是要防止不适当或不适合的匹配，即错误销售。但要防止错误销售及错误销售给交易者带来的损失，交易者就必须在知情基础上对卖方机构提供的相关产品与服务是否适合自己作出审慎判断，另外就是卖方机构在知情基础上为交易者提供适当的服务或产品，且对不适合的提出风险警示。履行适当性义务的过程就是相互了解的过程，知情是防止错误销售的实质，避免错误销售就必须重过程、重实质。2019年修订后的《证券法》和《期货和衍生品法》吸收了监管规定对适当性义务履行过程可视性的要求和《九民纪要》举证责任倒置制度创新，对普通交易者（投资者）与经营机构之间产生的民事责任纠纷采取举证责任倒置，即普通交易者与证券期货经营机构发生纠纷时，由证券期货经营机构负担不存在欺诈或误导的举证责任，突出强调了对适当性义务过程中充分告知、如实说明义务等的实质与实效，经营机构不能简单地以交易者签署了确认文件来证明其恰当履行了适当性义务或没有欺诈或误导交易者，必须举证证明对交易者履行了充分告知和如实说明义务，以便交易者能够对要获得的产品或服务是否适合作出知情判断。但从目前司法判例来看，法院在错误销售责任归责和认定标准上还未形成连贯一致的标准和推理逻辑。这是落实《期货和衍生品法》相关制度需要解决的重点与难点。

一、适用的范围

2016年《证券期货投资者适当性管理办法》是证监会首次将证券期货市场投资者适当性监管标准统一的尝试。它是对《国务院关于进一步促进资本市场健康发展的若干意见》（国发〔2014〕17号）将适当性制度作为"资本市场的一项基础制度"，制定统一的适当性管理规定的要求所作出的回应。它统一了创业板、股转系统、金融期货、融资融券、私募基金等市场、业务产品的适当性义务的监管标准，把适当性管理作为"保护投资者的第一道防线"。[1]

《证券期货投资者适当性管理办法》（2016年）第2条规定了该办法的适用范围，包括向投资者销售公开或非公开发行的证券、公开或非公开募集的证券投资基金和股权投资基金（包括创业基金）、公开或者非公开转让的期货及其他衍生产品，或者为投资者提供相关业务服务的。

最高人民法院2019年11月8日颁布的《九民纪要》第72条"适当性义务"规定：适当性义务是指卖方机构在向金融消费者推介、销售银行理财产品、保险投资产品、信托理财产品、券商集合理财计划、杠杆基金份额、期权以及其他场外衍生品等高风险等级金融商品，以及为金融消费者参与融资融券、新三板、创业板、科创板、期货等高风险等级投资活动提供服务

---

〔1〕 2016年《〈证券期货投资者适当性管理办法〉（征求意见稿）起草说明》。

的过程中，必须履行的了解客户、了解产品、将适当的产品（或者服务）销售（或者提供）给适合的金融消费者等义务。

《九民纪要》将适当性义务扩大到了所有推介、销售高风险等级金融产品和提供高风险等级金融服务领域。

根据2019年《证券法》第88条，"证券公司向投资者销售证券、提供服务时"应对投资者尽到适当性义务。

根据2022年《期货和衍生品法》第50条，"期货经营机构向交易者提供服务时"应对交易者尽到适当性义务。

从以上规定来看，对适当性义务适用的产品范围，有关规定都采取了列举方式予以明确规定，但对适当性义务适用的"服务"范围没有任何明确解释。

《期货和衍生品法》第五章是关于"期货经营机构"的可从事期货业务及从事期货业务规则的专章。有关期货经营机构可从事的期货业务只有第63条，按该条第1款和第2款规定，期货公司可从事的期货业务包括五类：期货经纪、期货交易咨询、期货做市交易、期货资产管理业务、其他期货业务。在当下，期货公司可从事上述明确列举出来的四类业务。从第63条第1款和第2款的规定来看，期货公司以外的其他期货经营机构专门从事上述业务中的某一项，即成为专门的期货经纪商、期货交易咨询机构、期货资产管理业务机构。这里提出的问题就是，第50条所说的"服务"是否包含第63条明确列举出来的四类服务，即期货经纪业务、期货交易咨询业务、期货做市业务、期货资产管理业务。

（一）经纪业务

《期货公司监督管理办法》第57条对期货公司规定了未加任何限制的一般性的适当性义务。它的第1款规定："期货公司应当按照规定实行投资者适当性管理制度，建立职业规范和内部问责机制，了解客户的经济实力、专业知识、投资经历和风险偏好等情况，审慎评估客户的风险承受能力，提供与评估结果相适应的产品或者服务。"第 64 条第 1 款专门针对经纪业务作出了明确规定，要求"期货公司在为客户开立经纪账户前，应当向客户出示《期货交易风险说明书》，由客户签字确认，并签订期货经纪合同"。这里第 57 条所说的"按照规定"应该是指证监会关于证券期货投资者适当义务的专门规定，即 2016 年《证券期货投资者适当性管理办法》，其第 3 条规定，证券期货经营机构在"向投资者销售证券期货产品或者提供证券期货服务"时要履行投资者适当性义务。这里的"销售""提供"以及《九民纪要》第 72 条"推介"的含义是什么？经纪业务交易者与期货经营机构从开户到下达交易指令的过程中，期货经营机构到底是《证券期货投资者适当性管理办法》第 3 条规定的销售期货产品，还是提供期货服务？期货公司在为客户开立期货经纪账户时是否属于提供期货经纪服务？如果开立期货经纪账户后，期货公司向客户推介期货交易，或在开立账户前，向客户推介期货交易，劝诱客户开立账户，委托其从事期货交易，推介具体的期货合约产品，是否属于销售？如果是客户主动要求开立经纪账户，从事某个期货合约交易，是否属于期货经纪上必须履行适当性义务的"销售"和"提供"？很明显，如果《期货和衍生品法》第 50 条规定的交易者适当性义务适用于经纪业务，就必须把期货经纪商提供的期货经纪业务视为是"提供期货经纪服务"而不是推介和销售期货产品，期货经纪商与客户建立提供期货经纪服务的合同法律关系就是从开立期货经纪账户开始。开立账户就是期货经纪商提供期货经纪服务的过程，在开户前，即提供期货经纪服务前，期货公司必须要对交易者履行适当性义务。因此，尽管现有规范性文件使用的术语存在上述理论上的问题，但在实践操作上，只要开立期货经纪账户，期货公司就必须在开户前履行交易者适当性义务，即便是交易者主动找上门来，主动要求开立账户，主动提出要进行某个期货合约的交易，期货经纪商只要为其开户，同意提供期货经纪服务，就触发《期货和衍生品法》第50条规定的交易者适当性义务。

尽管如此，目前证监会有关规章、规范性文件，司法解释以及有关政策性文献表述、措辞的确会造成解释上的困惑。尤其是证监会有关规章和规范性文件，有关开立期货经纪账户的专门规定中，通常只要求期货经纪商在为交易者开立账户前，必须提供风险说明书，但并没有明确要求履行适当性义务，而《期货和衍生品法》对此前《期货交易管理条例》中类似有关条款都摒弃不用，只是在其第50条交易者适当性义务中，明确规定了期货经营机构"充分揭示交易风险"的义务。这就又提出另外一个耐人寻味的理论问题：期货经纪商为交易者开立账户时提供风险说明书的义务与第50条适当性义务中的"充分揭示交易风险"的义务是否为同一回事？这一问题留待后面详细讨论。

（二）期货交易咨询业务

如上所述，经纪业务还存在着理论上的争论——到底是销售产品，还是提供服务；经纪业务开展的过程中，哪个环节是提供服务，哪个环节是销售产品。但对于期货交易咨询业务，则不存在这些问题。因为期货交易咨询服务是纯粹提供服务，不允许在提供咨询服务过程中销售产品。但在对交易者具体建议中，可能存在推荐交易者从事某些期货产品交易的建议。从咨询服务的操守规则上来说，这种推荐或建议不能存在推销的目的，如果存在推销的目的，无论其是否从中获得好处，通常都被认为是不正当的（违反了利益冲突原则），违反了咨询服务提供者对交易者的忠实义务，当然这是另外一个法律问题。

除《证券期货投资者适当性管理办法》外，证监会《期货公司期货交易咨询业务办法》对提供期货交易咨询业务的适当性义务作出了专门的规定，与前述期货经纪业务一样，在司法实践中，对于期货经营机构提供咨询服务或经纪服务时是否负有适当性义务尚无质疑（参见附表2-1），争议通常都是关于是否尽到了适当性义务。

（三）期货资产管理业务

《期货和衍生品法》第63条第2款规定："期货公司从事资产管理业务的，应当符合《中华人民共和国证券投资基金法》等法律、行政法规的规定。"期货资产管理业务、银行、证券资管业务都属于资管业务，按照"资管新规"采取统一的监管标准，这一规定实际上是从上位法的角度认可了"资管新规"统一资管业务的监管标准的做法。2018年，中国人民银行、中国银行保险监督管理委员会（以下简称"银保监会"）、证监会、国家外汇管理局《关于规范金融机构资产管理业务的指导意见》第6条第1款规定："金融机构发行和销售资产管理产品，应当坚持'了解产品'和'了解客户'的经营理念，加强投资者适当性管理，向投资者销售与风险识别能力和风险承担能力相适应的资产管理产品。禁止欺诈或者误导投资者购买与其风险承担能力不相适应的资产管理产品。金融机构不得通过拆分资产管理产品的方式，向风险识别能力和风险承担能力低于产品风险等级的投资者销售资产管理产品。"因此，提供期货资产管理业务服务时，期货资产管理机构必须履行交易者适当性义务。

（四）期货做市业务

期货经营机构从事做市业务时，是否要履行《期货和衍生品法》第 50 条的交易者适当性义务,关键问题就是"做市业务"是否属于其规定的"服务"。这首先需要定义"做市"或"做市业务""做市交易""做市交易业务"(这些都是可相互替换的表达)的表述。《期货和衍生品法》没有对其加以定义,目前期货经营机构也还没有实际开展做市业务。而证券期货市场首先开展做市业务的是股票市场的科创板。2019 年修订的《证券法》第 120 条规定了做市交易业务,引入了做市交易业务的概念,但并没有对其加以定义。证监会 2022 年《证券公司科创板股票做市交易业务试点规定》第 2 条对"做市交易业务"的定义是:证券公司依据《证券法》、本试点规定及上海证券交易所业务规则,为科创板股票或存托凭证提供双边报价等行为。从上述定义可以看出,在做市交易中,证券公司同时作为同一证券的买方和卖方,且同时对外公开发出买进的报价和卖出的报价,任何接受其报价、有交易意向的人都可根据其报价发出卖出或买进的订单,交易者一旦下达订单,承担做市的证券公司就必须接受订单与交易者成交并履行该成交的交易。也就是说,从事做市交易业务的证券经营机构履行的是创造流动性的义务,通过双边报价,接受交易者买卖订单并与之成交,便利交易者顺利进行交易(卖出或买进)。做市商对交易者是没有任何选择权利的,对任何交易者都必须按照其报价与交易者报出的买进或卖出的数量与之成交,而交易者要与做市商进行交易,就必须通过经纪商开户并下达订单,此时证券公司必须按照有关规定,对投资者尽到适当性义务。但履行投资者适当性义务的行为是为其代理下达订单的经纪服务行为,并非做市交易行为。从做市业务本身来说,做市商在双边报价是针对不特定对象的,而不是投资者适当性义务有关条款中的"销售产品或推介产品";同时,对不特定对象进行双边报价也不是投资者适当性义务条款中所说的向投资者提供（出售）"服务"。总之，在做市业务中，证券经营机构对与其发生交易的投资者不承担适当性义务。同样，在期货市场中，从事做市业务的期货经营机构不存在《期货和衍生品法》第50条规定的向交易者提供"服务"，因此不承担适当性义务。

（五）中间介绍业务中期货介绍经纪人在介绍时是否对交易者负有适当性义务

2010年证监会《关于建立金融期货投资者适当性制度的规定》第13条对介绍经纪人也提出了履行适当性义务的要求，它规定：取得中间介绍业务资格的证券公司接受期货公司委托，协助办理开户手续的，应当对投资者开户资料和身份真实性等进行审查，向投资者充分揭示股指期货交易风险，进行相关知识测试和风险评估，做好开户入金指导，严格执行投资者适当性制度。2013年将该条款的主体范围修改为"从事中间介绍业务的证券公司"，扩大了主体的适用范围。该条款明确提出从事中间介绍业务的证券公司需"严格执行投资者适当性制度"，但该文件业已失效。

《证券公司为期货公司提供中间介绍业务试行办法》（2022修正）（以下简称《介绍业务试行办法》）第2条将中间介绍业务定义为证券公司接受期货公司委托，为期货公司介绍客户参与期货交易并提供其他相关服务的业务活动。第18条规定，证券公司为期货公司介绍客户时，应当向客户明示其与期货公司的介绍业务委托关系，解释期货交易的方式、流程及风险，不得作获利保证、共担风险等承诺，不得虚假宣传，误导客户。第19条第1款还规定，证券公司应当建立完备的协助开户制度，对客户的开户资料和身份真实性等进行审查，向客户充分揭示期货交易风险，解释期货公司、客户、证券公司三者之间

第二章 违反交易者适当性义务的民事责任

的权利义务关系，告知期货保证金安全存管要求。

从以上规定来看，中间介绍业务并不直接导致交易者和介绍人之间期货交易经纪关系的形成，目前现行有效的证监会相关规定也没有明确对介绍的证券公司课以交易者适当性义务，只是要求向交易者披露委托介绍关系。虽然也明确要求"向客户充分揭示期货交易风险"，但按《介绍业务试行办法》第19条规定，证券公司协助开户，要对客户提供的资料真实性进行审查，并充分揭示期货交易的风险，这些构成了履行交易者适当性义务中"了解客户"和"风险揭示"的重要部分。这暗示，作为介绍人的证券公司与接受介绍的期货公司之间对于履行交易者适当性义务存在协作关系。

在上海金融法院判决的唐某春与福建万安盛科技有限公司等期货经纪合同纠纷案〔（2020）沪74民初834号〕中，原告通过万安盛科技有限公司（以下简称"万安盛公司"）的工作人员在上海大陆期货有限公司（以下简称"大陆公司"）通过网络开立了期货经纪账户，进行期货交易，亏损68767元。原告诉称大陆公司、万安盛公司没有履行交易者适当性义务，通过万安盛公司的工作人员，向原告推介、销售相关的不符合适当性义务要求的金融产品，违反了相关法律规定，应对其损失承担赔偿责任。

法院查明并认定的事实是：2020年2月28日，唐某春通过网上操作，在大陆公司处进行注册并完成上传身份证和银行卡照片、填写用户资料、指定存管银行、风险评测等步骤，申请开设期货交易账户。风险测评显示，唐某春主要收入来源为工资、劳务报酬，最近三年个人年均收入为70万元以上，没有未清偿的数额较大的债务，可用于投资的资产数额为50万元至300万元（不含），取得证券从业资格、期货从业资格、基金从业资格、注册会计师证书（CPA）或注册金融分析师证书（CFA）中的一项及以上，对证券期货产品及相关风险具有丰富的知识和理解，期货投资经验在两年以上，在交易较为活跃的月份的平均交易额为 100 万元以上。唐某春的风险评测结果显示其投资者适当性分类为普通，得分为 71 分，风险等级为 C4。同日，唐某春本人在网上接受并完成了大陆公司的视频验证。验证过程中，大陆公司客服人员核实了唐某春的身份信息，告知其风险评测结果，并告知其期货交易存在较大的不确定性及风险，并向其播放了相关风险提示。视频验证完成后，唐某春安装了数字证书，与大陆公司在线签署了《普通投资者适当性匹配意见告知书》《数字证书用户责任书》《银期转账业务协议书》《上海大陆期货有限公司高龄、低龄客户声明书》《个人税收居民身份声明文件》《"期货委托特殊交易功能"软件风险揭示书》《期货居间业务告客户书》《网上开户手续费标准告知书》《互联网开户风险揭示书》《期货经纪合同》《客户须知》《期货交易风险说明书》等交易文件。《期货经纪合同》约定，甲方为大陆公司，乙方为唐某春，该合同第 1 条载明，在签署本合同前，甲方已向乙方出示了《期货交易风险说明书》及《客户须知》，并充分揭示了期货交易的风险，乙方已仔细阅读、了解并理解了上述文件的内容。

法院认为，根据大陆公司提交开户资料中的开户视频，大陆公司在开户时已核实了唐某春本人身份，确认了其已如实填写相关个人信息及风险评测问卷，并进行了投资者适当性评估，告知了期货投资风险，综合上述事实，本院认定大陆公司已尽到投资者适当性义务。此外，《普通投资者适当性匹配意见告知书》《期货交易风险说明书》《客户须知》等在线交易文件中对此亦有明确说明，同时结合大陆公司关于开户流程的陈述、开户视频等相关证据，以及唐某春亦未否认期货交易并非其本人操作，可见其对开户及期货交易事实并无异议，故本院对唐某春称注册账户时，并不清楚其注册的是大陆公司的账户的相关陈述不予采信。《客户须知》中"客户需知晓的事项"载明，客户应当知晓从事期货交易具有风险，全面评估自身的经济实力、产品认知能力、风险控制能力、生理及心理承受能力等，仔细阅读并签字确认《期货交易风险说明书》……居间人是受期货公司或者客户委托，为其提供订约的机会或者订立期货经纪合同中介服务的自然人和一般法人，对于受期货公司委托的居间人，期货公司按照《居间合同》的约定向其支付报酬，居间人独立承担基于居间关系所产生的民事责任，居间人及其下属员工不属于期货公司工作人员，客户通过期货公司提示已明知期货公司从未授权或默认非期货公司工作人员以期货公司的名义从事期货业务经营交易行为，如果客户决定以书面或口头方式与居间人或其他人员订立有关委托下单或收益分成等任何约定，期货公司均不承担任何责任……以上《客户须知》的各项内容，本人/单位已阅读并完全理解。

  法院认为，原告与大陆期货公司签订的《期货经纪合同》中已明确载明，甲方为大陆公司、乙方为原告。并在合同第1条载明，在签署合同前，甲方已向原告出示了《期货交易风险说明书》及《客户须知》，并充分揭示了期货交易的风险，乙方已仔细阅读、了解并理解了上述文件的内容。法院综合这些事实认定大陆公司已尽到了投资者适当性义务。法院还认为，大陆公司已在开户时向原告明确告知居间人并非大陆公司员工或代理人，且均不能代客户操作账户、作出获利保证等，原告也表示知晓，故对原告主张存在诱导交易的指控不予采信。法院还认为原告依据《期货公司管理办法》第68条、第94条主张大陆公司具有过错,但该规定已经失效,法院不能采纳。

法院在这里实际上是采取类似"禁止反言"学说,回避了本案争议的一个焦点问题。期货公司对其受托人在开户前进行劝诱,以委托人的名义(没有明确表明自己身份)向客户作出夸大期货交易盈利或者模糊、淡化风险的行为,从而导致在交易者适当性测试过程中,开户环节风险揭示的保护作用可能被完全抵消,导致法律上规定的开户前期货公司须履行的"了解客户"和风险揭示行为对交易者的保护作用完全被架空或抵消。尤其是在本案中,中间人明显存在主动推介、销售,而且,中间介绍人并不是受到监管的取得合法中间介绍人从业资质的主体,其从事中间介绍业务本身就不合法、不合规,相关监管性规定即便已经失效,法院也不能回避对其从事活动违法性的审查判断,不能仅仅以原告引用的规范性文件失效而不予采纳。

笔者认为,适当性义务是确保交易者对期货交易风险有充分了解和认识,能够在从事期货交易前对该交易是否适合作出判断的关键,如果在这个过程中存在任何抵消或削弱适当性义务保护效力与功效的做法,无论是期货经纪商还是居间的介绍人,无论介绍人是否具有合法资质,都是不被允许的。介绍人和期货公司应当基于维护交易者利益的角度相互监督,如果期货公司明知介绍人存在上述不当行为,或介绍人知道期货公司存在上述不当行为,或者二者之间在上述不当行为中存在合谋或默契,则应当认定为共同违法,应当对在履行适当性义务过程中因不当行为而给交易者带来的损失承担连带责任。

二、错误销售赔偿责任构成要件

(一)违反交易者适当性义务

《期货和衍生品法》第 50 条第 1 款规定:期货经营机构向

交易者提供服务时，应当按照规定充分了解交易者的基本情况、财产状况、金融资产状况、交易知识和经验、专业能力等相关信息；如实说明服务的重要内容，充分揭示交易风险；提供与交易者上述状况相匹配的服务。

从上述规定来看，交易者适当性义务包括两个内容：一是了解你的客户，二是了解你的产品。"了解你的客户"要求期货经营机构要达到"充分了解"的标准，"了解你的产品"要求期货经营机构要达到服务重要内容"如实说明"和交易风险"充分揭示"的标准。

1. "充分了解"的认定标准

《期货和衍生品法》第50条第1款规定明确列举了了解交易者的信息内容，即交易者的基本情况、财产状况、金融资产状况、交易知识和经验、专业能力等相关信息，但何种程度才算"充分"呢？《九民纪要》第73条规定：在确定卖方机构适当性义务的内容时，应当以合同法、证券法、证券投资基金法、信托法等法律规定的基本原则和国务院发布的规范性文件作为主要依据。相关部门在部门规章、规范性文件中对高风险等级金融产品的推介、销售，以及为金融消费者参与高风险等级投资活动提供服务作出的监管规定，与法律和国务院发布的规范性文件的规定不相抵触的，可以参照适用。

如果把《证券法》《期货和衍生品法》等视为"监管法"，监管机构颁布的规章或规范文件称为"监管规定"，上述规定可以看作最高人民法院对监管法和次级监管规则的立场，即监管法和监管规定在适用上的分别采取：前者直接适用，后者参照适用。"参照适用"就是在适用时进行间接司法审查，审查其是否与上位的监管法存在冲突，如果不存在冲突，就可参照适用。因此，《期货和衍生品法》规定的交易者适当性义务，对义务内容及具体标准，我们可借助监管规定来予以阐释（详见附表2-2）。

从目前我们查到的法院相关判例来看，法院适用了《证券期货投资者适当性管理办法》的有关规定来诠释有关投资者适当性义务，这些判例实际上宣示着监管规定通过了法院的审查，与上位监管法不冲突，确定其可"参照适用"（详见附表2-3）。

不仅如此，《证券期货投资者适当性管理办法》第36条对自律组织课以了制定完善适当性自律规则的义务。证券期货交易所应当制定完善资本市场相关产品或服务的适当性管理自律规则；行业协会应当制定完善会员落实适当性管理要求的自律规则，制定并定期更新本行业的产品或者服务风险等级名录，以及最低风险承受能力的投资者类别，供经营机构参考。对于落实最高人民法院所说"监管规定"的自律规则，法院是否可参照适用呢？是否可参照作为认定适当性义务内容或对立法规定的"充分了解"标准的诠释依据呢？中国期货业协会《期货经营机构投资者适当性管理实施指引（试行）》对投资者（交易者）的了解提出四点要求：一是通过调查问卷或知识测试了解投资者信息；二是在了解基础上进而对投资者进行分类管理；三是评估问卷需满足一定的标准；四是需具有评估数据库。通过相关案例的梳理总结，法院判定金融机构是否履行了"了解投资者"义务，通常需要被告提供的证据有《投资者调查问卷》（需有投资者的签名）以及基于投资者调查问卷对投资者的评级分类。一旦满足这两项要件，法院通常认定金融机构已经履行"了解投资者"义务。在附表2-5的10个案例中，有9个案例最终认定被告履行了该义务。其中对于《期货经营机构投资者适当性管理实施指引（试行）》规定的后两项要件，法院通常并不予以考察。虽然法院没有明确参照这些自律规则的理由，但可以看出,法院实际上表达如下立场:认可落实监管规定的自律规则参照适用效力,只要其不与上位监管规定和上位法发生冲突,法院可参照适用来阐释监管法规定的适当性义务的内容和相关的标准(相关自律规则及判例详细分别参见附表2-4、附表2-5)。

2. "如实告知""充分说明"的认定标准

《九民纪要》第76条将"如实告知""充分说明"称为金融机构的"告知说明义务",它规定:"告知说明义务的履行是金融消费者能够真正了解各类高风险等级金融产品或者高风险等级投资活动的投资风险和收益的关键,人民法院应当根据产品、投资活动的风险和金融消费者的实际情况,综合理性人能够理解的客观标准和金融消费者能够理解的主观标准来确定卖方机构是否已经履行了告知说明义务。卖方机构简单地以金融消费者手写了诸如'本人明确知悉可能存在本金损失风险'等内容主张其已经履行了告知说明义务,不能提供其他相关证据的,人民法院对其抗辩理由不予支持。"最高人民法院明确宣示了其对"了解你的产品"的认定标准,即让投资者了解产品和服务的收益与风险,使投资者能够对相关产品或服务的性价比作出独立审慎合理的判断。法院审查重实质、轻形式,即对金融机构是否尽到这一义务进行实质审查,而不只是形式审查。[1]也就是说,金融机构不能仅仅以投资者签署确认金融机构已经履行了告知说明义务的法律文件来证明其尽到告知说明义务,但

---

[1] 最高人民法院法官对该规定的解读也强调,法院对卖方机构的告知说明义务予以实质审查而非形式判断。卖方机构对投资风险的揭示应当是具体且实质性的,应该根据多份材料综合认定而非单凭一份风险提示书作为适当性义务审查的主要依据。参见最高人民法院民事审判第二庭编著:《〈全国法院民商事审判工作会议纪要〉理解与适用》,人民法院出版社2019年版,第427页。

这里并没有从正面明确规定法院实质审查的标准是什么。

要明确实质审查标准，就要考察监管规定或自律规则对适当性义务履行过程中告知说明义务履行的具体要求和做法（详见附表2-6）。《证券期货投资者适当性管理办法》从三个方面对"告知义务"实质要求作出了规定：一是必须告知说明实质内容，即有关产品或服务的信息。如管理办法第23条。二是对告知说明要达到的标准和效果有明确的要求。管理办法第24条规定，告知说明内容应当真实、准确、完整，不存在虚假记载、误导性陈述或重大遗漏，语言应当通俗易懂，告知、警示采用书面形式送达投资者，并由其确认已充分理解和接受。三是过程可视可见。管理办法第25条要求全程录音或者录像；通过互联网等非现场方式进行的，经营机构应当完善配套留痕安排，由普通投资者通过符合法律、行政法规要求的电子方式进行确认。

《期货和衍生品法》第51条第2款规定："普通交易者与期货经营机构发生纠纷的，期货经营机构应当证明其行为符合法律、行政法规以及国务院监督管理机构的规定，不存在误导、欺诈等情形。期货经营机构不能证明的，应当承担相应的赔偿责任。"按照这一规定，期货经营机构对是否尽到交易者适当性义务、是否履行了"如实告知""充分说明"的告知说明义务承担举证责任。《九民纪要》第75条对举证责任分配问题作出了详细规定：在案件审理过程中，金融消费者应当对购买产品（或者接受服务）、遭受的损失等事实承担举证责任。卖方机构对其是否履行了适当性义务承担举证责任。卖方机构不能提供其已经建立了金融产品（或者服务）的风险评估及相应管理制度、对金融消费者的风险认知、风险偏好和风险承受能力进行了测试、向金融消费者告知产品（或者服务）的收益和主要风险因素等相关证据的，应当承担举证不能的法律后果。此外，根据第76条的规定，仅提供投资者签署最终文件等形式证据是不行的。按照《证券期货投资者适当性管理办法》，履行适当性义务的过程必须是可视可复核的，期货经营机构必须通过举证证明其履行"如实告知""充分说明"义务达到了让投资者不会对期货交易风险收益产生错误的理解与判断的程度，并足以排除销售、推介或提供服务过程中的任何误导与欺诈。总之，对是否尽到如实告知义务，法院应进行实质审查，而非形式审查。实质审查标准参照适用前述监管规定。

从目前司法实践来看，法院对适当性义务中"告知说明义务"的认定标准还不统一，宽严度把握幅度不一，存在以下几种情况。

第一，对金融机构的告知说明义务仅采取形式审查，即只要原告已经在风险揭示书或合同的风险承诺函处签字确认，就视为对该合同可能存在的投资风险清楚了解，证明金融机构尽到了告知说明义务。即便是《九民纪要》出台后，一些法院仍然采取形式审查标准（详见附表2-7）。

第二，对金融机构告知说明义务采取实质审查，要求"告知说明"的内容必须具体到推介、销售产品或服务有关的风险，而不是无针对的、泛泛的一般性风险警示。如一些法院认为：风险揭示的内容不能是通用的一般性条款，需要体现销售产品的类型及具体风险等更为具体的内容，并通过书面形式全面、准确地披露、揭示产品风险，否则即使投资者在风险揭示文件上签字确认，也不能认定卖方机构履行了告知说明义务（详见附表2-8）。

在王某兰与中国工商银行龙潭支行"海通海蓝宝银"理财产品纠纷中，双方诉争的案涉理财产品系名为"海通海蓝宝银"

的集合资产管理计划产品。虽然在当事人提交的《案涉产品申请书》中载明了中国工商银行龙潭支行作为代理推广机构的提示内容，但本案中的银协发〔2009〕134号通知[1]、中国工商银行客户风险承受能力评估问卷、中国工商银行基金产品风险等级和基金投资人风险承受能力匹配方法、中国工商银行基金风险等级评价办法、案涉产品和华安媒体互联网混合基金的《资产管理合同》及《风险揭示书》等均系中国工商银行龙潭支行所依循的规范性文件或自身制定的格式合同，以及单方在交易文件中提供的内容，不足以作为其与王某兰双方就案涉金融产品相关情况进行充分沟通的凭证。中国工商银行龙潭支行未能向一审、二审法院提供在其客服人员向王某兰推荐案涉金融产品时的监控录像或其他充分有效证据证实该行已充分了解投资者的基本情况、财产状况、金融资产状况、投资知识和经验、专业能力等相关信息并以言辞或书面以及其他信息化的方式详尽合理地向王某兰如实说明了金融产品和服务的重要内容，特别是对投资风险进行充分揭示并得到王某兰本人对上述认知的确认。这个案件在论证责任承担比例时也值得关注，法院认为，除厘清双方之间的事实争议，对损失数额之认定亦应考虑双方情况和过错。根据本案已查明的事实，王某兰在购买案涉产品前已经亲自签署了代理业务申请书、风险揭示书等相关文件，其应当就文件中载明的内容予以充分审视。王某兰主张中国工商银行龙潭支行相关工作人员存在欺诈和虚假宣传，导致其并不知晓购买案涉产品所包含的投资风险，但亦未能就此提交充分有效证据予以证明。鉴于其此前亦有过投资理财经验，

---

〔1〕 2009年，中国银行业协会关于印发《商业银行理财客户风险评估问卷基本模版》及《银行理财产品宣传示范文本》的通知。

作为有一定投资认知水平的完全民事行为能力人，王某兰更应当知晓签字确认行为之效力。结合上述因素，考虑到投资发生亏损的直接原因是金融市场的正常变化和波动所致，并非中国工商银行龙潭支行的代理行为导致，故法院认定王某兰亦应对自己投资之损失承担一定的责任。综合考虑双方当事人陈述及本案现有证据，本院认为中国工商银行龙潭支行在销售案涉产品过程中存在侵害王某兰财产权益之行为，故酌情确定其对王某兰所主张的本金之损失承担约30%的赔偿责任，即中国工商银行龙潭支行应赔偿王某兰主张的财产损失中的本金7万元。王某兰的该项上诉主张部分成立。其主张过高的部分，法院不予支持。[1]

虽然要求风险揭示必须是具体到推介、销售的产品，但是具体到该类型的产品，还是该类型产品中的具体某个产品呢？有法院认为，风险说明不需要具体到涉案产品，只需要具体到涉案产品的所属类别，如刘某芳诉浦发银行六一支行案。本案所涉黄金、白银延期产品属于贵金属延期产品，浦发银行六一支行虽然没有专门针对涉案黄金、白银延期产品向刘某芳进行风险揭示和说明，但《上海浦东发展银行代理个人贵金属延期业务风险揭示及产品适合度评估书（电子渠道版）》第10条第3项已明确向刘某芳揭示了贵金属延期产品的风险，故浦发银行及浦发银行六一支行已尽到了在缔约过程中对刘某芳的告知说明义务。对于刘某芳提出的浦发银行及浦发银行六一支行未尽适当性义务，并要求浦发银行及浦发银行六一支行承担赔偿责任的上诉理由，缺乏事实和法律依据，法院不予采纳。[2]

---

[1] 北京市第二中级人民法院（2019）京02民终15312号民事判决书。
[2] 上海金融法院（2022）沪74民终57号民事判决书。

还有些法院从目的性角度采取实质审查标准，对金融机构履行适当性义务采取了较为严格的审查标准。比如，在有关拾贝优粤31号8期理财产品纠纷一案中[1]，被告金融机构在销售过程中向客户介绍了产品，但介绍产品时语速过快，并未打印产品资料给原告以便其详细了解，导致原告仍然有不充分了解产品风险的可能，因此法院认为被告仍应酌定承担部分赔偿责任。该案的具体案情为：原告签署拾贝优粤31号8期基金产品确认函，表示已认真阅读该产品风险提示函和电子合同文本，了解产品在投资运作过程中可能面临的各种风险，同意自行承担投资风险，接受该产品合同条款等。但是根据录音录像，被告工作人员刘某潇向原告进行风险告知时以较快语速提示风险，且关于涉案基金书面资料，被告销售人员只直接将它介绍给了原告，并没有将该产品的资料打印给原告看，存在工作上的疏忽，没有履行相应的职责。法院认为，原、被告之间成立了委托理财合同关系。原告作为完全民事行为能力人，在对涉案基金未进行完全了解、第一次风险评估风险等级低于涉案基金风险等级的前提下，仍坚持作出第二次风险评估并认购涉案基金，视为其对自己民事权利的自由处分，因此产生的法律后果与投资风险应由原告自负。鉴于被告工作人员在未考虑原告风险承受能力、未对所推荐产品的信息尽调情况下向原告作出推介，未尽到勤勉尽责义务，存在信息披露不充分的过错，法院酌定被告对原告投资款的本金损失承担三成的赔偿责任。原告主张被告赔偿其余投资款本金及利息损失的诉请依据不足，法院不予支持。对适当性义务履行过程进行实质审查的法院，履行适当性义务形式上存在瑕疵通常也不会影响其对实质的认定。在

---

[1] 广东省广州市越秀区人民法院（2019）粤0104民初4973号民事判决书。

(2021)京74民终482号判决书宣判的一案中,法院就认定,风险评估时间晚于投资认购时间,倒签合同日期,但综合整体来看不影响投资者自主决定。本案中,存在倒签合同日期的事实,本案基金产品成立于2015年4月3日,但中融鼎新公司于2015年4月15日才对董某远进行风险承受能力评估并确定其属于高风险承受能力投资者,明显晚于基金成立的时间。虽然经过评估,原告是合格投资者,但被告仍然具有一定过错。针对被告了解投资者部分,被告设计的风险测评调查问卷可以客观判断投资者的风险识别能力和风险承担能力,具有合法性。针对风险提示部分,本案所涉推介材料基本介绍了产品相关情况,不存在夸大收益、误导性陈述等情况,案涉《基金合同》首页着重提示了基金的主要投资方向和相应的风险,同时亦通过《风险揭示书》特别揭示了风险收益特征和该基金特定风险,原告也签署了确认文件。法院认为,适当性义务属于诚信义务在金融产品销售领域的具体化,是在基金合同订立前赋予卖方机构的义务。考虑到本案中补充进行风险评估的时间与基金成立时间相距较短,投资者风险承受能力在短期内发生明显变化的可能性并不大,后续评估显示董某远符合案涉基金产品合格投资者的要求,且投资者在其后补充签署了《基金合同》并对认购事宜予以确认,中融鼎新公司上述适当性义务的违反并未在实质上过度影响投资者在认购案涉基金方面的自主决定,但仍因其上述不规范行为对投资者承担一定赔偿责任。综合考量本案情形,法院酌情确定中融鼎新公司按照投资者认购金额的20%对其予以适当赔偿。董某远提出,其实际损失为认购本金、认购费用及相应利息,但是法院认为其认购基金产品的份额并未全部损失,且该等损失并非全部可归责于中融鼎新公司对上述适当性义务的违反,故对于董某远超出上述标准的其他诉讼请求，法院依法予以驳回。

第三，履行告知说明义务时，卖方机构对普通投资者负有特别注意义务。有些法院认为，当产品风险高于投资人承受能力时，根据《证券期货投资者适当性管理办法》第20条，经营机构需要向购买高风险产品的普通投资者履行特别的注意义务，包括制定专门的工作程序，追加了解相关信息，告知特别的风险点等（详见附表2-9）。

第四，告知说明义务不仅只存在于推介与销售环节，基于产品的性质，在整个投资过程，金融机构都要持续履行告知说明义务（详见附表2-10）。

3. 专业投资者履行告知说明义务的内容及认定标准

司法判例对经营机构向专业投资者履行告知说明义务的内容、认定标准、裁判意见及推理逻辑存在分歧，主要有以下几种情况。

第一，如果投资者是专业投资者，法院对告知说明义务采取形式审查，投资者签署风险揭示书或在合同中确认受领了卖方机构的风险揭示，就视为金融机构尽到了告知说明义务，不得反言（详见附表2-11）。

第二，金融机构对专业投资者无适当性义务，无告知说明义务（详见附表2-12）。

第三，金融机构对专业投资者具有适当性义务，但无须进行风险测评。法院引用了《基金募集机构投资者适当性管理实施指引（试行）》第25条论证金融机构无须对专业投资者进行风险测评，但第25条写明"对专业投资者进行细化分类的，要向投资者提供风险测评问卷……"（详见附表2-13）。

第四，金融机构对专业投资者具有适当性义务，但无须对风险揭示过程录音录像（详见附表2-14）。

第五，如果专业投资者或者具有一定投资经验的投资者签署了风险揭示书确认书面文件，法院就认定金融机构履行了适当性义务（详见附表2-15）

第六，对专业投资者只有风险揭示义务，无适当性义务。在（2022）沪74民终85号民事判决书中，法院参照适用《上海黄金交易所客户适当性管理暂行办法》第6条、第7条，认为金融机构对专业投资者只需履行风险揭示义务，无须履行其他适当性义务。

综上，法院以各种理由对专业投资者在告知说明义务和适当性义务标准上与普通投资者采取差异化对待，但并未形成连贯一致的认定标准和推理逻辑。在期货市场领域，《期货和衍生品法》第50条要求对专业交易者与普通交易者加以区别对待，要求法院对适当性义务履行过程进行司法审查，这实际上吸收了《证券期货投资者适当性管理办法》和《九民纪要》的有关规定，对适当性义务内容及标准参照适用《证券期货投资者适当性管理办法》和落实的自律规则进行阐释。在期货市场，对普通交易者与专业交易者差异化对待上的标准，可通过审理期货纠纷司法解释更新来解决。

（二）产生了错误销售且交易者受到了损失

《期货和衍生品法》第50条第3款规定，期货经营机构违反交易者适当性义务行为导致交易者蒙受损失的，要对交易者承担损失赔偿民事责任。也就是说，交易者受到损失是期货经营机构承担民事赔偿责任的必要条件。如何认定交易者是否受到损失呢？《九民纪要》第77条规定，交易者受到的损失有两种：一是卖方机构未尽到适当性义务导致金融消费者的本金和利息损失；二是金融消费者受到欺诈购买了不适合的高风险等级的金融产品或为参与高风险投资活动接受服务而遭受的本金损失和预期收益损失（没有实现约定的预期收益率而受到的盈利损失）。从第二种损失来看，其损失是因为风险错配，即投资者购买了与其风险承受能力不匹配、不适合的产品，并因此受到损失。也就是说，投资者受到损失必须同时满足两个条件：一是实际购买了不适合的产品或服务，即错误销售；二是因错误销售而蒙受了实际损失。以下分别展开论述。

1. 产生了错误销售

所谓错误销售（misselling），按照巴塞尔银行监督委员会联合论坛的定义，它是指企业出售给客户的某一具体产品不适合客户的情形，不管是否存在推荐。[1]也就是说，错误销售就是最终获得产品或服务不适合。按照《期货和衍生品法》第50条规定，即交易者获得的服务与其实际想要、风险偏好及风险承受能力是不匹配的、不适合的。适合的具体标准可参照监管规定和自律规则有关规定。《期货经营机构投资者适当性管理实施指引（试行）》第23条规定："经营机构按照'适当的产品销售给适当的投资者'的原则销售产品或者提供服务，应当遵守下列匹配要求：（一）投资期限、投资品种、期望收益等符合投资者的投资目标；（二）产品或服务的风险等级符合投资者的风险承受能力等级；（三）中国证监会、协会和经营机构规定的其他匹配要求。"第24条进一步规定具体的产品与服务风险级别与普通投资者分级分类（根据测试结果对投资者的分级）适合性匹配（投资者风险承受能力与产品服务风险级别相匹配）的具体标准。风险承受能力最低类别的投资者只可购买或接受R1风险等级的产品或服务，专业投资者可购买或接受所有风险等

---

[1] 贺绍奇：《期货立法基础理论研究》，中国财富出版社2015年版，第199页。

级的产品或服务。第26条进一步规定，经营机构向普通投资者销售产品或者提供服务前，应当按照《证券期货投资者适当性管理办法》第23条的规定告知可能的风险事项及明确的适当性匹配意见。第25条还规定，对于投资者主动要求购买不适合的产品与服务，经营机构在确认其不属于风险承受能力最低类别投资者后，应当要求投资者签署特别风险警示书，确认其已知悉产品或服务的风险特征、风险高于投资者承受能力的事实及可能引起的后果。

综上，在期货市场，经营机构违反上述自律规则规定，给普通交易者匹配了与其风险承受能力等级不相适应的服务，就可认定交易者获得服务是不适合的，是错误销售。

2. 因错误销售受到损失

从理论上来说，错误销售并不必然导致损失，只有发生错误销售且实际受到损失，才能主张损失赔偿责任。期货交易本身就是高风险的投资，从事期货交易不仅可能导致交易者投入的本金（保证金）全部损失，还会因为强行平仓或穿仓造成超越本金的损失扩大，不但保证金收不回来，还要进一步赔偿强行平仓或穿仓给期货经纪商所带来的损失。在期货资产管理业务中，交易者可能由于受到欺诈或误导选择了不适合的更高等级风险的资产产品而遭受比预期风险更大的损失，这部分超出其预期的损失就是交易者实际受到的损失。

理论上存在这种可能，即期货经营机构违反了适当性义务，但并未产生错误销售，即没有把不适合的产品或服务提供给交易者，交易者没有受到损失，则通常不存在损失赔偿的民事责任。

（三）交易者受到的损失与期货经营机构违反适当性义务或告知说明义务存在因果关系

交易者受到损失是因为期货经营机构违反了适当性义务或

告知说明义务，导致产品或服务的错误销售并给交易者带来损失，换句话说，交易者因错误销售遭受的损失与期货经营机构没有尽到适当性义务二者存在因果关系。

《九民纪要》第78条规定了两种期货经营机构基于因果关系切断的抗辩。

第一，在期货经营机构对交易者进行尽职调查、风险定级过程中，交易者提供了虚假信息而导致期货经营机构对风险承受能力等作出了错误风险定级，匹配了与交易者实际风险承受能力不适合的服务，最终产生错误销售并导致交易者受到损失。这种情况下，如果期货经营机构本身并没有违反适当性义务或告知说明义务，对于错误销售导致的交易者损失，期货经营机构可提出免责抗辩。

第二，期货经营机构未履行适当性义务或告知说明义务，但交易者足够成熟老练，能够对交易风险和自身的风险承受能力、产品或服务是否适合自己作出独立明智的判断，其受到损失与期货经营机构违反适当性义务并无因果关系。

（四）期货经营机构存在过错

期货经营机构未履行或未正确履行适当性义务，或履行告知说明义务没有达到法定标准，未恰当履行适当性义务或告知说明义务，存在主观上的故意或过失。

如前所述，证监会要求适当性义务履行的过程必须是可视的。《期货和衍生品法》第51条规定，期货经营机构与交易者发生纠纷，当然包括适当性义务是否履行或恰当履行的纠纷，期货经营机构应当证明其行为符合法律、行政法规及国务院期货监督管理机构的规定，不存在误导、欺诈等情形。期货经营机构不能证明的，应当承担相应的赔偿责任。"不存在误导、欺诈等情形"表明，主观过错是期货经营机构承担赔偿责任的主观要件，包括主观故意或过失。要求期货经营机构承担举证责任证明不存在误导、欺诈则表明，过错适用推定。如果期货经营机构不能证明自己没有过错，就推定存在过错。换句话说，对于《期货和衍生品法》第50条违反适当性义务的情况下的民事赔偿责任，只要发生错误销售且投资者受到损失，如果期货经营机构不能证明自己没有过错，就要承担损失民事赔偿责任（后面我们将就适当性义务履行过程可视化要求以及期货经营机构举证责任进行专门探讨）。但这里有一个理论问题需要探讨，即违反监管规定及自律规则的行为在过错认定上的效力。

认定期货经营机构是否尽到《期货和衍生品法》第50条规定的交易者适当性义务，关键是要明晰适当性义务的内容。法律、行政法规对金融机构适当性义务的规定通常都是原则性的，并没有提供一个具体的认定标准，有关适当性义务具体内容及具体行为的标准要求通常是在行政监管机构以及自律组织颁布的规范性文件中规定的。所以，在确定适当性义务的内容以及认定适当性义务的标准上，这些规则的适用效力如何认定就是关键。《九民纪要》第73条规定："在确定卖方机构适当性义务的内容时，应当以合同法、证券法、证券投资基金法、信托法等法律规定的基本原则和国务院发布的规范性文件作为主要依据。相关部门在部门规章、规范性文件中对高风险等级金融产品的推介、销售，以及为金融消费者参与高风险等级投资活动提供服务作出的监管规定，与法律和国务院发布的规范性文件的规定不相抵触的，可以参照适用。"该规定可视为法院对监管性规则的基本立场，即只要这些监管性规则不违反上位法律、行政法规，则可参照适用。关键的问题是"参照适用"到底如何参照、如何适用？

从国外的做法来看，侵权法上的注意义务有两个渊源。一个是监管性规则创设的注意义务标准。在金融监管领域，监管法、监管规章或规范性文件规定的金融机构营业操守规则（行为监管规则或保护性规则），我们可以将其称为显性标准。另一个是一般法上的注意义务，通常具有概括性，构成隐性标准。注意义务具体行为标准依赖于法官在判例中综合案件具体情形对注意义务的具体标准进行诠释，这些诠释所形成的判例规则进一步形成注意义务的内容与具体标准。在缺乏明晰的判例法规则的情况下，法院对监管性规则的适用通常有以下几种模式。

第一，本身过失规则（negligence per se）。即违反监管性规则，本身就意味着有过错。在本身过失规则下，只要证明被告违反了监管性规则，就能认定其违法且具有过失。

第二，过失推定规则。即违反监管性规则，就推定行为违法且具有过失，除非被告能够推翻该过失推定。

第三，过失证据规则。违反监管性规则起到证明被告具有过失的证据效力，该证据是否充分需要法院裁量认定。[1]

实践中，前两者适用的实际效果基本上是一致的。按照《九民纪要》第73条，如果是违反监管法（监管性法律、行政法规）则适用本身过错，如果违反监管规定，则适用推定过错。但按照《期货和衍生品法》第51条第2款，违反监管法和监管规定的效力是一样的，均适用过错推定。从《九民纪要》第73条对监管法、监管规定在过错认定上的法律效力差异化对待的立场来推导，如果自律规则也被视为监管性规则，这些监管性规则在不与上位监管法和监管规定相冲突的情况下，应该作为证明行为人存在过失的证据。

---

[1] [美] 文森特·R. 约翰逊著，赵秀文等译：《美国侵权法》（第五版），中国人民大学出版社2017年版，第75页。

三、适当性义务履行可视化要求及期货经营机构的举证责任

监管机构的规范性文件以及自律组织的自律规则都对证券期货经营机构适当性义务履行过程提出明确的可视化要求，即要求全程保留录像录音（详见附表2-16）。对于这些监管规定和自律规则的法律效力，法院判例有以下几种立场。

第一，没有满足可视化要求，不能提供全程录像录音视为未尽到适当性义务，相当于举证不能，属于《期货和衍生品法》第51条第2款规定的发生纠纷时，不能举证证明没有误导或欺诈（详见附表2-17）。

第二，可视化要求应重实质而轻形式，重在证明金融机构履行适当性义务符合有关规定的实质性要求，即切实履行了告知说明义务。有些法院认为，不同类型的交易所需的程序要求有所不同，比如《商业银行信用卡业务监督管理办法》中有"抄录"而非"录像"的规定，但是从目的性解释出发，方式可互相转化，重要的是综合判断是否履行了充分、如实的风险揭示义务（详见附表2-18）。

第三，没有过程可视化的证据，只有投资者对过程的书面确认，是否能够证明卖方尽到了适当性义务，法院未能形成一致立场和说理（附表2-19）。不过，最高人民法院在《九民纪要》中表达的立场很清楚，仅凭投资者签署的确认书面文件不能作为证明卖方机构履行了适当性义务的充分证据，依据《期货和衍生品法》第51条第2款，期货经营机构必须有可视化的证据证明其恰当履行了适当性义务或告知说明义务，或有其他充分证据证明其履行上述义务过程符合法律、行政法规及监管规定，才能满足《期货和衍生品法》第51条要求的举证责任。

四、民事责任性质：缔约过失责任还是侵权赔偿责任

《中华人民共和国民法典》（以下简称《民法典》）生效后，最高人民法院对 2003 年关于审理期货纠纷的司法解释进行了修正，其中有关告知说明义务的条款，即《最高人民法院关于审理期货纠纷案件若干问题的规定》（2020 修正）（以下简称"2020 年司法解释"）第 16 条规定如下："期货公司在与客户订立期货经纪合同时，未提示客户注意《期货交易风险说明书》内容，并由客户签字或者盖章，对于客户在交易中的损失，应当依据《民法典》第五百条第三项的规定承担相应的赔偿责任。[1] 但是，根据以往交易结果记载，证明客户已有交易经历的，应当免除期货公司的责任。"这里明确了违反适当性义务，即告知说明义务所产生的赔偿责任是缔约过失责任，而不是侵权责任。

首先，关于卖方机构违反适当性义务承担的责任性质问题，一方面，自《证券法》和《期货和衍生品法》出台后，适当性义务已经上升为一项法定义务。另一方面，从适当性义务的内容看，卖方机构适当性义务的本质为诚信义务在金融产品销售领域的具体化，主要体现为先合同阶段的诚信义务，即《民法典》第 500 条规定的——在订立合同过程中，合同生效之前所发生的，应由合同双方当事人各自承担的法律义务，它是建立在民法诚实信用、公平原则上的一项法律义务，是诚实信用、公平原则的具体化。故最高人民法院民事审判第二庭编著的《〈全国法院民商事审判工作会议纪要〉理解与适用》（以下简

---

[1]《民法典》第 500 条："当事人在订立合同过程中有下列情形之一，造成对方损失的，应当承担赔偿责任：（一）假借订立合同，恶意进行磋商；（二）故意隐瞒与订立合同有关的重要事实或者提供虚假情况；（三）有其他违背诚信原则的行为。"

称《理解与适用》）一书认为，"卖方机构违反适当性义务的民事责任性质属缔约过失责任"。[1]

鉴于此，《理解与适用》指出，由此引发的民事纠纷都应当以合同纠纷案由来确定，而不宜选用侵权责任类民事案由。由于合同纠纷案由中尚未专门规定金融机构适当性义务纠纷案由，考虑到金融消费者购买金融产品主要是基于委托金融机构理财的需要，《九民纪要》颁布后，人民法院在审理卖方机构与金融消费者之间因销售金融产品而引发的民商事案件时，可考虑使用金融委托理财合同纠纷民事案由。[2]自《九民纪要》颁布之后，有较多法院也采取了相同的观点，将违反适当性义务的民事责任定性为缔约过失责任（参见附表2-21））。

实际上，厘清责任性质最终是为了更公平合理地分配民事责任。在法院的判决中，不论是以侵权责任为案由，还是以合同纠纷（缔约过失责任）为案由，在最终确认责任承担比例上，重点仍然是分析经营机构是否已经履行了适当性义务，以及投资者本身是否具有过错。比如，在（2021）粤1971民初4531号案例，即李某云与广发银行股份有限公司东莞寮步支行、广发银行股份有限公司委托理财合同纠纷民事案件中，原告认为被告未履行适当性义务，要求被告承担侵权责任，而被告则辩称，原告诉请的责任性质应为缔约过失，而非侵权。法院在判决中，并未明确回应责任性质，而只就被告是否对原告已经进行风险揭示为重点，考察了被告是否履行了适当性义务。同理，在（2020）鲁09民终817号案中，虽然原告是以侵权为案由进

---

[1] 最高人民法院民事审判第二庭编著：《〈全国法院民商事审判工作会议纪要〉理解与适用》，人民法院出版社2019年版，第413页。

[2] 最高人民法院民事审判第二庭编著：《〈全国法院民商事审判工作会议纪要〉理解与适用》，人民法院出版社2019年版，第415页。

行起诉，但是法院在认定经营机构的赔偿责任时，审理仍然聚焦在被告是否已履行适当性义务，以及原告自身是否存在过错上。因此，在考虑经营机构因违反适当性义务的责任上，应当将关注重点放在过错与损失因果关系的确定上，尤其是混合过错情况下各自承担比例的确定上，而非责任性质。

五、期货经营机构的免责抗辩

（一）交易者未尽到如实提供信息的义务的抗辩

证监会的监管规定以及自律组织的自律规则通常都要求投资者在金融机构对其进行适当性评估、向其了解有关信息时，承担如实提供相关信息的义务，并对其提供的相关信息的真实性、准确性、完整性负责。[1]但对于投资者故意提供虚假信息，或信息不真实、不准确、不完整可能产生的后果，证监会有关规定只规定了金融机构可行使拒绝出售相关产品或提供相关服务的权利。[2]《九民纪要》第78条规定：因金融消费者故意提供虚假信息、拒绝听取卖方机构的建议等自身原因导致其购买产品或者接受服务不适当，卖方机构请求免除相应责任的，人民法院依法予以支持，但金融消费者能够证明该虚假信息的出具系卖方机构误导的除外。这实际上就承认了卖方机构享有免责抗辩权，即推定错误销售导致损失并非由于卖方机构过错，而是由于投资者过错，投资者未履行如实提供相关信息导致了错误销售及其损失。同时，《九民纪要》允许消费者推翻该推定。

《期货和衍生品法》第50条第2款规定："交易者在参与期货交易和接受服务时，应当按照期货经营机构明示的要求提供

---

[1]《期货经营机构投资者适当性管理实施指引（试行）》第6条。
[2]《期货和衍生品法》第50条第2款，《证券期货投资者适当性管理办法》第33条第2款。

第二章 违反交易者适当性义务的民事责任

前款所列真实信息……"这明确了交易者必须配合期货经营机构履行适当性义务,尽到如实按照期货经营机构的明示要求提供相关信息的义务,否则,期货经营机构就享有不提供服务的拒绝权。但《期货和衍生品法》并没有对交易者提供虚假信息,期货经营机构在被欺诈和误导的情况下通过了适当性评估,并提供了服务,导致错误销售并使交易者蒙受损失,期货经营机构是否可以以此提出免责抗辩等作出明确的规定。但按照该法第51条第2款规定,期货经营机构并不能仅以交易者提供虚假或误导的信息就进行免责抗辩,而是必须证明自己不存在误导、欺诈交易者才能提出免责抗辩。但就因果关系抗辩来说,如果期货经营机构能够通过证明错误销售及其损失是因为交易者提供虚假或误导信息所导致,期货经营机构并无过错,则期货经营机构就可作免责抗辩。因此,《九民纪要》的有关规定应该理解为无过错或无因果关系的免责抗辩。

(二) 交易者愿意承担不适当风险的抗辩

《九民纪要》第78条规定了金融机构可以对拒绝听取卖方机构建议等因自身原因导致的错误销售主张免责抗辩。这一规定不仅明确了卖方机构的抗辩权,同时也暗示了卖方机构的消极义务,即对未能通过适当性测试与评估,坚持要购买不适合的产品或服务的金融消费者,卖方机构不享有拒绝出售或提供权,即要承担不得拒绝出售或提供的消极义务。这就是说,在期货市场,对于卖方通过适当性评估认定交易者想获得的服务不适合他(她),而交易者坚持要求购买的情况,卖方机构可提出是交易者自身原因导致的错误销售及损失的免责抗辩。这本质上仍然是基于导致损失的因果关系的抗辩。

《期货和衍生品法》第50条第2款规定:"……交易者拒绝提供或者未按照要求提供信息的,期货经营机构应当告知其后果，并按照规定拒绝提供服务。"此处虽然明确规定了期货经营机构拒绝提供服务的权利，但行使该权利的条件是交易者拒绝提供或者未按照要求提供信息，而且必须是按照"规定"来行使。这里的"规定"是否就是指期货监管机构的"监管规定"并未明确，但因为《期货和衍生品法》并无其他相关规定，故应指向《证券期货投资者适当性管理办法》第 33 条第 2 款"投资者不按照规定提供相关信息，提供信息不真实、不准确、不完整的，应当依法承担相应法律责任，经营机构应当告知其后果，并拒绝向其销售产品或者提供服务"。这里明确要求期货经营机构要做到两点：一是对交易者警告后果，二是按照规定拒绝提供服务。很明显，这里提出的问题就是，拒绝提供服务到底是权利，还是义务？立法措辞使用了"应当"，并与警告是并列的关系，所以应该理解为是期货经营机构必须履行的强制性义务。那么在此种情况下，如果期货经营该机构没有提出警告，没有拒绝，而是提供了服务，该服务产生错误销售且交易者受到损失，期货经营机构是否仍可行使免责抗辩呢？就民事赔偿责任而言，应该视为此种情况下产生的损失属于混合过错所导致，由法院酌定情节，来认定各自应当承担责任的比例。

但是实践中仍然存在裁判不一的情形。对于投资者在充分了解产品风险情况下仍然坚持购买的情形，法院两个判决结果并不相同，第一个判决认为投资者系自主决定，也即满足《九民纪要》第 78 条第 2 项免责事由的规定，应当自行承担所有损失，而第二个判决则认为因被告未尽到适当性义务，酌定对原告的本金损失承担三成赔偿责任（详见附表 2-22）。

（三）交易者具有独立判断风险并作出适当性判断的抗辩

（2016）最高法民终 215 号判决书就认定，合格投资者具有独立判断风险和产品与服务是否适当的能力，金融机构虽未尽到适当性义务，但不对投资者的损失承担赔偿责任。本案投资者——南昌农村商业银行符合合格投资者的实质条件，即使未完成签署《风险认知书》等程序，但其对私募债券交易的风险有充分认知且主动选择并完成了实际投资。这笔投资既没有让投资者承担大于其能力的风险，也木已成舟多时，最终法院没有因为欠缺申请备案程序而否定其投资行为的效力。《九民纪要》第78条规定：卖方机构能够举证证明根据金融消费者的既往投资经验、受教育程度等事实，适当性义务的违反并未影响金融消费者独立自主决定的，对其关于应当由金融消费者自负投资风险的抗辩理由，人民法院依法予以支持。

不过，此种抗辩实际上是导致损失原因力的抗辩。在司法实践中，此种抗辩的实际效力，法院享有很大的裁量权。在"金融消费者的既往投资经验、受教育程度等事实""投资者是否能自主决定""是否是投资者自愿承担风险"的原因及原因力认定上，法院的自由裁量空间很大。比如，在（2019）苏0106民初4842号、（2019）苏01民终7576号一审和二审的判决中，一审法院以"文化知识水平""投资大额资金""多次进行理财投资"等为由认定原告具有较丰富的投资经验，但二审法院认为前述因素并不足以认定原告属于专业投资者，另外考虑了原告并非职业人员，投资经验不代表详细了解产品，进而对一审进行了改判。而（2017）苏0106民初3304号与（2019）苏0106民初4842号一审的观点相同，认为丰富的投资经验使得原告应当自行承担70%的责任。而（2020）晋01民终2816号案件，法院又将"承受能力较强的合格投资者"这一风险评估结果直接作为了免责后果。可见，在理解适用《九民纪要》第78条第2项免责事由"根据金融消费者的既往投资经验、受教育程度等事实，适当性义务的违反并未影响金融消费者作出自主决定的"时，仍然存在司法裁判标准不统一的问题。一方面，既往投资经验和受教育程度的标准在司法实践中并未有统一标准；另一方面，这两个因素与"投资者自主决定"之间是否是当然推导的关系，仍然应当回归到投资者是否"详细了解产品"本身这一核心因素，司法实践中也存在一定分歧。更进一步地讲，在认定了投资者具有较丰富经验的基础上，是否应酌定其自行承担一定比例的责任，而比例的范围又应为多少，司法实践中也并未达成统一的共识（详见附表2-23）。

（四）混合过错抗辩，即主张交易者也有过错

在司法实践中，因错误销售而引发纠纷通常都涉及涉案产品或服务是否是错误销售，是否是错误销售导致损失的问题。因为无论证券投资还是期货交易，都涉及本金的损失风险。有损失并不就一定是错误销售，不能仅仅因为投资者或交易者遭受损失，就反推存在错误销售，因为适当性是以交易者对风险充分了解以及其风险承受能力来决定的，是人与产品和服务双向匹配的结果，是动态的，因人因产品而异，并非绝对的、一刀切的，这就增加了认定交易实际结果是否是错误销售、谁的原因导致错误销售的认定上的难度，需要法院综合具体交易的事实和情形进行裁决，尤其在存在混合过错的情况下，要完全依靠法院根据查明的事实与情形酌量裁决，特别是过错程度及责任比例分配。在两个相似案例中，法院认定不仅经营机构都存在一定过错，投资者也存在轻微过错（比如未收到合同即支付款项、不安全管理银行交易密码等），此时，法院判决均为酌定由经营机构承担20%—30%的责任（附表2-23）。但是需要注意的是，在（2020）鲁09民终817号案件中，泰安市泰山区人民法院一审在论证投资者过错时的说理并不合理，其认为原告"未依照自身状况进行合理投资，而是选择购买系争理财产

品",对相应损失的发生亦具有相应过错。按照该一审法院的说理逻辑,只要投资者购买的产品与自身风险承受能力不一致,法院即可认为其"未依照自身状况进行合理投资",而这也就意味着,经营机构的"风险匹配"义务转移到了投资者身上,一旦经营机构违反该义务,推介了不适合的产品,投资者认购后,就可以判定投资者也存在一定过错,这显然是不合理的。而二审法院也进行了纠正,将投资者的过错认定为"在未见到涉案合伙协议书的情况下,即支付购买基金款项",也即"未审阅认购协议书"这一过错上,这样的认定更为合理。

总之,在混合过错的司法实践中,司法裁判规则与推理逻辑并不是特别清晰,更说不上连贯一致,尤其是在投资者遭受损失的情况下,经营机构未充分进行风险揭示与造成损失之间是否存在因果关系、原因力的大小(投资者具有自主识别风险的能力或投资者主动坚持要求,未积极配合适当性评估等),仍需要不断通过判例予以释明。

六、损失赔偿范围

《九民纪要》第77条规定错误销售损失赔偿范围为投资者遭受的实际损失。实际损失包括本金和利息损失,实际损失的确定有两种方法:一是投资者本金和利息的损失,利息按中国人民银行同期存款基准利率确定。二是因购买高风险等级金融产品或为参与高风险投资活动接受服务,实际损失为投资者支付金钱总额的利息损失,该损失以金融产品承诺的预期收益为准计算(法院区分了四种情形,并描述了四种情形分别如何认定预期收益)。此外,在损失赔偿范围的确定中,现有规定不支持惩罚性赔偿。《期货和衍生品法》第50条第3款规定的损失赔偿标准为"相应的赔偿责任",而不像美国《商品期货法交易法》第22节规定的实际损失（actual damage）。所谓实际损失，就是最终结算时，投资者交易账户的金钱损失以及损失得到赔付前的利息损失。我国司法判例中对违反适当性义务造成损失的赔偿范围认定并不统一，但总体来说，都是以投资者实际遭受损失为准，即恢复投资者不购买该产品或服务情况下的财务状况，但对于赔付前利息是否支持，法院有不同看法（见附表2-24）。

本章小结

1.《期货和衍生品法》的颁布标志着交易者适当性制度实现了从监管规定到司法解释再到制定法的制度接力，建立健全了交易者适当性民事责任制度规则体系。

2. 法院对卖方适当性义务的司法审查经历了重形式、轻实质到重实质、轻形式的转变，这个过程应该很大程度上源于监管机构对适当性义务履行过程可视性的监管要求。可视性要求卖方机构对履行适当性义务的过程全程记录，对过程可视性要求并不仅仅只是对过程的强调，而是对适当性义务履行的实质与实效的强调。可视性监管要求通过在民事责任诉讼程序上实行举证责任倒置而得到强有力的保障，也实现了监管规定与司法审查的协同。早期有关错误销售的判例中，金融消费者（投资者或交易者）几乎都因为在卖方机构提供的告知说明确认书（被法院认定为卖方机构履行适当性义务的强有力证据）而败诉。[1] 监管规定（如《九民纪要》）对适当性义务内容的解释

---

[1] 贺绍奇：《期货立法基础理论研究》，中国财富出版社2015年版，第227—249页。监管机构对适当性义务履行可视性要求一个动因可能就是因为法院在早期投资者适当性义务纠纷中，采取形式审查标准，导致适当性义务监管规定实际上不具有法律保障效力。

导致了法院立场和态度的逐渐转变，从形式审查转向了实质审查。

3. 从形式审查转向实质审查也导致了法院对不同产品与服务、普通交易者（投资者）和专业交易者（投资者）在适当性义务标准上的差异化对待，更为精准地把握了交易者保护与经营机构正当权益保障之间的平衡，以防止将投资者适当性义务不当地变成变相的"刚兑"。

4. 尽管《九民纪要》试图统一司法裁量标准，《期货和衍生品法》也明确将违反交易者适当性义务和错误销售民事责任纳入了立法，但在规则的适用上仍然有诸多问题需要得到进一步阐释，统一裁量标准和形成连贯一致的推理逻辑仍然需要在判例中不断演绎，而且这是一个永无止境的过程。

第三章
操纵期货市场的民事责任

作为我国首部期货行政法规，1999年《条例》第62条首次将操纵期货市场纳入立法，并规定了严厉的行政处罚，即构成犯罪的，依法追究刑事责任。从列举的有关情形和措辞来看，第62条基本借鉴了1999年《证券法》反操纵市场的条款，并在此基础上增加了一项商品期货市场特有的操纵市场行为：逼仓（见附表3-1），但没有民事责任的规定。此后该条例多次修订也基本维持原状。

2022年颁布的《期货和衍生品法》基本沿袭了先前的立法传统，有关操纵期货市场的条款基本移植了2019年修订后的《证券法》反操纵市场条款，除两项期货市场特有的操纵市场行为，还增设了民事赔偿责任制度（见附表3-2）。

作为行政法规的《期货交易管理条例》，并没有期货市场民事责任制度的明确规定，包括操纵市场。期货市场民事责任制度主要依赖司法解释，1999年条例出台前其适用1995年纪要；2003年司法解释出台后，其就一直依赖该司法解释，但该司法解释中并没有操纵市场民事责任制度的规定；直到《期货和衍生品法》出台，操纵期货市场民事责任制度才有法可依。1999年条例出台规定了操纵期货市场的行政处罚和刑事责任，在实践中，监管执法机构作出行政处罚的案件较为常见，而刑事案件则相对较少。这些行政执法和刑事司法对操纵期货市场构成要件的阐释也可适用于民事责任中操纵期货市场行为构成要件的阐释。

相对于操纵期货市场民事责任立法滞后,《证券法》在2005年修订时就确立了民事赔偿责任,并积累了相关判例,这些也为本章期货市场民事赔偿责任相关问题探讨提供了有益借鉴和参考。所以,本章关于操纵期货市场民事责任制度的讨论将吸收操纵期货市场的行政处罚和刑事责任判例,以及证券法操纵市场民事赔偿责任判例规则及学说等。

一、操纵期货市场民事赔偿责任构成要件

(一) 存在操纵期货市场的行为

2017年条例第70条规定了连续交易操纵、约定操纵、洗售操纵、囤积现货操纵四种传统的操纵行为;2019年证监会《关于〈期货交易管理条例〉第七十条第五项"其他操纵期货交易价格行为"的规定》增加蛊惑交易、抢帽子交易、虚假申报、挤仓交易等新型操纵行为。《期货和衍生品法》第12条[1]对于操纵行为的具体类型作出列举。本部分将期货操纵市场分为市

---

[1] 《期货和衍生品法》第12条:"任何单位和个人不得操纵期货市场或者衍生品市场。禁止以下列手段操纵期货市场,影响或者意图影响期货交易价格或者期货交易量:(一)单独或者合谋,集中资金优势、持仓优势或者利用信息优势联合或者连续买卖合约;(二)与他人串通,以事先约定的时间、价格和方式相互进行期货交易;(三)在自己实际控制的账户之间进行期货交易;(四)利用虚假或者不确定的重大信息,诱导交易者进行期货交易;(五)不以成交为目的,频繁或者大量申报并撤销申报;(六)对相关期货交易或者合约标的物的交易作出公开评价、预测或者投资建议,并进行反向操作或者相关操作;(七)为影响期货市场行情囤积现货;(八)在交割月或者临近交割月,利用不正当手段规避持仓限额,形成持仓优势;(九)利用在相关市场的活动操纵期货市场;(十)操纵期货市场的其他手段。"

场力量型、交易型、信息型、跨市场型四种。[1]

鉴于之前我国规制操纵证券市场行为主要依靠行政执法和刑事手段，本部分在阐释操纵证券市场案件民事责任时，不仅从已有的民事赔偿案件入手，同时，也结合行政处罚案件予以展开。

截至 2022 年 11 月，在中国裁判文书网以"操纵市场""期货"为关键词进行全文检索，共有 58 篇民事判决书，经一一排查，其中大多为证券市场违法行为，不涉及期货市场[2]；另有部分案例虽涉及期货市场但案情并不涉及操纵及欺诈行为[3]。唯一比较相近的应属新晟期货有限公司（原广晟期货有限公司）、李某凡买卖合同纠纷案[4]，系期货公司因操纵期货市场行为针对垫付保证金索赔的案件，而不是期货市场操作所导致的交易者损失赔偿的民事责任案件。

---

[1] 姜德华：《期货市场反操纵监管问题研究》，载《价格理论与实践》2020年第5期。

[2] （2022）鲁民终1029号；（2020）鲁民终1596号；（2019）甘民终166号；（2019）甘民终110号；（2020）京03民终14838号；（2020）粤03民终1336号；（2020）鲁02民终9705号；（2020）京03民终4686号；（2019）皖01民初2538号；（2019）京01民终6480号；（2018）皖01民终9587号；（2017）鲁01民终8662号；（2015）沪一中民一（民）终字第2655号；（2015）沪二中民四（商）终字第592号；（2015）沪二中民四（商）终字第593号；（2019）京0105民初86410号；（2019）粤0303民初25101号；（2019）皖0104民初1233号；（2018）浙0603民初1262号；（2017）京0102民初26979号；（2015）衢柯商初字第80号。

[3] （2019）豫民再723号；（2016）沪民终196号；（2017）粤民终3024号；（2021）吉04民终39号；（2019）京03民终16150号；（2019）湘01民终1695号；（2018）皖01民初1021号；（2021）京0102民初15258号；（2020）吉0402民初1661号；（2019）粤0104民初9557号；（2019）粤0104民初9549号；（2019）粤0104民初9553号；（2019）粤0104民初9551号；（2019）粤0104民初9555号；（2019）黑0691民初1934号；（2017）京0105民初53439号；（2019）湘0103民初1523号；（2018）沪0115民初78129号；（2014）长民二（商）初字第1251号；（2014）虹民二（商）初字第788号；（2014）虹民二（商）初字第789号。

[4] 广东省高级人民法院（2017）粤民终3060号民事判决书。

第三章 操纵期货市场的民事责任

截至2022年11月,在中国裁判文书网以"操纵市场""期货"为关键词进行全文检索,共有21篇行政诉讼判决书,经一一排查,其中大多为证券市场违法行为,不涉及期货市场[1],仅一例为操纵期货市场。[2]在中国裁判文书网以"操纵市场""期货"为关键词进行全文检索,共有1篇刑事判决书,系操纵证券市场案件。[3]因此,本部分在实务维度考察期货操纵市场行为构成要件的认定标准时,主要基于证监会作出的行政处罚的分析论述。

构成操纵市场行为要满足存在操纵市场的客观行为、特定故意、人为价格三个要件。

1. 操纵市场的客观行为

在具体认定客观行为要件时,需根据期货操纵市场行为的具体分类区别对待,当前的学说和司法实践对市场力量型、交易型、信息型三类操纵行为的客观行为要件论述比较充分,但对跨市场型的操纵行为的客观行为要件阐释并不充分。

(1) 市场力量型操纵的客观行为

市场力量型操纵通常同步发生于期现货市场上,是指操纵者利用对现货的支配性地位以及其在期货市场的优势头寸,以及交易对手方无法参与实物交割等特点,扭曲期货交易价格的

---

[1] (2021)京行终1908号;(2021)京行终1909号;(2021)京行终1920号;(2021)京行终1882号;(2019)京行终9905号;(2017)京行终2138号;(2020)京01行初256号;(2020)京01行初259号;(2020)京01行初258号;(2020)京01行初255号;(2020)京01行初319号;(2020)粤71行初301号;(2019)京02行终1852号;(2019)京02行终1850号;(2019)京02行终1851号;(2019)京01行初515号;(2019)京01行初671号;(2019)京01行初318号;(2016)京01行初699号;(2015)市行初字第18号。

[2] 北京市第一中级人民法院(2016)京01行初494号行政判决书。

[3] 上海市第一中级人民法院(2017)沪01刑初49号刑事判决书。

行为。市场力量型操纵根据造成可交割现货供应短缺的原因，又可分为"挤压轧空"[1]和"囤积逼空"[2]。

在认定客观行为要件时，市场力量型操纵行为人必须拥有影响市场价格、控制其他交易者履行合约义务的能力，包括控制现货的可交割供应以及在期货市场上拥有具有优势地位的期货头寸，如此便可逼迫空方为规避交割成本在较高价位上平仓。而此时若空方不选择平仓而选择实物交割，现货市场又找不到足够的可供交割的商品，最终就得被迫承担违约成本，使操纵行为人达到操纵牟利目的。

实践中，证监会认定当事人存在持仓优势操纵期货价格的标准如附表3-3。

（2）交易型操纵的客观行为

交易型操纵是指直接买入和卖出期货品种合约干扰期货成交价格的行为，分为非真实成交型操纵和真实成交型操纵。前者指以误导性买卖方式诱导其他投资者的行为，具体表现为虚假申报操纵、洗售操纵和约定交易操纵等。后者则指以真实买卖的方式干扰成交价格，具体又常见为连续交易操纵与特定时段操纵，以区分通过信息优势、头寸优势或资金优势连续买卖或在集合竞价阶段、收市阶段蓄意操纵成交价量的行为。

交易型操纵客观行为的认定，需要区分真实交易型操纵和虚假申报操纵，前者需考察其违法行为发生的特殊时段和连续申报行为，后者需要关注申报和撤单的频率和价格、数量等一

---

[1] 挤压轧空，是指操纵行为人在期货市场拥有极大规模的多头头寸，利用客观外部条件下现货市场可交割供应严重不足的情况，通过交割制度迫使空方高价平仓从而获利。

[2] 囤积逼空，是指通过在现货市场控制可供交割的现货商品，迫使空头或多头接受其设定的更高或更低的价格平仓，从而扭曲期货成交价格的行为。

致性等要素。实践中证监会认定当事人存在交易型操纵之客观行为的标准如附表3-4。

2022年9月29日，上海金融法院对原告投资者诉被告鲜某操纵证券交易市场责任纠纷一案作出一审判决并公开宣判。该案系全国首例主板市场交易型与信息型操纵混同的证券操纵侵权责任纠纷，也是首例适用民事赔偿责任优先原则，以刑事罚金优先用于赔付投资者损失的证券类侵权案件。该案涉及主板市场证券操纵市场认定、投资者交易损失与操纵行为的因果关系、投资损失计算方法等诸多新颖法律问题，具有典型意义。从有关报道来看，上海金融法院认为，操纵市场是证券法明确禁止的行为，损害了证券市场有效配置资源、促进资本形成和保护投资者的社会功能，对投资者造成损失的，应承担赔偿责任。本案中，鲜某具体采用了连续买卖、洗售或对倒交易、虚假申报、利用信息优势操纵等四种手法。前三种属于交易型操纵，后一种属于信息型操纵，四种手法都服务于同一目的，时间上相互交织，作用上彼此叠加，共同影响了股票交易价格和交易量，彼此之间难以区分，应当整体视为一个操纵证券市场行为。

涉案操纵行为曾先后受到行政处罚和刑事定罪。2017年3月30日，中国证券监督管理委员会〔2017〕29号行政处罚决定书，认定鲜某于2014年1月17日至2015年6月12日，通过采用集中资金优势、持股优势、信息优势连续买卖，通过自己实际控制的证券账户之间交易、虚假申报等方式实施操纵证券市场的行为。责令其依法处理非法持有的证券，没收违法所得578 330 753.74元，并处以2 891 653 768.70元罚款。其交易型操纵客观行为的认定标准如附表3-5。

（3）信息型操纵的客观行为

信息型操纵是指操纵行为人凭借自己在信息方面的优势，

制造、发布、传播或直接利用信息，干扰成交价格和成交量，破坏市场正常运行的行为。信息型操纵又可划分为"蛊惑交易操纵"和"抢帽子交易操纵"。

在认定信息型操纵的客观行为时，首先，应准确界定"信息"是否同时具备重大性和虚假性或误导性[1]，认定蛊惑交易型操纵时通常需要同时考察信息的虚假性、不准确性或者误导性以及其重大性；认定抢帽子交易操纵中的信息时只需考察其重大性。

其次，考察行为人散布相关信息的方式。随着网络媒体的发展，不实信息的传播渠道更加多元复杂，需要以动态开放的视角审视信息传播方式。不论是直接散播，还是通过他人、大众媒体等方式间接散播，均可构成信息型操纵行为的违法要件。[2]

最后，行为人在信息发布前需持有对应的仓位。对于抢帽子交易行为而言，法律规定的特定主体应当在信息发布之前持有与信息内容相关的仓位；对于蛊惑交易型操纵而言，行为人也应在发布信息前持有对应的期货仓位，否则其行为可能构成传播虚假信息的违法行为，而不一定构成操纵行为。

行政执法和司法实践中，对于蝶彩资产、谢某华、阙某彬操纵"恒康医疗"股价一案，证监会、四川省成都市中级人民法院、四川省高级人民法院对于信息型操纵的客观行为认定标准如附表3-6。

（4）跨市场操纵的客观行为

跨市场操纵，是指在两个及以上高度相关的市场上实施干

---

[1] 杜惟毅、张永开：《美国期货市场信息型操纵监管研究专刊》，载《证券法制通讯》2010年第14期。

[2] 程红星、王超：《美国期货市场操纵行为认定研究》，载《期货及衍生品法律评论》2018年。

扰市场正常价格形成的行为。从资本市场监管和执法的角度来看，市场间的关联性为跨市场操纵提供了新的可能性，也增加了发现和调查操纵市场的难度。[1]在立法上就需要为查处跨市场操纵提供相应的法律依据，即《期货和衍生品法》第12条第9项"利用在相关市场的活动操纵期货市场"之规定。

操纵行为人利用期现市场的高度相关性，通过操纵一个市场来干扰另一个市场的价格从而获利。区别于操纵行为仅发生在某一特定市场中的单一市场操纵，跨市场操纵从操纵地域上划分包括境内期货跨市场操纵和跨境期货市场操纵，跨市场操纵实际上可以表现为市场力量型跨市场操纵或价格关联型跨市场操纵。[2]实际上前述囤积逼空和挤压轧空正属于市场力量型跨市场操纵，因这两种操纵手段均利用了期现货市场间的连接点即交割条款，因而本身就包括了跨市场因素。而《期货和衍生品法》第12条第9项所述的是以期货市场为目标市场的价格关联型跨市场操纵。

价格关联型跨市场操纵，即行为人利用境内外市场、现货市场和期货市场等市场的相关性、价格上的关联性等特征，由此市场影响彼市场；[3]是指行为人以某种手段造成一个市场的价格变动，从而影响另一个关联市场的价格的操纵形态。在价

---

[1] Technical Committee of the International Organization of Securities Commissions, "Investigating and Prosecuting Market Manipulation", available at https://www.iosco.org/library/pubdocs/pdf/IOSCOPD103.pdf, last visited on 2022-11-6. 转引自叶林主编：《中华人民共和国期货和衍生品法理解与适用》，中国法制出版社2022年版，第37页。

[2] 钟维：《跨市场操纵的行为模式与法律规制》，载《法学家》2018年第3期。

[3] 汤欣、杨青虹：《期货跨操纵市场的界定与立法完善》，载《期货及衍生品法律评论》2018年。

格关联型操纵中,其中一个市场可能只是手段市场,而另一个市场则是目标市场。行为人通常会先行在目标市场持有相当规模的头寸,之后通过连续交易、约定交易、洗售、散布虚假信息等方式操纵手段市场的价格,通过两个市场间的价格关联性传导至目标市场,使目标市场的价格向有利于其所持有头寸的方向运动。[1]

2. 存在操纵市场的主观故意

认定期货操纵和欺诈侵权行为需要行为人具备实际的故意。对于主观要件的认定,美国联邦法院在 Ernst & Ernst v. Hochfeld 案件中作出了清楚的阐释与说明,必须是行为人具备操纵和欺诈的故意才可针对损害提起民事赔偿诉讼。日本在禁止操纵市场的相关规范条款中,也以加害人的主观故意为前提。我国在有关法律法规中也规定了加害人"操纵期货市场""影响或者意图影响期货交易价格或者期货交易量""单独或者合谋""与他人串通"等表述,可见立法例中常以行为人主观故意作为构成要件。[2]

与此同时,经检索可以发现,实践中仍有大量期货或证券操纵市场案件的认定存在忽视主观故意这一要件的情况。如黄某、蒋某、徐某操纵纤维板 1910 合约价格案[3]、陶某、傅某南操纵"1502"合约价格案[4]、鲜某操纵"多伦股份"案[5]等,均缺乏对主观故意要件的分析评价。

---

[1] 叶林主编:《中华人民共和国期货和衍生品法理解与适用》,中国法制出版社 2022 年版,第 43 页。

[2] 巫文勇:《金融衍生产品交易侵权民事法律责任研究》,载《甘肃政法学院学报》2012 年第 1 期。

[3] 中国证券监督管理委员会〔2021〕100 号行政处罚决定书。

[4] 中国证券监督管理委员会〔2016〕5 号行政处罚决定书。

[5] 中国证券监督管理委员会〔2017〕29 号行政处罚决定书。

3. 实际导致人为价格（虚假价格）或试图产生人为价格（虚假价格）

在既往《期货交易管理条例》的反操纵规则下，认定操纵市场必须证明操纵结果。但《期货和衍生品法》第12条中规定，"禁止以下列手段操纵期货市场，影响或者意图影响期货交易价格或者期货交易量"，将"实际操纵"和"意图操纵"一同引入反操纵规则中。就实际操纵而言，必须证明行为人实施了该操纵行为；就意图操纵而言，有论者认为，"意图影响证券交易价格"是指行为可能对交易价格产生影响。即使由于各种原因损害后果未实际发生，也不影响其构成"操纵证券市场"。[1]但是，上述阐释并未明确试图操纵究竟需要哪些构成要件。在学理解释上，试图操纵要求证明行为人客观上从事了该条规定的行为之一，以及主观上存在影响证券交易价格的意图。[2]因此，试图操纵只有两个构成要件，即影响价格的意图和促成该意图的显著行为。但目前还没有实际的适用案例。

而对于与意图操纵相对应的实际操纵而言，当前的学理分析和执法或司法实践对于操纵结果的认定存在两条路径，一种是以存在人为价格或交易量作为操纵结果[3]；另一种则是倾向于判断民事诉讼中被侵权人是否投资了涉案期货合约并遭受了损失。

操纵结果要件表征为期货市场操纵和欺诈行为对期货市场实际价格和交易量的影响。我国《期货和衍生品法》第12条中

---

[1] 王瑞贺主编：《中华人民共和国证券法释义》，法律出版社2020年版，第101页。

[2] 程合红主编：《〈证券法〉修订要义》，人民出版社2020年版，第111页。

[3] 栾春旭：《金融衍生品市场操纵行为的识别与规制——以国内证券市场首个ETF操纵交易案为例》，载《福建金融》2019年第11期。

有"禁止以下列手段操纵期货市场,影响或者意图影响期货交易价格或者期货交易量……"的规定。对期货市场的操纵以制造人为价格为目标,例如前述市场力量型操纵行为,囤积逼空和挤压轧空操纵的根本目标就在于利用其资金优势和头寸制造于己有利的人为价格。

从比较法视角来看,美国司法将"人为价格"界定为由人为因素造成的背离合理供求关系的价格。[1]对人为价格的认定构成了操纵市场案的关键认定要素,但实践中究竟如何计算人为价格,至今尚无定论,往往需要结合多方面因素进行综合考虑。英美的传统是设立参照系比较法,通过比对特定历史期间的期货价格、现货价格、供需关系,来认定是否存在人为价格。我国证监会执法部门借鉴美国的经典价格操纵理论,指出这实际上是要求证明"人为价格存在",即人为因素造成的背离供求关系的价格,包括人为高价、低价或者使价格静止不变。[2]与美国监管机构过去在实践中的做法相同,大多数情况下,我国证监会也是通过价格参照系比较等经济分析方法来对人为价格进行认定的。比如,在判断某个期货合约价格是否构成人为价格时,会以临近月份合约的价格(如姜某操纵"甲醇1501"期货合约价格案[3];天然橡胶 RU1010 期货合约操纵案[4];陶某、傅某南操纵"1502"合约价格案[5]等)、与该合约价格走

---

[1] 在 Cargill, Inc. v. Hardin 案中,法官详细阐述了判定人为价格的各种认定方法。
[2] 中国证券监督管理委员会行政处罚委员会编:《证券期货行政处罚案例解析》(第一辑),法律出版社 2017 年版,第 154 页。
[3] 中国证券监督管理委员会〔2015〕31 号行政处罚决定书。
[4] 中国证券监督管理委员会〔2013〕67 号行政处罚决定书。
[5] 中国证券监督管理委员会〔2016〕5 号行政处罚决定书。

第三章 操纵期货市场的民事责任

势相近的其他品种合约的价格（廖某焱操纵期货交易价格案[1]、姜某操纵"甲醇1501"期货合约价格案[2]）、该合约所对应现货的价格（陶某、傅某南操纵"1502"合约价格案[3]、刘某铖操纵"聚氯乙烯1501"合约价格案[4]、廖某焱操纵期货交易价格案[5]）等替代性的价格作为比较参照系，当该期货合约价格与之相比发生偏离时，则视为存在人为价格。

在证监会行政执法中，其主要基于比较相关期货合约与现货及邻近期货合约价格的偏离，来认定是否存在人为价格，认定操纵结果的标准如附表3-8。

（二）交易者因操纵市场行为受到损失或操纵者获利

交易者受到损失即为受害者投资了涉案期货合约并遭受了损失，这一考量因素在一些司法案例中也得到体现，详见附表3-9。

对于损失的具体认定规则，详见后文。

在一些行政处罚案件中，操纵者获利成为监管执法机构计算处罚的重要依据，前述黄某、蒋某、徐某操纵纤维板1910合约价格一案[6]中，证监会在认定损害结果时提及操纵获利，即"涉案期间实控账户组操纵纤维板1910期货合约合计盈利2 312 281.87元。其中，常州雷硕期货账户盈利1 516 934元，常信装饰、徐某、汤某红期货账户合计盈利795 347.87元"。但也有一些案例中监督处罚的聚焦点不在于操纵者是否实现获利目的，而关注其非善意的操纵行为对期货交易市场秩序的破坏

---

[1] 中国证券监督管理委员会〔2017〕58号行政处罚决定书。
[2] 中国证券监督管理委员会〔2015〕31号行政处罚决定书。
[3] 中国证券监督管理委员会〔2016〕5号行政处罚决定书。
[4] 中国证券监督管理委员会〔2016〕119号行政处罚决定书。
[5] 中国证券监督管理委员会〔2017〕58号行政处罚决定书。
[6] 中国证券监督管理委员会〔2021〕100号行政处罚决定书。

和对其他市场参与者造成的损失。就如姜某操纵"甲醇1501"期货合约价格案中,当事人姜某不但没有实现获利目标,反而在2014年11月14日至12月16日因交易该合约共亏损79 459 652元,证监会对操纵结果从行为人操纵获利转为关注两方面损害结果(其他参与者的损失、破坏了期货市场秩序),具体认定标准见附表3-10。

(三)交易者受损与操作者操纵市场存在因果关系——双重因果关系推定

1. 双重因果关系推定

在前述原告投资者诉被告鲜某操纵证券交易市场责任纠纷一案中,上海金融法院于2022年9月29日作出一审判决并公开宣判,根据有关报道,上海金融法院认为,主板市场证券操纵侵权不仅适用交易—损失两重因果关系,还适用欺诈市场理论和推定信赖原则。

欺诈的法律定义要求欺诈行为与受欺诈人表意错误之间存在因果关系;民事侵权责任要求侵权人仅应对其违法行为导致的损害承担赔偿责任。映射到证券期货领域,应同时具备欺诈行为与投资者决策之间的交易因果关系,以及欺诈行为与投资者的损失之间的损失因果关系。因果关系两重分析框架已在近年来的证券虚假陈述责任纠纷审判实践中普遍使用,该实践经验被相关司法解释所吸收。期货操纵市场行为同为欺诈行为,在因果关系上亦应遵循"交易因果关系"与"损失因果关系"两重判断。其中,"交易因果关系"是指侵权法中的"事实因果关系"或"责任成立因果关系",是对侵权行为能否造成原告损失的定性判断。也即,只有当原告是基于操纵和欺诈行为进行交易时,其损失才可能与之有关;反之,如果原告是基于其他原因交易,则即使其发生损失,在定性层面也不能认为其损失系操纵行为造成。而"损失因果关系"则是侵权法中的"法律因果关系"或"责任范围因果关系",即判断原告有多少损失系由侵权行为所造成的。在虚假陈述侵权案件中扣除系统风险或非系统风险因素的致损部分,即是其中的典型。

因果关系的推定适用欺诈市场理论和推定信赖原则,即如果投资者能够证明行为人实施了证券操纵行为,投资者在操纵行为开始日之后、操纵行为影响结束日之前交易了与操纵行为直接关联的证券,即在拉高型证券操纵中买入了相关证券,在打压型证券操纵中卖出了相关证券,则应当认定投资者的投资决策与行为人的操纵具有交易因果关系。操纵行为人可以提出反证推翻,即投资者明知或应知存在欺诈而交易,或投资者出于其他目的而交易,则交易因果关系不成立。我国《最高人民法院关于审理证券市场虚假陈述侵权民事赔偿案件的若干规定》(以下简称《虚假陈述若干规定》)实际上采用了信赖推定的规则。

在阙某彬、蝶彩资产管理(上海)有限公司证券纠纷案中,一审法院、二审法院先后作出认定,均认可了原告所主张的欺诈市场理论的适用(见附表3-11)。

在该案中,法院选择采用欺诈市场理论的理由在于:其一,股票交易实行集中竞价交易机制,买卖双方难以一一对应,杨某辉不能也无须证明买卖之间的对应关系。其二,操纵证券市场行为通常具有隐蔽性,要求投资者证明其受操纵行为误导买入或卖出证券不具有合理性。其三,在一个公开有效的证券交易市场中,公司股票的价格是由公司基本面和供求关系所决定的,操纵证券市场行为扭曲了公司基本面或供求关系,前者主要表现为信息型操纵,后者主要表现为价量型操纵。不管是哪种类型的操纵证券市场行为,最终都会导致公司股票价格偏离真实价值,此时的股票价格对投资者而言是不公平的,因信赖该股票价格为公正价格而交易的无关投资者将因此遭受损失。因此，该案中两审法官均认为，因操纵证券市场引发的民事赔偿案件可以参照《虚假陈述若干规定》第18条[1]对于损害因果关系的认定标准。

此外，四川省高级人民法院还指出，评判因果关系需要对"操纵期间"的一揽子行为进行整体考量，而不应将各个公告发布之后的交易情况单独进行评价。关于操纵行为对证券交易价格或者证券交易量产生影响的可能性，需考虑到证券市场的价格形成往往是多个因素促成的结果，精确判断各要素作用发挥程度及作用大小几无可能。因此应根据证券市场实际状况或证券市场发展规律，依据普遍的经验法则和证券市场常识予以综合判断。[2]

2. 学界对于因果关系双重推定提出异议

对操纵市场行为与投资者交易、投资者损失之间的双重因果关系之推定，学界有学者提出批评。如学者缪因知指出，此类推定应当慎重适用，否则既会有定性的正当性疑问，也会有定量的技术性困难。我们不应不分情境、不考察民事责任原理、不对比较法和司法现实能力作具体分析，就简单片面地把更容易实现的证券民事责任机制看作当然之选。若不论证制度的正当性和可操作性，有关观点就只是一种"畅想"。[3]马其家教授

---

[1]《虚假陈述若干规定》第18条："投资人具有以下情形的，人民法院应当认定虚假陈述与损害结果之间存在因果关系：（一）投资人所投资的是与虚假陈述直接关联的证券；（二）投资人在虚假陈述实施日以后，至揭露日或者更正日之前买入该证券；（三）投资人在虚假陈述揭露日或者更正日以后，因卖出该证券发生亏损，或者因持续持有该证券而产生亏损。"

[2] 四川省高级人民法院（2020）川民终1532号民事判决书。

[3] 缪因知：《操纵证券市场民事责任的适用疑难与制度缓进》，载《当代法学》2020年第4期。

第三章 操纵期货市场的民事责任

则肯定相当因果关系,反对依据欺诈市场理论进行推定。[1]

3. 区分欺诈操纵与价格操纵

传统关于期货操纵市场的立法、理论以及司法实践均是基于价格操纵的,因此认定操纵行为时无可避免地需要证明行为人操纵了期货交易价格。我国证监会执法部门认为,前述建立参照系横向比照以判断人为价格的方法非常容易引起当事人的抗辩。[2]一方面,被引为参照系的历史价格或现货价格自身难以被确定为未受操纵干扰的竞争性价格,其作为标准的正当性本身就存疑;另一方面,与参照系发生偏离并非必然导向存在人为价格的结论,因为这种方法暗含的前提是要求被审查的期货合约价格必须与作为参照系的其他时期、其他市场或其他品种合约的价格走势一致,然而特定时期、特定市场中特定合约的价格本身就取决于当时特殊的市场条件。

除此之外,在价格操纵的规制框架下,除了人为价格要件,还必须证明行为人具备影响价格的能力、有制造人为价格的特殊故意,以及操纵行为与人为价格之间存在因果关系,这些要件的证明同样殊为不易。美国期货市场过去所采用的就是这样一种以单一的价格操纵条款为核心的反操纵立法体系,以致执法难度高、监管屡尝败绩,由此进行立法改革,通过《多德-弗兰克华尔街改革与消费者保护法》,在期货市场中增加了基于欺诈的反操纵条款,区分了欺诈操纵与价格操纵。由于欺诈操纵不需要证明存在人为价格,对行为人意图的证明要求也相对较低,且并不影响价格操纵条款仍可继续发挥其兜底性效力,大大增

---

[1] 马其家:《证券民事责任法律制度比较研究》,中国法制出版社2010年版,第462页。

[2] 中国证券监督管理委员会行政处罚委员会编:《证券期货行政处罚案例解析》(第一辑),法律出版社2017年版,第155页。

强了监管机构的执法能力。欺诈操纵降低了监管执法的难度。

二、归责原则

由于期货操纵和欺诈行为样态隐秘复杂、技术性强，投资者对行为人的主观心理状态进行证明的难度很大。同时操纵行为和正常交易行为的表现分野并不明显，在认定操纵和欺诈行为的外延宽窄时难以把控尺度。因此，过错推定原则是比较理想的选择。过错推定原则理论上仍然属于过错责任原则，是法律推定加害人存在过错，并将举证责任倒置的归责原则。由于加害人的过错是由法律推定的，其可以通过证明自己过错的不存在而免责，同时这一原则将证明责任分配给加害人，对受害者的保护向前迈进了一步。就责任而言，过错作为责任承担的要件依旧是必不可少的，法律并不减轻或者加重其责任之负担，加重的仅是加害人的证明负担。过错推定原则相较无过错责任原则而言已经减轻了行为人的责任负担，客观实际上保护了期货市场的活力和受害投资人之利益。因此，各国证券期货法在规定归责原则时，对过错的举证责任分配基本都采取了过错推定原则。

三、责任主体的识别

操纵市场通常涉及众多组织严密、分工明确、合谋协作而且极其隐秘进行的、有组织的违法犯罪，要识别和查处操纵市场行为就必须准确识别参与操纵市场的各行为主体及责任主体，才能有效打击操纵市场行为。准确识别责任主体就需要解决对账户实际控制人的认定问题。

认定行为人实际控制某一账户，需要判断行为人是否对该账户具有管理、使用或处分的权利和相应的利益分配。行为人虽非账户的名义持有人，但通过投资关系、协议或者其他安排能够实际管理、使用或处分他人账户的,也可以视为行为人实际控制该账户(参见附表3-12)。

四、损失赔偿范围及计算方法

目前,期货相关规范性文件尚未对操纵和欺诈行为民事赔偿的计算方法作出规定,司法实践中也莫衷一是。时至今日,美国关于内幕交易民事赔偿的判例及法律仍在不断演进中。内幕交易非法所得的计算有多种方法,典型如:净损差额法[1]、净差额修正法、毛损益法、突出非法利润法、重新卖出价格法、补进法等六种,尤其前三者基本为我国司法实践所借鉴。

在司法实践中,对于损失的认定采用净损差额法较为常见,如鲜言操纵"多伦股份"一案和原告投资者诉被告 A 公司及其实际控制人邵某操纵证券交易市场责任纠纷一案,即以原告实际交易的市价与标的物之真实价值之间的差额确定损失,赔偿额限于投资者损失而不及于期待利益,同时也排除了市场因素等系统性风险导致的、本应由买者自负的损失。该方法适用的关键在于确定标的物在交易时的真实价格,实践中法院往往通过采信资信评估机构等专业人士的报告加以确定。

此外值得一提的是,在鲜某操纵"多伦股份"一案中,上海金融法院判令被告鲜某赔偿原告损失共计 470 万余元。由于鲜某表示在行政责任和刑事责任追究下,已无力承担本案民事赔偿责任,投资者胜诉可能也会面临无财产可供执行的风险。上海金融法院依据 2014 年《证券法》第 232 条所确立的民事赔偿责任优先原则,对鲜某操纵证券市场刑事案件中相应款项进

---

[1] D. L. Ratner, *Securities Regulation in a Nutshell* (Nutshell Series), 4th ed., West Publishing Co., 1992, p. 143.

行了保全。判决生效后，上述款项可优先用于执行民事判决确定的赔偿责任，有利于最大程度实现证券中小投资者的权利救济。

值得注意的是，蝶彩资产管理（上海）有限公司、谢某华、阙某彬操纵"恒康医疗"股价案[1]中，不论是操纵行为的性质，还是原告的买卖行为和时点，都与《虚假陈述若干规定》的适用条件高度类似，可参照差价法计算损失。另外，就多次买卖情形，相比先进先出法，当前司法实践中移动加权平均法更为常见。因此，在损失计算方法上，该案的示范作用相对有限，对同类案件参考价值不大。

五、证券操纵市场与期货操纵市场民事责任制度通约性

在各国的立法、理论和实践中，证券法远比期货法发达，而二者又具有相通性，故可以彼此借鉴。

（一）操纵证券市场行为民事责任的实务现状

与操纵证券市场行政处罚案件的高压打击态势不同，操纵证券市场民事赔偿案件数量始终维持在较低水平。虽然根据《证券法》（2019修订）第55条，因操纵行为产生损失的受损投资者都可以提起民事诉讼，但是民事案件长期以来几乎处于停滞状态。在2001年至2005年，无一成功立案，2001年《最高人民法院关于涉证券民事赔偿案件暂不予受理的通知》公布，因此操纵证券市场民事责任制度并未走进大众视野。在2006年至2011年，仅有两例操纵证券市场民事赔偿案，但受损投资人的诉讼请求要么被驳回，要么被判决败诉[2]，可见

---

[1] 四川省高级人民法院（2020）川民终1532号民事判决书。
[2] 宋一欣：《操纵股价民事赔偿诉讼审理亟待从六方面予以完善》，载《证券时报》2021年3月4日，第A008版。

虽然《证券法》在第一次修订时就明确规定了其民事责任，但可操作性较低，投资者维权积极性也不高。2012年至2022年，也仅有5例操纵证券市场民事赔偿案件成功立案，其中仅阚某彬、蝶彩资产管理（上海）有限公司证券纠纷案的投资者成功胜诉。该案首次以虚假陈述民事赔偿的相关规定为指引进行判决，在操纵市场民事赔偿司法实践中跨出了具有标志性意义的一步。近十年来操纵证券市场民事诉讼案件具体情况见附表3-14。

在附表3-14案例中，法院认定操纵市场民事责任的思路仍然是从四要件入手。其中8个案例都无一例外地回避了对操纵故意的单独分析，理由大抵在于主观过错难以探查。但在阚某彬、蝶彩资产管理（上海）有限公司证券纠纷案中，法院开始通过操纵行为的存在来直接推知行为人的主观因素（附表3-15）。

操纵市场民事责任追究目前仍然面临一些困难，主要还是由于目前我国相应理论储备和实践经验不足，在追究操纵行为人民事责任时，实务中通常会将民法上的一般侵权理论适用到操纵市场行为上，其在侵权责任认定、举证责任、损失赔偿等方面不适应。

（二）证券市场操纵市场民事赔偿责任追责面临的主要问题

1. 操纵市场民事责任制度构成要件及认定标准尚未达成共识

根据前述案例梳理发现，操纵市场民事责任追究司法实务中多依据民法的一般过错责任理论，投资人需对操纵行为的存在、主观故意以及损失和因果关系进行证明。以行为认定为例，实践中因操纵市场与虚假陈述等证券侵权行为具有相似性，理论上对于是否能直接参照虚假陈述相关规定认定民事责任存疑，实践中投资人在诉讼时常常将二者混淆,曾有投资者将内幕交易误认为操纵市场行为而提起民事诉讼。[1]再以因果关系为例,学术界对此各执一词,有因果关系两分法和一分法之争。司法实践中,早期以中核钛白案、汪某中案为代表的司法判决以直接因果关系为标准,而恒康医疗案则率先运用了因果关系两分法并辅之以因果推定理论。[2]因此,司法实务在操纵侵权民事责任构成要件及认定标准上未达成共识。

2. 举证责任如何进行合理分配也未有成熟的共识

在现有法律框架下,除虚假陈述外,我国对操纵市场等证券欺诈行为没有专门的民事诉讼规则,投资者需根据举证责任的一般规则进行举证,否则其赔偿要求就不能获得支持。[3]操纵市场行为通常以非常隐蔽的方式进行,普通投资者很难了解交易异常背后的操纵市场行为,更遑论证明请求侵权赔偿时所必须证明的因果关系。投资人在举证方面显然处于不利的境况。而在证券交易快速变化的当下,普通投资者同样难以辨别哪一部分是因操纵行为而产生的损失数额。因此,必须建立与证券市场、期货操纵市场等市场行为相适应的举证规则[4],而不是完全套用普通侵权民事诉讼的证据规则。

3. 损失计算方法也尚处于探讨摸索中

投资者的损失包括两个部分:一部分是与操纵行为有关的

---

〔1〕 上海市第二中级人民法院(2014)沪二中民六(商)初字第128号民事判决书。

〔2〕 刘俊海、宋一欣主编:《中国证券民事赔偿案件司法裁判文书汇编》,北京大学出版社2013年版。

〔3〕 朱志峰:《对证券欺诈民事赔偿"难"的思考》,载《广东社会科学》2013年第6期。

〔4〕 杨秋林:《试论操纵证券市场的民事责任研究》,载《证券法律评论》2017年。

异常波动;另一部分则属于市场行情、公司经营等有关的正常波动。显然,操纵人不应对后者担责,但从繁杂的市场信息中辨认哪些是异常波动并不简单。加之相关案例不多,无论是立法层面还是司法实践层面,都缺乏可供参考的损失认定规则。在阙某彬、蝶彩资产管理(上海)有限公司证券纠纷案中,原告主张以购买时已经被操纵后的股价与操纵尚未开始时的价格间做差以认定损失,法院并未采纳,因为相比股票受到操纵行为的时长,原告持有股票时间更长,并据此认为在计算其损失时,应当将此前获益减去。对此,我国学者意见不一,有学者认为应该设定一个最高限度,如以操纵行为人非法获益的三倍为限度进行赔偿;[1]也有学者认为像虚假陈述一样设定统一时间作为未被影响的日期是不合理的。

综上可知,操纵证券市场民事责任制度实施本身面临诸多问题,能够为期货市场民事责任制度落实提供的经验与支持非常有限。

在美国,期货市场对操纵市场的指控在2010年之前基本都是不成功的,因为证明价格操纵必须满足的条件太过苛刻。2010年《多德-弗兰克华尔街改革与消费者保护法》加强了对欺诈型操纵市场的打击力度,并扩大了美国商品期货交易委员会(Commodity Futures Trading Commission,CFTC,以下简称"期交会")的执法权力。期交会借鉴《1934年证券交易法》第10b-5条,颁布了《期监会规章》第180.1节"反欺诈型操纵规则",并表示要借鉴证券市场的经验。在美国,期货市场交易者针对操纵市场的民事索赔案几乎没有一个成功的,故学者认为,期货操纵市场民事索赔就是"傻瓜的游戏"(mug's game),还有学者断

---

[1] 贾纬:《证券市场侵权民事责任之完善》,载《法律适用》2014年第7期。

言，期货市场价格操纵就是不可检控的犯罪。[1]期交会自1974年成立到2013年的39年间，只胜诉了一个操纵市场案。[2]就民事赔偿责任而言，原告几乎无法完成举证。原告必须证明被告有操纵意图，这被认为是金融法领域在概念上和学说上最苛刻的主观要件。而且，原告还必须证明被告行为与人为价格之间存在因果关系，而"人为价格"的定义也是令人困惑和麻烦的。最糟糕的是，法院通常对使用统计和经济的主张支持和评估操纵市场的索赔充满了敌意。所以，民事赔偿上的原告可能更偏爱《谢尔曼法》第2节，它不要求证明被告具有故意，而且对经济分析持有良好态度。即使按《谢尔曼法》，市场权力因素也是操纵人为价格要素的一部分。[3]所以，美国在这方面几乎无法提供什么可资借鉴的经验。

本章小结

1. 操纵市场行为本质上是不正当的投机，即通过欺诈市场的手段，破坏正常市场供求关系，其危害性在于破坏了市场价格发现机制，从而让无辜交易者蒙受损失。

2. 证券期货市场对投机采取无害原则，即投机在证券期货市场本身并不违法（投机提供了市场流动性），尤其是在期货市

---

[1] Robert C. Lower, "Disuptions of Futures Market: A Comment on Deraling with Market Manipulaiton", 8 *Yale J. on Reg.* 391 (1991); Jerry W. Markham, Manipulation of Commodity Futures Prices—The Unproscutable Crime, 8 *Yale J. on Reg.*, 281 (1991).

[2] Rosa M. Abrantes-Metz, Gabriel Rauterberg, Andrew Verstein, "Revolution in Manipulation Law: The New CFTC Rules and the Urgent Need for Economic and Emprical Analyses", 15 *Pa. J. Bus.*, 357 (2013).

[3] Rosa M. Abrantes-Metz, Gabriel Rauterberg, Andrew Verstein, "Revolution in Manipulation Law: The New CFTC Rules and the Urgent Need for Economic and Emprical Analyses", 15 *Pa. J. Bus.*, 357 (2013).

场。《期货和衍生品法》明确规定，反对过度投机，而不是禁止所有投机，但期货市场对过度投机的打击一方面依靠反操纵市场，另一方面主要依靠事前防范手段，如大额持仓报告与限制等。

3. 区分非法操纵市场、禁止性过度投机与合法投机的关键要素是投机者是否具有试图创造虚假价格的主观意图和采取欺诈手段创造或试图创造虚假的价格信息来欺骗市场，因此，对主观构成要件及认定标准不能过于宽松，否则就容易扩大打击范围。过度限制投机活动会抑制市场的流动性，扼杀市场的活力。因此，主观要件及认定标准是一个政策性问题，并不是一个纯粹的法律技术问题。

4. 有关操纵市场行为与损失之间的因果关系、损失赔偿范围及损失计算等重点难点问题涉及的是金融专业对交易盈亏因果关系的认定与计量，需要借助金融专业专家证人来解决，本质上并不是法律问题。

第四章
期货市场内幕交易的民事责任

　　1999年条例关于期货市场内幕交易的立法几乎是在对期货市场内幕交易缺乏任何理论支撑的情况下进行的，其第61条关于期货市场内幕交易的规定也非常宽泛、空洞、粗糙；但在"附则"有关"内幕信息"和"内幕信息的知情人员"的定义实际上将内幕交易限缩在行政监管和自律组织等对期货市场负有特殊监管职责的特定群体，尽管它赋予了监管机构扩大其外延的兜底授权。2007年条例第73条在此基础上增加了两款，一款是针对单位从事内幕交易的，另一款则是专门针对期货监管机构、期货交易所和期货保证金安全存管监控机构的工作人员进行内幕交易的加重处罚条款。对2007年条例的修订，参与起草的论者解释说，相关规定"借鉴各国期货交易立法经验"，专门针对证监会、自律组织工作人员加重责任条款主要是考虑到这些工作人员通常是作为期货交易的监督者、组织者身份出现的，地位特殊，也容易获得内幕信息。这些人员若从事内幕交易，将对期货市场产生更加重大的影响，后果也更加严重，甚至可能动摇社会公众对期货市场的信赖。[1]2007年条例"附则"对于

---

　　[1] 姜洋主编：《期货市场新法规解释与适用》，法律出版社2007年版，第272—274页。

"内幕信息""内幕信息的知情人员"两个关键术语的定义基本保持不变。此后条例多次修订,内幕交易条款基本保持不变。

与2017年条例相比较,《期货和衍生品法》通过对内幕信息和内幕信息知情人外延的扩张扩大了内幕交易适用的范围,加大了内幕交易处罚力度,并补上了民事责任缺失的短板(参见附表4-1)。

一、期货市场内幕交易的构成要件

期货市场内幕交易具有自身特点,期货市场的内幕信息通常产生于国民经济或交易市场本身,单个公司的经营信息通常不会成为期货市场内幕信息的来源,而公司管理者等有机会接触到公司信息的内部人员也就不会因此而成为内幕交易的主体。美国期交会在1984年发布的题为《利用重大未公开信息进行期货交易的性质、程度和影响》的报告中也指出,期货市场存在利用重大非公开信息进行交易的行为,但是不存在证券市场上以发行人为中心的内幕信息。[1]所以证券市场中以发行人为中心的内幕交易理论也就无法适用于期货市场的内幕交易。

截至2022年11月,在中国裁判文书网以"内幕交易""期货"为关键词进行全文检索,共有68篇民事判决书,经一一排查,除部分无关判决外[2],大多为操纵证券市场等违法

---

[1] 李明良、李虹:《期货市场内幕交易的内涵:以美国为中心的考察》,载《证券法苑》2014年第4期。
[2] (2020)湘民终1853号;(2019)沪民终295号;(2021)京03民终15950号;(2020)沪74民终1055号;(2020)京03民初117号;(2020)京03民终14838号;(2020)粤03民终1336号;(2020)鲁02民终9705号;(2020)渝05民终5338号;(2020)渝05民终5339号;(2019)京03民终16150号;(2019)京01民终6480号;(2018)皖01民终9587号;(2018)皖01民初1021号;(2016)粤03民终12404号;(2021)京0105民初8765号;(2021)京0101民初10231号;(2020)沪0115民

行为。[1]其中有28例针对光大证券股份有限公司内幕交易行为提起民事索赔的案件。[2]

截至2022年11月,在中国裁判文书网以"内幕交易""期货"为关键词进行全文检索,共有56篇行政诉讼判决书,除部分无关的行政诉讼判决外[3],大多为操纵证券市场等违法行为。[4]

(接上页)初22704号;(2020)苏0991民初1674号;(2019)京0105民初86410号;(2019)川0104民初12800号;(2019)沪0104民初21359号;(2018)渝0108民初19789号;(2018)渝0108民初19790号;(2019)粤0104民初9557号;(2019)粤0104民初9549号;(2019)粤0104民初9553号;(2019)粤0104民初9551号;(2019)粤0104民初9555号;(2019)湘0623民初1804号;(2019)粤0303民初25101号;(2019)皖0104民初1233号;(2017)京0105民初53439号;(2018)沪0115民初78129号;(2018)浙0603民初1262号;(2016)鲁1522民初2794号。

〔1〕(2021)湘民终867号;(2020)鲁民终41号;(2019)甘民终166号;(2019)粤03民初2031号。

〔2〕(2016)沪民终234号;(2016)沪民终210号;(2016)沪民终407号;(2016)沪民终336号;(2016)沪民终456号;(2016)沪民终408号;(2016)沪民终196号;(2016)沪民终335号;(2016)沪民终227号;(2016)沪民终226号;(2016)沪民终455号;(2016)沪民终203号;(2016)沪民终334号;(2016)沪民终235号;(2016)沪民终228号;(2016)沪民终454号;(2016)沪民终146号;(2016)沪民终208号;(2016)沪民终157号;(2016)沪民终154号;(2016)沪民终158号;(2016)沪民终155号;(2016)沪民终148号;(2015)沪高民五(商)终字第58号;(2015)沪高民五(商)终字第61号;(2015)沪高民五(商)终字第62号;(2013)沪一中民六(商)初字第30号;(2014)沪二中民六(商)初字第128号。

〔3〕(2021)京行终332号;(2017)苏行终1165号;(2020)京01行初319号;(2020)京01行初758号;(2020)京01行初675号;(2020)京01行初62号;(2015)市行初字第18号。

〔4〕(2021)京行终1908号;(2021)京行终1909号;(2021)京行终1920号;(2021)京行终1882号;(2021)京行终1885号;(2021)京行终265号;(2020)京行终7902号;(2020)京行终7910号;(2020)京行终7577号;(2019)京行终7614号;(2020)京行终6806号;(2020)京行终5283号;(2019)京行终10183号;(2020)京行终198号;(2019)京行终9905号;(2020)京行终667号;(2019)京行终7590号;(2017)京行终4554号;(2017)京行终4023号;(2017)京行终4109号;(2017)京行终2185号;(2017)苏行终80号;(2020)京01行初

截至 2022 年 11 月,在中国裁判文书网以"内幕交易""期货"为关键词进行全文检索,共有 50 篇刑事判决书,部分为证券市场内幕交易[1],其余多属无关判决。[2]因此,本部分在实务纬度考察期货市场内幕交易构成要件的认定标准时,主要选取针对光大证券股份有限公司内幕交易的民事诉讼作为分析对象。

(一)内幕信息

学界一般认为,期货市场内幕交易包括信息、主体和行为三项构成要件。《期货和衍生品法》第 13 条[3]是期货和衍生品

(接上页)256 号;(2020)京 01 行初 259 号;(2020)京 01 行初 258 号;(2020)京 01 行初 255 号;(2020)京 01 行初 37 号;(2019)京 02 行终 1923 号;(2019)京 01 行初 694 号;(2019)京 01 行初 515 号;(2019)京 01 行初 671 号;(2018)京 01 行初 430 号;(2019)京 01 行初 318 号;(2018)沪 74 行终 8 号;(2017)京 01 行初 148 号;(2017)京 01 行初 23 号;(2016)苏 01 行初 546 号;(2016)京 01 行初 643 号;(2015)宁行初字第 2 号;(2019)京 0102 行初 371 号;(2018)沪 0115 行初 246 号;(2017)闽 0203 行初 193 号。

[1](2015)刑抗字第 1 号;(2020)辽刑终 242 号;(2019)粤刑终 1221 号;(2017)闽刑终 43 号;(2016)京刑终 60 号;(2022)沪 03 刑初 20 号;(2020)京 03 刑初 170 号;(2021)沪 01 刑初 7 号;(2020)沪 03 刑初 158 号;(2020)沪 03 刑初 161 号;(2020)沪 01 刑初 8 号;(2019)湘 01 刑初 58 号;(2018)渝 01 刑初 74 号;(2020)沪 01 刑初 23 号;(2019)沪 02 刑初 55 号;(2020)川 01 刑初 74 号;(2019)粤 03 刑初 473 号;(2018)粤 03 刑初 543 号;(2019)湘 01 刑初 13 号。

[2](2018)鲁 02 刑初 107 号;(2018)鲁 02 刑初 50 号;(2018)沪 02 刑初 99 号;(2018)鲁 02 刑初 48 号;(2018)粤 03 刑初 681 号;(2018)沪 01 刑初 51 号;(2018)沪 02 刑初 29 号;(2018)沪 01 刑初 22 号;(2017)沪 01 刑初 121 号;(2017)沪 01 刑初 86 号;(2017)沪 02 刑初 35 号;(2017)粤 03 刑初 214 号;(2017)沪 02 刑初 22 号;(2016)鲁 03 刑初 11 号;(2016)沪 02 刑初 115 号;(2016)川 01 刑初 00008 号;(2015)榕刑初字第 182 号;(2015)沪一中刑初字第 17 号;(2014)二中刑初字第 315 号;(2014)浙绍刑初字第 12 号;(2016)川 17 刑终 193 号;(2016)渝 01 刑初 121 号;(2016)川 17 刑初 14 号;(2020)粤 0106 刑初 805 号;(2021)鲁 0304 刑初 254 号。

[3]《期货和衍生品法》第 13 条:"期货交易和衍生品交易的内幕信息的知情人和非法获取内幕信息的人,在内幕信息公开前不得从事相关期货交易或者衍生品交易,明示、暗示他人从事与内幕信息有关的期货交易或者衍生品交易,或者泄露内幕信息。"

— 081 —

内幕交易的禁止性规范，对内幕交易的构成采取了三要件说：①行为主体——内幕人，包括内幕信息的知情人和非法获取内幕信息的人；②内幕信息，即可能对期货交易或者衍生品交易的交易价格产生重大影响的尚未公开的信息；③在内幕信息公开前利用内幕信息从事期货交易或者衍生品交易，明示、暗示他人从事与内幕交易有关的期货交易或者衍生品交易，或者泄露内幕信息。[1]

我国《期货和衍生品法》第14条对期货市场中的内幕信息进行了定义，即内幕信息是指可能对期货交易或者衍生品交易的交易价格产生重大影响的尚未公开的信息。包括：①国务院期货监督管理机构以及其他相关部门正在制定或者尚未发布的对期货交易价格可能产生重大影响的政策、信息或者数据；②期货交易场所、期货结算机构作出的可能对期货交易价格产生重大影响的决定；③期货交易场所会员、交易者的资金和交易动向；④相关市场中的重大异常交易信息；⑤国务院期货监督管理机构规定的对期货交易价格有重大影响的其他信息。

该规定突出了内幕信息对期货交易价格的重大影响和尚未公开两个特征。然而涉及期货市场内幕信息案例非常少，故在司法实践中，尚缺乏对这两个特征的深度阐释。对于"重大性"的认定，可参考证券市场的监管规范性文件的阐释。如证监会《证券市场内幕交易行为认定指引（试行）》第9条将"重大性"解释为对价格产生显著影响，而显著影响则是指相关信息一旦公开，交易价格在一段时期内与市场指数或相关分类指数发生显著偏离，或者致使大盘指数显著波动。所谓显著偏离、显著

---

[1] 叶林主编：《中华人民共和国期货和衍生品法理解与适用》，中国法制出版社2022年版，第38页。

波动,可以结合专家委员会或证券交易所的意见认定。[1]有学者提出可以借鉴美国联邦期货市场的有关规定对"重大性"的标准进行阐释[2],即该信息可能或易于影响商品价格或任何互换价格,若向公众公开,会被理性人认为对于其决定是否在合约市场进行特定商品权益交易具有重要意义。这种表述实际上将重大影响性的界定建立在理性市场投资者的交易判断而非期货市场价格实际波动的结果上。此种界定方法不仅在逻辑上更为合理,而且也更利于原告举证。因为在实践中要证明有关信息的公开与市场价格的波动存在因果关系很困难,而从专业角度认定有关信息对投资者交易判断的影响力则要容易得多。[3]

(二) 内幕人

内幕人包括内幕信息知情人和非法获取内幕信息的人。《期货和衍生品法》第15条对内幕信息知情人作出细化规定,包括:①期货经营机构、期货交易场所、期货结算机构、期货服务机构的有关人员;②国务院期货监督管理机构和其他有关部门的工作人员;③国务院期货监督管理机构规定的可以获取内幕信息的其他单位和个人。

对于非法获取内幕信息的人,《期货和衍生品法》第13条规定期货交易和衍生品交易的内幕信息的知情人和非法获取内幕信息的人不得从事内幕交易,第15条对内幕信息知情人作出

---

[1] 《证券市场内幕交易行为认定指引(试行)》第9条:"前条第(五)项所称的对证券交易价格有显著影响,是指通常情况下,有关信息一旦公开,公司证券的交易价格在一段时期内与市场指数或相关分类指数发生显著偏离,或者致使大盘指数发生显著波动。前款所称显著偏离、显著波动,可以结合专家委员会或证券交易所的意见认定。"

[2] 美国《商品交易法》第4c条和《期监会规章》第1.59节。

[3] 钟维:《期货市场内幕交易:理论阐释与比较法分析——兼论我国期货法之内幕交易制度的构建》,载《广东社会科学》2015年第4期。

规定,但对于第13条"非法获取内幕信息的人"尚欠细化规定。证监会在2011年岳某斌内幕交易行政处罚决定书[1]中指出:我国《证券法》将内幕交易主体分为两类,一是"内幕信息的知情人",二是"非法获取内幕信息的人",后者既包括通过盗窃、窃听、贿赂等违法手段积极获取内幕信息的人,也包括并未采取违法手段,只是因前者泄露信息的行为而被动地获知信息,但其本身又不具有获取内幕信息的合法资格及合法理由的人。对这类主体而言,若其获知内幕信息后没有买卖相关证券,也未将内幕信息再次泄露给其他人,则不构成违法;但若其获悉内幕信息后实施了上述行为,则构成违法。有学者认为,这是证监会首次将内幕信息受领人认定为非法获取内幕信息人员的案件。对于非法获取内幕信息人的界定,证监会与立法机关的立场一致,认为不仅包括通过违法手段获取内幕信息之人,也包括通过接收内幕信息知情人的泄露等不正当途径获得内幕信息之人,即相当于美国法所称的内幕信息受领人。[2]

《最高人民法院、最高人民检察院关于办理内幕交易、泄露内幕信息刑事案件具体应用法律若干问题的解释》第2条对于非法获取内幕信息的人及认定标准作出了细化规定:"具有下列行为的人员应当认定为刑法第一百八十条第一款规定的'非法获取证券、期货交易内幕信息的人员':(一)利用窃取、骗取、套取、窃听、利诱、刺探或者私下交易等手段获取内幕信息的;(二)内幕信息知情人员的近亲属或者其他与内幕信息知情人员关系密切的人员,在内幕信息敏感期内,从事或者明示、暗示他人从事,或者泄露内幕信息导致他人从事与该内幕信息有关

---

[1] 中国证券监督管理委员会〔2011〕57号行政处罚决定书。
[2] 曹理:《证券内幕交易构成要件比较研究》,法律出版社2016年版,第237—238页。

的证券、期货交易,相关交易行为明显异常,且无正当理由或者正当信息来源的;(三)在内幕信息敏感期内,与内幕信息知情人员联络、接触,从事或者明示、暗示他人从事,或者泄露内幕信息导致他人从事与该内幕信息有关的证券、期货交易,相关交易行为明显异常,且无正当理由或者正当信息来源的。"

综上,我国法律对内幕交易主体的规定与美国证券法中传统理论的观点较为一致,即将内幕交易主体分为内部人、拟制内部人和信息受领人三类。在这三类主体中,内幕信息受领人的范围最为广泛,对这类主体内幕交易行为的认定也最为困难。[1]学者刘连煜曾形象地指出,认定这类主体的内幕交易行为,无异于"揭开其谜一样的面纱"。[2]正因认定难度高,2011年,最高人民法院在《关于审理证券行政处罚案件证据若干问题的座谈会纪要》第5条中明确指出:"监管机构提供的证据能够证明以下情形之一,且被处罚人不能作出合理说明或者提供证据排除其存在利用内幕信息从事相关证券活动的,人民法院可以确认被诉处罚决定认定的内幕交易行为成立……(五)内幕信息公开前与内幕信息知情人或知晓该内幕信息的人联络、接触,其证券交易活动与内幕信息高度吻合。"换言之,对内幕信息受领人而言,只要证监会能够证明其曾与内幕信息知情人接触,且其后交易相关证券,即可推定其知悉并利用了内幕信息。如果当事人不能自证清白,其行为即属内幕交易违法行为。它实际允许监管执法机构通过情形证据(而非直接证据)证明行为人为非法获取内幕信息的人。

---

〔1〕 曹理:《证券内幕交易构成要件比较研究》,法律出版社2016年版,第192页。

〔2〕 刘连煜:《内部人交易中消息领受人之责任》,载《中兴法学》1994年第38期。

(三) 内幕交易行为

内幕交易是指在"内幕信息敏感期"（内幕信息形成到公开前的期间），内幕信息的知情人和非法获取内幕信息的人不得从事的相关交易或特定行为。《期货和衍生品法》第13条列举了内幕交易的具体行为类型，包括以下三种。

第一，从事相关期货交易或者衍生品交易。

第二，明示、暗示他人从事与内幕信息有关的期货交易或者衍生品交易。无论是以本人名义直接或委托他人还是以他人名义从事相关期货交易，均属于"从事相关期货交易或者衍生品交易"。认定以他人名义从事期货交易的行为包括：直接或间接提供资金给他人从事相关期货交易或者衍生品交易，且他人持仓利益或损失全部或部分归属于本人；对他人的持仓具有管理、使用和处分的权益。

第三，泄露内幕信息。接收内幕信息者此时属于非法获取内幕信息的人，同样不可进行内幕交易行为。

(四) 交易者因为内幕交易受到损失且其损失与内幕交易存在因果关系

如徐某阳与光大证券股份有限公司期货内幕交易责任纠纷案[1]，光大证券股份有限公司于2013年8月16日11时5分因程序错误巨量申购180ETF成份股，并于当日下午未立即披露该信息的情况下，通过做空股指期货、卖出ETF对冲风险。上海市高级人民法院适用侵权行为、主观过错、违法的内幕交易行为、因果关系之一般民事侵权的构成要件对内幕交易进行认定，即光大证券股份有限公司在发生错单交易后，应立即披露却未披露该信息，反而实施对冲交易以规避自己的损失，致使投资

---

[1] 上海市高级人民法院（2015）沪高民五（商）终字第61号民事判决书。

者遭受损失，主观上存在过错，光大证券股份有限公司的内幕交易行为与投资者的损失具有因果关系，符合民事侵权构成要件，因此，光大证券股份有限公司应承担相应赔偿责任（参见附表4-2）。

除徐某阳与光大证券股份有限公司期货内幕交易责任纠纷案以及卢某香与光大证券股份有限公司证券内幕交易责任纠纷案外，其余针对光大证券内幕交易行为提起民事诉讼索赔的主张大多因未能证明损失与光大违法之间的因果关系而未获法官支持。从司法实践看，纳入因果关系认定标准的要素主要包括以下四类。

第一，交易品种。期货交易品种虽然彼此独立但又相互影响，期货、证券、汇市、债市各市场独立但又相互影响，各国股市也有一定关联性。如将因果关系过于遥远的投资者纳入赔偿范围，且赔偿计算方式亦与直接交易对手完全一致，既可能导致侵权人的责任过重，也会导致直接受损的投资者无法获得足额赔付。

第二，交易时间。在证券、期货市场中，任何交易都会对市场产生影响，只是交易量、交易价格不同导致影响不同。只要该交易行为不违反法律法规和交易所交易规则，就应作为民事主体合法、有效的行为，交易主体不应对其交易导致市场价格变化进而引发其他投资者判断、交易而产生的损失承担赔偿责任。如光大证券股份有限公司在该日上午实际实施的交易，除交易数量巨大外，现无证据证明其存在违法、违规的情形，也就不具有侵权法上的可责难性，故不应对该时间段内其他投资人的交易损失承担赔偿责任。

第三，交易方向。内幕交易行为给投资者造成损失的，应当限于与内幕交易行为有直接因果关系、相反方向交易的投资者。实施相反方向交易的投资者还实施了同向交易的，在计算赔偿金额时，应采用两相冲抵方式计算投资者的实际损失。

第四，交易证券或期货产生的手续费、经手费、管理费、过户费和印花税等费用，属于投资者进行交易所必然产生的成本。内幕交易并非引诱性交易，这些费用的支付并非因内幕交易而导致，不存在因果关系，具体案例见下。

在光大证券内幕交易中，法官根据上述几种情况，分别对不同的索赔作出了不同裁决。

第一，原告因与光大证券交易方向相同而被认定因果关系不成立。因为主要交易方向与光大证券公司交易方向相同，法官进而认定原告损失与内幕交易行为之间不存在因果关系。如李某与光大证券股份有限公司期货内幕交易责任纠纷上诉案[1]、张某臣与光大证券股份有限公司期货内幕交易责任纠纷上诉案[2]、王某宗与光大证券股份有限公司期货内幕交易责任纠纷上诉案[3]、罗某龙与光大证券股份有限公司期货内幕交易责任纠纷上诉案[4]、陶某与光大证券股份有限公司期货内幕交易责任纠纷案[5]、朱某华与光大证券股份有限公司期货内幕交易责任纠纷案（参见附表4-3）。[6]

第二，因为交易证券与内幕信息不存在关联性而认定因果关系不成立。否认存在因果关系的理由是交易品种的不关联。在董某与光大证券股份有限公司证券内幕交易责任纠纷上诉案[7]、

---

[1] 上海市高级人民法院（2016）沪民终210号民事判决书。
[2] 上海市高级人民法院（2016）沪民终234号民事判决书。
[3] 上海市高级人民法院（2016）沪民终407号民事判决书。
[4] 上海市高级人民法院（2016）沪民终408号民事判决书。
[5] 上海市高级人民法院（2016）沪民终455号民事判决书。
[6] 上海市高级人民法院（2016）沪民终235号民事判决书。
[7] 上海市高级人民法院（2016）沪民终336号民事判决书。

第四章 期货市场内幕交易的民事责任

傅某君与光大证券股份有限公司证券内幕交易责任纠纷案[1]中，法官均作出相同判决（参见附表4-4）。

第三，因交易时间段而认定因果关系不成立。第三个认定标准即内幕交易时间段，多数情况下涉光大证券内幕交易行为的民事诉讼中法官除论述内幕交易时间外，也会针对前述交易品种、交易方向作出认定，具体可见谢某连与光大证券股份有限公司期货内幕交易责任纠纷上诉案[2]、王某与光大证券股份有限公司期货内幕交易责任纠纷上诉案[3]、傅某君与光大证券股份有限公司证券内幕交易责任纠纷上诉案[4]、刘某与光大证券股份有限公司期货内幕交易责任纠纷上诉案[5]、郭某彬与光大证券股份有限公司期货内幕交易责任纠纷上诉案[6]、王某与光大证券股份有限公司证券内幕交易责任纠纷上诉案[7]、林某与光大证券股份有限公司证券内幕交易责任纠纷上诉案[8]、谢某发与光大证券股份有限公司证券内幕交易责任纠纷上诉案[9]、狄某平与光大证券股份有限公司证券内幕交易责任纠纷上诉案[10]、杨某军与光大证券股份有限公司期货内幕交易责任纠纷上诉案[11]、温某霞与光大证券股份有限公司证券内幕交易责任

---

[1] 上海市第二中级人民法院（2014）沪二中民六（商）初字第128号民事判决书。
[2] 上海市高级人民法院（2016）沪民终196号民事判决书。
[3] 上海市高级人民法院（2016）沪民终456号民事判决书。
[4] 上海市高级人民法院（2016）沪民终335号民事判决书。
[5] 上海市高级人民法院（2016）沪民终227号民事判决书。
[6] 上海市高级人民法院（2016）沪民终226号民事判决书。
[7] 上海市高级人民法院（2016）沪民终203号民事判决书。
[8] 上海市高级人民法院（2016）沪民终334号民事判决书。
[9] 上海市高级人民法院（2016）沪民终228号民事判决书。
[10] 上海市高级人民法院（2016）沪民终454号民事判决书。
[11] 上海市高级人民法院（2016）沪民终208号民事判决书。

纠纷上诉案[1]、吴某兴与光大证券股份有限公司证券内幕交易责任纠纷上诉案[2]、曾某标与光大证券股份有限公司证券内幕交易责任纠纷上诉案[3]、王某敏与光大证券股份有限公司证券内幕交易责任纠纷上诉案（参见附表4-5）。[4]

第四，费用支出与内幕交易不存在因果关系。除此之外，在金某与光大证券股份有限公司期货内幕交易责任纠纷上诉案[5]中，法官还否认了交易证券或期货产生的手续费、经手费、管理费、过户费和印花税等费用与内幕交易行为之间的因果关系（参见附表4-6）。

从内幕交易民事索赔案判例来看，索赔损失与内幕交易无因果关系是原告索赔能否成功的一个关键要件。陈某灵诉潘某深证券内幕交易赔偿纠纷案[6]和李某与黄某裕、杜某证券内幕交易责任案[7]均被法院驳回起诉，而徐某阳等诉光大证券股份有限公司期货内幕交易责任纠纷案是近十年来唯一投资者胜诉的内幕交易案例。前述两案败诉的原因均在于因果关系的认定上未获法院支持（参见附表4-7）。

二、受害人

各国立法例对于内幕交易受害对象认定的方式主要有两类：一是善意进行反向交易的投资者。这里的善意从事相反买卖的人指的是当内幕交易人获悉内幕信息而买卖证券时，由于不知

---

[1] 上海市高级人民法院（2016）沪民终157号民事判决书。
[2] 上海市高级人民法院（2016）沪民终154号民事判决书。
[3] 上海市高级人民法院（2016）沪民终155号民事判决书。
[4] 上海市高级人民法院（2016）沪民终148号民事判决书。
[5] 上海市高级人民法院（2016）沪民终146号民事判决书。
[6] 北京市第一中级人民法院（2009）一中民初字第8217号民事判决书。
[7] 北京市第二中级人民法院（2011）二中民初字第20524号民事判决书。

道内幕信息而实施与内幕交易人相反方向交易行为的投资者。二是同时交易者。《美国联邦证券法》将原告限定为"同时交易者"。这里的"同时",其时间为第一笔内幕交易发生的时间,因为只有违法行为发生后才有因违法行为而遭损害的受害者。但确定"同时交易者"的终止时间比较复杂,存在宽窄范围不同的三种观点,即分别以内幕交易行为结束时、结束后影响消失时、信息披露结束时三个节点,作为认定同时交易者的时间终点。

三、损失赔偿范围及计算方法

光大内幕交易索赔案对损失赔偿范围及损失计算方法采取了证券内幕交易的损失赔偿范围及损失计算方法(见附表4-8)。

本章小结

1. 期货市场内幕交易应采取二分法,涉及证券期货(美国法上窄基证券互换与个股期货、期权)的内幕交易应优先适用证券法内幕交易规定,而不是适用期货法上的内幕交易规定(这是保持两个市场在内幕交易监管标准上统一的唯一解决办法)。目前,各国已有的涉及期货内幕交易行政处罚案例和司法案例几乎毫无例外都与证券衍生品有关。

2. 无论是欧美国家还是我国,除了利用非公开信息,即抢先交易(在期货市场通常被视为内幕交易,而在证券市场则不是),涉及商品期货市场的,几乎没有行政处罚案例和司法判例,这也使得文本上的内幕交易规则始终得不到实践充分测试,相关学术讨论也凤毛麟角,实践不能为理论学说发展提供充分素材,理论学说也基本上得不到实践充分检验。在这种情况下,我国立法在适用范围和惩罚力度上不断扩大。

3. 欧美发达国家对商品期货市场内幕交易施加"先存披露义务"（pre-existing）的限制[1]，对商品期货市场内幕信息总体上来说严格限制适用，而我国现行立法对期货市场内幕交易扩张似乎没有任何限制。考虑到目前相关理论学说缺乏实践的验证，在期货市场内幕交易民事责任制度落实上，宜审慎行事，不宜过分激进，课责上应充分说理，以克服和平衡立法上的冒进。

4. 由于缺乏一般性的信息披露义务，证券法上的内幕交易理论学说及判例，包括有关证券衍生品的内幕交易理论学说及判例对商品期货市场内幕交易理论学说及判例的借鉴意义需要认真加以甄别，在具体适用场景中讨论其可适应性，不可简单移植借鉴，而目前司法解释上不加区分的趋势令人担忧，宜审慎克制。

---

[1] 贺绍奇：《美国商品期货内幕交易法的最新发展及内幕交易第一案》，载《期货及衍生品法律评论》2018 年。

第五章

扰乱期货市场的民事责任

1999年条例第46条规定：任何单位或者个人不得编造、传播有关期货交易的谣言，不得串通、联手买卖或者以其他方式操纵期货交易价格。2007年条例第43条将"谣言"修改为更为宽泛的措辞"虚假信息"。此后历次修订内容保持不变。

《期货和衍生品法》吸收了2019年《证券法》修订的成果，对该条款进行了全面改造：一是将扰乱市场和操纵市场两类违法行为区别分开；二是对负有监管职责的人员公开发表的言论设置了最低行为标准，即不得作出虚假陈述或信息误导；三是对各种传播媒介涉及期货市场信息的报道设置了最低行为标准；四是对编造、传播虚假信息或误导性信息扰乱市场行为规定了民事赔偿责任（附表5-1）。

编造、传播虚假信息通常与操纵市场紧密关联，故条例一直将二者混同，没有区分扰乱市场行为与操纵市场行为。实际上，编造、传播虚假信息扰乱市场行为并不必然与操纵市场相关联，《期货和衍生品法》将其与操纵市场行为区分开是必要的。本章将《期货和衍生品法》第127条第3款规定的民事责任称为"扰乱市场行为的民事责任"，以下结合已有案例予以展开。

一、扰乱市场行为民事赔偿责任构成要件

（一）存在编造、传播有关期货交易的虚假信息，或者在期货交易中作出信息误导的行为，且扰乱了市场

王瑞贺、方星海主编的《期货和衍生品法释义》将虚假信息分为三类：一是正式文告中的虚假信息，此类不实信息隐蔽深、危害大；二是传播媒介、咨询机构及其从业人员在期货评论方面的虚假信息，这也很容易误导交易者；三是一些机构和人员为操纵期货市场而蓄意散布的谣言、误导性信息。[1]按照上述解释，这里的虚假信息与误导性信息其实是一回事，在期货交易中散播的误导信息应该就是其所说的第三类虚假信息。

编造并传播虚假信息是指自然人、法人或其他组织编造并传播虚假、错误或明显与事实不符的期货交易相关信息，影响期货交易正常进行，扰乱期货交易秩序的行为。[2]"编造"可以是无中生有地杜撰出不实信息，也可以是对来自其他方面的信息进行与事实不符的编辑加工[3]；"传播"是指通过一定的媒介向公众扩散，可以是报纸、电话等传统媒介，也可以是互联网论坛、微信等新型媒体。

这里比较容易引起争议的就是，除了编造、传播虚假信息或误导性信息，构成扰乱期货市场行为是否必须要有"扰乱市场"的实际后果。从证监会处罚的两起案例来看，行为主体是

---

[1] 王瑞贺、方星海主编：《中华人民共和国期货和衍生品法释义》，法律出版社2022年版，第234页。

[2] 彭真明等：《期货违法违规行为的认定与责任研究》，中国社会科学出版社2012年版，第102页。

[3] 参见中国证券监督管理委员会〔2017〕13号行政处罚决定书（上海有色金属交易中心有限公司、陆某宏）。

行业组织或行业相关人士，以行业组织的名义发布信息，对市场具有一定的影响力；行为方式是自己编造虚假信息或在转发外部信息时进行了与事实不符的加工制作，并通过互联网发布，反映了新媒体时代信息传播方式的变化。从客观结果来看，行为人所发布信息被其他媒体转载，引起相关期货合约交易价量的异动。在曾某雄案中，证监会、一审和二审法院在构成要件论述中均将实际产生扰乱市场后果作为扰乱市场行为的构成要件。

2017年6月13日，证监会大连监管局（以下简称"大连证监局"）对曾某雄编造、传播虚假信息行为进行了立案调查并作出行政处罚。大连证监局认定曾某雄扰乱市场的构成要件为：（1）其编造并传播虚假事实；（2）其借助编造并传播虚假信息交易期货获利。经曾某雄申辩后，证监会复核指出行为人是否具有扰乱期货市场的动机不影响其编造并传播虚假信息这一客观行为的认定。

后曾某雄不服大连证监局所作行政处罚决定及证监会所作行政复议决定，向北京市西城区人民法院提起行政诉讼。一审行政判决书中法官认为，构成扰乱市场的理由主要有：行为人编造虚假信息并予以传播；造成了扰乱期货交易市场秩序的危害后果。大连证监局和一审法院似乎刻意回避了行为人是否存在扰乱市场的主观故意这一重要问题。

本案二审法院突出并强调了行为人具有主观故意，并区分了主观故意与主观动机。二审行政判决中法官认定构成扰乱市场的主要理由为：行为人编造了虚假信息并予以传播；曾某雄的行为与2016年6月15日鸡蛋期货合约JD1609的异动之间存在因果关系；行为具有编造与传播虚假信息的主观故意。主观故意，仅要求行为人对编造和传播行为持故意态度，不需要当事人对传播范围、扰乱后果具有认识或持有希望、放任的态度，只要具备认识可能性即可，更无须当事人具有扰乱期货市场的主观动机。该要素并非编造和传播虚假信息行为的构成要件。

（二）行为人存在主观故意或重大过失

如行为人主观故意或过失应该体现在两个层面，一是在编造、传播虚假信息上应当是故意的，明知虚假误导而编造传播；二是在扰乱市场的意图上，不应以故意，而应以过失、应当知道为标准，无须证明被告存在故意扰乱市场行为，只需要证明其应当知道可能会扰乱市场即可。如曾某雄案，二审法院认定，行为动机与其认定扰乱行为无关，只要存在故意编造、传播虚假信息，且应当知道该虚假信息可能对相关市场产生扰乱后果即可。

（三）扰乱行为给交易者造成了损失

《期货和衍生品法》第127条第3款明确规定，交易者因为编造、传播虚假信息或期货交易中的误导性信息受到损失的，就可主张赔偿。

（四）扰乱行为与交易者损失之间存在因果关系

与其他侵权索赔一样，交易者提出赔偿请求，必须证明其受到损失与被告扰乱市场行为存在因果关系。这里应该与证券市场虚假陈述一样，只需要证明发生虚假或误导性信息传播，并实际对市场价格产生扰乱，而交易者在此期间进行交易，就可推定其受到损失与该扰乱行为之间存在因果关系。

二、扰乱市场行为与操纵市场行为的区分

实践中容易引起争议的是编造并传播虚假信息与信息型操纵市场的区分。在曾某雄编造、传播有关期货交易虚假信息一

案中，行为人在编造、传播虚假信息的同时，还交易了三手鸡蛋期货 JD1609 合约，并获利 1223.82 元。这里提出的问题就是：当事人在编造并传播虚假信息前后从事相关期货交易时，究竟应定性为扰乱市场，还是信息型操纵？有观点认为二者的实质区别在于"编造、传播虚假信息"只需有编造、传播虚假信息的行为，扰乱市场秩序即可构成，无须从相关股票中获取利益；而构成信息操纵中的编造、传播虚假信息行为必须以影响相关股票并从中获利为条件，否则不属于操纵市场的规制范围。[1]在证券法领域，也有研究者认为行为人是否构成信息型操纵并不能直接以行为人是否从事证券交易来区分，而应考察操纵市场行为的一般构成要件，综合考察行为人的交易行为及其行为对证券交易价格或证券交易量的影响力等。如果行为人并非股评人等市场专业人士而是一般网民，且其交易行为方面与连续交易、洗售等操纵市场行为不具有相当性，虚假信息的散布主要是为了博眼球，即便在编造传播虚假信息的同时进行了相关交易，其行为仍应被认定为编造并传播虚假信息行为。[2]证监会在行政执法实践中似乎采纳了后一种观点。

三、损失赔偿范围及计算方法

扰乱市场行为对交易者造成损害，与操纵市场行为给交易者带来损害的原理是相通的。扰乱行为对市场的扰动导致的实际危害是价格失真，从而导致交易者对市场价格行情及走势产

---

[1] 蔡奕：《信息型操纵基本法律范畴分析》，载《证券法苑》2016 年第 2 期。

[2] 徐瑶：《信息型操纵市场的内涵与外延——基于行政和刑事案件的实证研究》，载《证券法苑》2017 年第 3 期；张治红：《编造、传播虚假信息行政处罚案例综述》，载彭冰主编：《规训资本市场：证券违法行为处罚研究》，法律出版社 2018 年版，第 311—342 页。

生错误认识，低卖高买而导致交易损失，因此，交易者损失赔偿范围与计算方法应与操纵市场相同，可直接适用操纵市场损失认定及计算方法，在此不再赘述。

本章小结

1. 学界、监管执法实践与司法判例对扰乱期货市场行为的理论阐释非常不充分，迄今尚无一例民事责任纠纷案件。民事责任制度落实许多问题仍需要等待实践暴露，并通过判例对相关规则和理论学说进行测试和验证。相对于前述操纵市场和内幕交易，当前理论和实务界对于扰乱期货市场行为的构成要件缺乏关注——截至2022年11月，在中国裁判文书网以"扰乱市场""期货"为关键词进行全文检索，共有17篇民事判决书[1]，经一一排查，均为无关案件；共有1篇行政诉讼判决书，即曾某雄与中国证监会等一审行政判决书[2]；共有2篇刑事判决书，均系无关判决[3]。因为一直缺失民事责任制度的规定，所以尚无民事责任判例为规则阐释和学说验证提供支持，同时证券法领域也未检索到相关判例。

2. 扰乱市场行为本质上是一种欺诈，与操纵市场一样是通过欺诈扰乱了价格，导致交易者在价格被扰乱期间从事了相关

---

[1]（2019）浙民终1491号；（2017）沪民终39号；（2021）粤18民终4368号；（2021）豫16知民初547号；（2021）渝01民终4817号；（2021）粤01民终5862号；（2020）桂09民终281号；（2021）沪0115民初39842号；（2020）闽0205民初2802号；（2020）粤0104民初39752号；（2020）赣0802民初496号；（2020）鲁0203民初24号；（2019）沪0112民初25363号；（2019）京0111民初3912号；（2018）鲁0212民初4347号；（2018）湘0105民初221号；（2016）川1102民初3624号。

[2] 北京市西城区人民法院（2018）京0102行初687号行政判决书；北京市第二中级人民法院（2019）京02行终514号行政判决书。

[3]（2019）陕0702刑初178号；（2015）临兰刑初字第1318号。

期货交易而蒙受损失,故损失赔偿、因果关系认定可参照适用《证券法》或《期货和衍生品法》中有关虚假陈述和欺诈性操纵市场的学说与判例。

第六章
强行平仓致人损失的民事责任

　　强行平仓引发的民事责任纠纷通常有两类：一类是交易者作为原告对期货公司（经纪商）主张强行平仓所导致保证金亏损的损失；另一类则是期货公司起诉交易者追偿垫付资金，该垫付是因强行平仓后无法覆盖穿仓所导致的亏损而形成的资金缺口。这些纠纷的争议焦点集中在以下几个法律问题：一是期货公司强行平仓到底是基于法律的强制性规定，还是基于经纪合同的约定；二是期货公司行使强行平仓权利时是否应对交易者尽到合理注意义务，以防止损失扩大；三是期货公司与交易者有关强行平仓的约定能否排除法律有关先行通知交易者或交易者自行平仓的权利。

　　2003年司法解释第36第2款规定："客户的交易保证金不足，又未能按期货经纪合同约定的时间追加保证金的，按期货经纪合同的约定处理；约定不明确的，期货公司有权就其未平仓的期货合约强行平仓，强行平仓造成的损失，由客户承担。"第38条还规定："期货公司或者客户交易保证金不足，符合强行平仓条件后，应当自行平仓而未平仓造成的扩大损失，由期货公司或者客户自行承担。法律、行政法规另有规定或者当事人另有约定的除外。"从上述规定来看，司法解释在上述三个问题上不置可否，含糊其辞，这是导致强行平仓纠纷不断的一个重要原因。

一、强行平仓条文的沿革

强行平仓条文自1999年条例至《期货和衍生品法》整体变化不大（参见附表6-1），而"期货公司应当将客户的合约强行平仓"中的"应当"如何解读引起了广泛争议，这也是强行平仓民事责任纠纷的一个主要争议点。争议的焦点就是，有关条款中规定的强行平仓到底是期货公司的法定权利，还是期货公司的法定义务？学界存在"权利说""义务说""权利义务说"等不同观点。[1]交易者诉期货公司，主张其承担强行平仓损失赔偿责任的理由通常就是"应当强行平仓"而未及时平仓导致损失扩大，或期货公司未给予交易者自行平仓或追加保证金的机会而强行平仓导致损失，对于这些纠纷适用"权利说"或"义务说"，案件的裁决结果会大相径庭。同样，条例中规定的强行平仓前置条件也含糊其辞，容易引发争议，尤其是"未在期货公司规定的时间内及时追加保证金或自行平仓"的前置条件。这里"期货公司规定"到底是指什么规定？交易者如何知道该规定？该规定是在开户前就告知交易者呢，还是在保证金不足时才告诉交易者？通过什么方式告知交易者？该规定如果不公平、不合理，交易者是否有获得救济的权利？这些都直接关系到交易者的切身利益。条例在这些问题上含糊其辞，很大程度上受到理论对"强行平仓"机制的法律定位与定性缺乏定论的影响。但更重要的是，立法期望给监管执法和司法留下足够的裁量空间，以便监管执法机构和司法能够在防风险、公平

---

[1] 钟维：《期货强行平仓的法律属性及规则解释》，载《河南财经政法大学学报》2017年第6期。

公正维护交易者和期货经营机构权益三者之间找到合适的平衡。

与先前的条例相比，《期货和衍生品法》在上述三者兼顾与平衡上取得了突破。

第一，《期货和衍生品法》明确突出了保证金制度和与之配套的强行平仓制度作为防范系统性风险的重要法律机制，以及作为行为监管规则对交易者"保护性"安排的定位与定性。从立法体例来看，保证金与强行平仓制度安排从条例的"期货交易基本规则"（行为监管规则）中转移到了"期货结算与交割"一章。从监管理论上来说，交易基本规则是行为监管，是规范期货经营机构的业务活动，其目标是保护交易者，将强行平仓等放到该章节就意味着，其主要目的是防止期货经营机构滥用"强行平仓"权利损害交易者的利益。"结算与交割"作为期货市场基础设施的重要组成部分，法律加以规范的主要目的是防范系统性金融风险，保证金制度和与之配套强行平仓制度构成中央对手方制度体系的重要一环，而中央对手方是系统性重要金融机构，保证金制度和强行平仓都是防范交易违约风险向中央对手方积聚的一道重要防线。很显然，立法者将该制度放到"期货结算与交割"章节是要彰显该制度作为系统性风险防范的重要法律机制，对强行平仓规定了强制性的前置程序，即通知义务和要求双方就强行平仓实施时间作出约定，是公平公正保护交易者利益的"保护性"安排，上述法律定位与定性赋予了强行平仓强制性规范的属性，期货公司与交易者之间的约定受到强制性规范的严格约束与限制，这种约束与限制是防范系统性风险所必需的。

第二，《期货和衍生品法》制度内容、定位与定性协调一致。条例将"强行平仓"放到行为监管规范体系中，虽然行为监管规范也具有强制性，这与"强行平仓"强制性义务性规范的法律属性相吻合，但从内容来看，赋予其强制性的法律属性显然是出于审慎监管目标的考虑，而不只是保护交易者。若是行为监管中的"保护性"规范，那就应该对期货公司行使合同约定的"强行平仓"的权利设置条件和程序的限制，防止其不公平损害交易者的权益。但条例并没有作出明确的条件和程序限制。如果既不是出于保护交易者的监管目的，也不是出于审慎监管的目的，只是作为单纯履约保证安排，完全可以留给期货公司与交易者意思自治，由合同法和担保法予以调整，作为监管法的期货立法就不应该赋予"强行平仓"强制性义务规范的法律属性。学界长期以来的争论都是在传统民法理论范畴，而不是基于监管理论逻辑讨论问题。

《期货和衍生品法》兼顾了"强行平仓"双方意思自治的合同法的任意属性和防范系统性风险，以及保护交易者监管法的"强制性"，相关规范的内容与机制的法律定位与定性做到了协调一致。它对期货公司"强行平仓"权利行使设置了前置条件和程序限制，即必须满足前置程序"应当通知"，同时还必须遵守双方约定的"时间"，给予交易者合理作出适当回应的时间，该时间由双方意思自治，兼顾了强制性与任意性。但《期货和衍生品法》相关条款规定的缺陷也是明显的。

其一，淡化了"强行平仓"防范风险的监管目的。删除了"应当"就意味着，如果满足通知程序和约定的条件，期货公司没有执行"强行平仓"是否属于不审慎、不安全的行为，是否应当受到监管机构的查处，在法律责任条款中无法找到相应责任条款。这与该条款法律定位与定性有所背离。这说明立法者仍然困扰在传统权利说与义务说的争论中。

其二，行为监管规则"保护性"属性不充分。设置前置通知程序强化了行为监管规则的"保护性"属性，但给予交易者自行平仓或追加保证金的时间如果完全留给双方意思自治则失之偏颇。目前已发生的纠纷表明，期货公司提供给交易者的期货经纪合同通常没有给予交易者作出回应的合理时间，甚至不给予任何反应的时间，这是不公平的（详细参见后面判例的论述）。

总之，从立法上，强行平仓制度获得了极大改进，尤其是在防风险、公平保护交易者和期货经营机构的权益等目标兼顾与合理平衡上。但也并非尽善尽美，仍需要通过判例来加以改进完善，其中当然包括民事责任纠纷的判例。

二、强行平仓民事纠纷晚近发展趋势

截至 2022 年，在北大法宝司法判例库，以标题"强行平仓"进行检索，共检索出民事案件 99 件，其中有关期货交易的 92 件，获有判决书 50 份，裁定书 46 份，调解书 3 份，其他文书 1 份。典型案例 4 件，分别是北京金融法院发布的成立一周年十大典型案例之六"中国民生银行股份有限公司与陈某某等合同纠纷案——未依约强行平仓时差额补足责任的认定案"、上海金融法院发布的证券期货投资者权益保护十大典型案例之六"光大期货有限公司诉鲍某明期货强行平仓纠纷案——期货公司强行平仓权的行使及强行平仓损失的承担"、2011 年度上海法院金融审判十大案例之五"严某诉甲期货公司强行平仓纠纷案"和上海金融法院发布的 2020 年度十大典型案例之九"光大期货有限公司诉鲍某明期货强行平仓纠纷案——期货公司强行平仓权的行使及强行平仓损失的承担"。上述 4 个典型案例中，其中有两个为同一案例，北京金融法院公布的有关民生银行强行平仓案与期货交易无关，故实际涉及期货交易中强行平仓民事责任纠纷的案件只有 2 件。

有关期货交易"强行平仓"92 件民事责任案件中，从审结年份来看，跨越 2010 年到 2022 年，其中 2017 年最多，达到 18

件，2022 年有 6 件，其中 1 件为执行案件。2022 年的 6 个案件中，有 5 个案件都是中信建投期货有限公司诉客户强行平仓纠纷案，但都以期货公司未在规定期限预交案件受理费而被法院作为自动撤诉处理。唯一走完整个审判程序的案件就是 2022 年上海金融法院审理的中财期货有限公司与王某期货强行平仓纠纷案。[1] 原告为中财期货有限公司，在个人客户未及时追加保证金或自行平仓的情况下，强行平仓后对穿仓导致的损失予以追索，一审法院支持了原告的诉讼请求，要求被告承担穿仓损失及穿仓导致的利息损失，利息按全国银行同业拆借中心公布的一年期贷款市场报价利率计付，计算至实际清偿之日。

从案件检索的统计来看，强行平仓民事责任纠纷正大幅度减少，但同时有关"强行平仓"触发条件、行使的前置程序及合同有关约定逐渐成为民事责任纠纷争议的焦点问题，这也与我国相关立法的发展相契合。

三、强行平仓权利行使或行使约定的纠纷

2003 年司法解释第 36 条第 2 款明确了强行平仓是期货公司的权利，而且规定如何行使该权利由双方约定，并明确了约定不明时，由客户承担约定不明的不利后果。这实际上进一步强化了期货公司"强行平仓"的权利属性。《期货和衍生品法》第 41 条为强行平仓权利行使设置了前置通知程序的限制，但把行使时间留给双方意思自治，未加任何限制，突出强调了期货公司强行平仓的权利属性，而未对强行平仓权利行使约定施加任何限制。这将是今后强行平仓民事责任纠纷主要的争议焦点。

---

[1] 上海金融法院（2021）沪 74 民初 4505 号民事判决书。

（一）强行平仓权利行使或行使的约定是否应该受到合理限制

在赵某宝与格林大华期货有限公司（以下简称"格林公司"）纠纷案中，交易者就提出了此类法律挑战。案中，客户赵某宝与格林公司签订的《期货经纪合同》第 56 条约定：双方共同认为，格林公司对赵某宝实施强行平仓的权利不得被解释为格林公司的义务。格林公司有可能在发出追加保证金通知后没有行使强行平仓的权利，如果赵某宝也未自行平仓，所造成的损失全部由赵某宝承担。当发生本条款约定事项时，赵某宝不得向格林公司主张权利。二审法院认为，上述条款的约定内容，均系双方当事人的真实意思表示，且不违反我国相关法律、司法解释及行政法规的强制性规定，应为合法有效。故赵某宝关于《期货经纪合同》中的部分条款侵害其权益，属于不公平约定的上诉理由，不能成立，法院不予支持。[1] 二审法院还进一步解释说，按照 2017 年条例第 34 条第 2 款以及 2020 年司法解释第 36 条第 2 款的规定，客户未能按期货经纪合同约定的时间追加保证金或者自行平仓的，按期货经纪合同的约定处理；期货经纪合同约定不明确的，期货公司有权就其未平仓的期货合约强行平仓，强行平仓造成的损失，由客户自行承担。对于上述规定，法院进一步解释说："客户在期货交易中发生穿仓风险后，有义务及时追加保证金或者自行平仓；在客户未及时追加保证金或者自行平仓的情况下，期货公司有权视情况决定是否对客户的期货合约采取极端措施进行强行平仓，强行平仓是期货公司的权利而非义务。"按照法院的说法，强行平仓只要满足了法定条件即可，而如何行使"强行平仓"的权利就是期货公司与客户任意约定的事项，法院不加干涉。尤其是"格

---

[1] 北京市高级人民法院（2020）京民终 97 号民事判决书。

林公司对赵某宝实施强行平仓的权利不得被解释为格林公司的义务"的约定。这里提出问题就是：期货公司在行使"强行平仓"权利时是否对交易者负有附随的尽到合理地避免损失扩大的义务？期货公司作为客户账户管理人，应尽可能照顾到交易者的利益，即便是在行使合同上约定的权利时。此外，如果存在上述义务，期货公司能够以合同限制排除其对交易者的上述义务吗？在本案中，法院只是片面强调强行平仓是期货公司的权利，但并未明确此种权利是否受到法定条件或程序的限制，包括对此种权利行使合同约定是否也应受到某些限制。笔者认为，期货公司作为客户代理人，也是客户资产账户管理人，对客户资产应尽到合理审慎注意义务，即便是在行使自己合同上的权利或法定权利并追求自我利益最大化时，也应该合理照顾到交易者的正当利益。因此，期货公司行使强行平仓的权利和在合同中对强行平仓权利行使进行约定时应该受到合理的限制，法院应对该权利行使以及该权利行使的约定进行司法审查，防止不合理滥用。

（二）期货经纪公司与客户合同约定的保证金标准高于交易所的标准是否有效

强行平仓触发条件与保证金标准密切相关，而存在的问题是，保证金标准是否完全由当事人任意约定，约定保证金标准高于交易所的标准，因执行该约定而强行平仓产生的损失，责任由谁承担？上海市高级人民法院审结的杨某元与国泰君安期货有限公司经纪合同纠纷上诉案就涉及这一问题。[1]在本案中，期货经纪合同约定：乙方（交易者）委托甲方（期货公司）按照乙方交易指令进行期货交易，甲方根据期货交易所规则执行

---

[1] 上海市高级人民法院（2015）沪高民五（商）终字第30号民事判决书。

乙方的交易指令，乙方应当对交易结果承担全部责任。为确保甲方能够履行通知义务，乙方应及时了解自己资产账户的交易情况，双方约定利用中国期货保证金监控中心查询系统作为甲方向乙方发送交易结算报告、追加保证金通知等文件的主要通知方式，甲方应在每日结算后，及时将乙方账户的交易结算报告、追加保证金通知等文件发送到中国期货保证金监控中心，乙方登录中国期货保证金监控中心网站（www.cfmmc.com 或 www.cfmmc.cn）查询系统进行接收。交易结算报告、追加保证金通知等文件一经发出，即视为甲方履行了交易结算结果的通知义务。甲乙双方约定除采用中国期货保证金监控中心查询系统作为主要通知方式外，甲方为乙方提供的交易系统查询也作为辅助通知方式向乙方发送每日交易结算报告、追加保证金通知等文件。甲方以风险率来计算乙方资产账户的期货交易风险，风险率分为客户风险率和交易所风险率，风险率的计算方法为：客户风险率＝甲方保证金比例标准的持仓保证金占用/客户权益（即总资产）×100%，交易所风险率＝交易所保证金比例标准的持仓保证金占用/客户权益（即总资产）×100%。甲方对乙方在不同期货交易所的未平仓合约统一计算风险。当乙方资产账户客户风险率大于 100%时，甲方将于当日交易结算报告中向乙方发出追加保证金通知，乙方应在下一个交易日开盘前追加保证金，直至可用资金大于零，否则甲方有权对乙方资产账户的持仓进行部分或全部强行平仓处理，乙方承担由此产生的后果。当乙方资产账户交易所风险率大于 100%时，甲方有权在不通知乙方的情况下随时对乙方资产账户的持仓进行部分或全部强行平仓处理，乙方承担由此产生的后果。杨某元账户 2014 年 5 月 20 日交易结算单显示：客户权益人民币 404 967.57 元（以下币种同），保证金占用 645 926.40 元，可用资金-240 958.83 元，风险度为 159.50%。国泰君安公司在该份结算单中发出追加保证金的通知书。同日 19 时 40 分，国泰君安公司向杨某元交易端发送了系统通知，要求杨某元追加保证金。2014 年 5 月 21 日，国泰君安公司对杨某元账户的期货合约 m1409 进行强行平仓，平仓价格为 3747 元/吨，成交 42 手，当日交易结算单显示风险度为 125.82%。杨某元账户 2014 年 7 月 22 日的交易结算单载明：客户权益 317 244.16 元，保证金占用 526 167 元，可用资金 −208 922.84 元，风险度 165.86%。国泰君安公司在该份结算单中发出追加保证金通知书，要求杨某元在下一个交易日开市前追加保证金或自行减仓。同日 19 时 13 分，国泰君安公司向杨某元交易端发送系统通知，要求杨某元追加保证金。2014 年 7 月 23 日，国泰君安公司对杨某元账户的期货合约 m1505 进行强行平仓，平仓价格为 3047 元/吨，成交 50 手，当日交易结算单显示风险度为 123.91%。交易者认为被告行为违反了 2020 年司法解释第 31 条规定，即应以期货交易所的保证金比例标准来计算和衡量客户的交易保证金是否充足，系争《期货经纪合同》第 50 条第 2 款、第 51 条因违反法律法规禁止性规定，应认定为无效。被告国泰君安则认为，以客户风险率作为是否需要追加保证金认定标准的约定并未违反法律法规的规定，应为有效。

一审法院认为，强行平仓是期货公司为维护自身资金安全所依法享有的一项权利，客户保证金不足是期货公司实施强行平仓的条件之一。2020 年司法解释第 31 条第 2 款、第 3 款规定期货公司在客户没有保证金或者保证金不足的情况下，允许客户开仓交易或继续持仓，应当认定为透支交易。审查期货公司或者客户是否属于透支交易，应当以期货交易所规定的保证金比例为标准。从上述司法解释条文内容来看，其所规定的是期货交易中透支交易的认定标准。而原告所主张的是因强行平仓所遭受的损失。强行平仓并不意味着一定会出现透支交易，故两者认定标准并不一致。

二审法院认为，2017年条例第28条规定的保证金标准不低于国务院期货监督管理机构、期货交易所规定的标准，是强制执行的最低标准，并不禁止约定标准高于上述标准。期货公司根据双方约定的保证金标准进行相关交易并无不当。国泰君安强行平仓是为维护自身资金安全所依法享有的一项权利，并不违法。二审法院也注意到了《期货经纪合同》中有关期货公司无须通知交易者追加保证金就可行使强行平仓的权利的约定，但法院并未否定该约定的合法效力。

（三）期货公司是否可以通过合同排除强行平仓前置程序——对交易者通知的义务

在严某诉某期货公司一案中，上海市第一中级人民法院就认为，期货公司可以与客户约定在客户账户风险率超标时进行盘中强行平仓，但实施盘中强行平仓涉及客户的切身利益，故期货公司应当依法履行通知客户的法定义务，该义务不得通过合同格式条款的形式预先排除，否则该条款无效。[1]法院认为，2020年司法解释和2017年条例都不存在禁止盘中强行平仓的规定。原被告《期货经纪合同》约定期货公司以客户风险率及交易所风险率来控制交易风险，当原告风险率大于或等于100%时，原告不得开仓和提取保证金，期货公司将及时向原告发出追加保证金的通知，原告应当在下一个交易日开市前追加保证金或自行减仓至客户风险率小于100%。涉案《期货经纪合同》第50条约定期货公司在客户交易保证金不足，需要追加保证金

---

[1] 上海市第一中级人民法院（2010）沪一中民六（商）初字第22号民事判决书。该案被收录到2011年上海法院金融审判十大案例之五。一审判决后，双方均未上诉。

的情况下，可以不履行通知义务而直接对客户持仓予以强行平仓。2020年司法解释中对于期货公司未履行通知义务，在行情向持仓不利方向变化导致客户透支损失扩大的情况下，期货公司应当承担主要赔偿责任。强行平仓前的通知义务应为期货公司的法定义务，期货公司无权通过约定予以排除。涉案《期货经纪合同》第50条系格式条款，实质上剥夺了交易者对其持仓及保证金情况享有的知情权及客户自行平仓或追加保证金的权利，应为无效条款。

在银行贵金属延期交易的柜台交易引发的强行平仓纠纷中，广东省高级人民法院终审判决表达了与上述判例法院相同的意见。[1]本案中，蒋某与招商银行梅林支行签订上海黄金交易所（以下简称"金交所"）贵金属延期交易《代理个人贵金属延期交收交易业务协议书》（以下简称《协议书》），该协议的第17条第1项约定："蒋某未能在规定的时限内补足交易保证金，招商银行有权对蒋某部分或全部合约头寸进行强行平仓。"第16条第4项约定：当蒋某交易保证金比例低于金交所对招商银行要求的、按蒋某相应持仓品种的价格和数量计算的会员保证金比例时，招商银行除有权暂停蒋某相应交易外，有权在不进行事先通知的情况下对蒋某持有头寸进行强行平仓处理。法院查明，2011年9月26日日终收市后（即15时30分后），蒋某保证金已低于金交所保证金比例要求，系统生成了对蒋某触达红色强平线的通知。通知单发送到蒋某网上银行，其中要求追加保证金的金额为258 024.7元，蒋某可在其网上银行的通知单查询菜单处查看该通知。《协议书》第9条还约定，蒋某自行选择

---

[1] 林少兵、王畅：《经纪机构在贵金属延期交易强行平仓前负有通知义务》，载《人民司法》2013年第14期。

使用招商银行提供的网上银行、电话银行或其他交易渠道进行交易。一审法院综合案件情形认定招商银行将蒋某已触达强平线的通知发送至蒋某的网上银行，应视为招商银行在强平之前已经履行了通知蒋某的义务。据此，法院认定，在合同约定的强行平仓标准和条件满足，招商银行已经履行通知蒋某的义务，而蒋某未采取补足保证金或自行平仓操作的情形下，招商银行将客户持有合约强行平仓，由此产生的损失银行无责任。二审法院广东省高级人民法院维持广东省深圳市中级人民法院一审判决，驳回原告的上诉。

本案中，法院法官将"贵金属延期交易"视为一种"准期货"产品，在缺乏相关法律、法规及司法解释，缺乏可直接适用的法律依据情况下，"结合金融司法裁判的基本理念，运用民商法的基本原则，参照期货制度的相关规定"作出了上述裁决。虽未直接在判决书中阐明，但负责此案审理的法官认为，按照最高人民法院有关期货交易强行平仓的司法解释，在强行平仓前，通知客户保证金不足，追加保证金或自行平仓是客户的知情权、选择权，不得以格式合同形式剥夺，涉案中的协议约定银行无须通知客户即可强行平仓的约定是无效的。[1]

（四）期货公司未采取强行平仓措施，导致穿仓损失，就穿仓造成的损失扩大部分责任应由谁承担

在上海金融法院发布的 2020 年度十大典型案例之九——"光大期货有限公司（以下简称"光大期货"）诉鲍某明期货强行平仓纠纷案"中[2]，法院认定，期货公司未及时采取强行平仓措施，导致穿仓损失，期货公司没有过错，该穿仓损失由

---

[1] 林少兵、王畅：《经纪机构在贵金属延期交易强行平仓前负有通知义务》，载《人民司法》2013 年第 14 期。

[2] 上海市金融法院（2020）沪 74 民初 598 号判决书。

交易者承担。在本案中,光大期货与自然人鲍某明于 2018 年 6 月 21 日签订了《自然人期货经纪合同》,约定"在交易收市后,经结算风险率大于 100%时,光大期货将向鲍某明发出追加保证金通知和强行平仓通知,鲍某明应在通知所要求的时间内追加足额保证金,否则光大期货有权在不通知鲍某明的情况下,对鲍某明期货账户部分或全部未平仓合约强行平仓。其中风险率计算方式为:风险率=客户持仓保证金÷客户权益×100%。双方确认,该风险率系指"公司风险率"。鲍某明持有 ni1910 合约 171 手,2019 年 8 月 2 日,日终结算时鲍某明期货账户公司风险率为 104.96%,交易所风险率为 83.75%。当晚鲍某明入金 30 万元,入金后及次日 8 月 30 日日盘开盘时,鲍某明期货账户公司风险率仍大于 100%,交易所风险率未达 100%。8 月 30 日 14 时 41 分,鲍某明期货账户交易所风险率为 100.21%,光大期货通知鲍某明追加保证金,14 时 56 分左右,光大期货与鲍某明就追加保证金进行了电话沟通,鲍某明要求观察夜盘再做操作。该日日终结算时鲍某明期货账户公司风险率达到 134.08%,交易所风险率为 111.73%。8 月 30 日日盘结束后光大期货又多次通知鲍某追加保证金,否则强行平仓。8 月 30 日 21 时 20 分,光大期货对鲍某明期货账户所持 ni910 合约 121 手采取了强行平仓措施,由于该合约在该日夜盘及 9 月 2 日日盘一直处于涨停状态,未能成交。9 月 2 日日终结算时鲍某期货账户风险率为 753.78%,交易所风险率为 394.8%,客户权益 650 906.45 元。当日晚,光大期货经鲍某明同意,将期货账户全部持仓 171 手 ni910 合约挂单强行平仓,最终以 148 850 元成交。9 月 3 日的交易结算单显示,鲍某明期货账户内可用资金为-1 439 790.85 元,平仓盈亏-2 089 620 元,穿仓损失为 1 439 790.85 元,由期货公司以自有资金垫付。光大期货提起起诉要求鲍某明支付垫付的款项（即穿仓所导致的损失）。上海金融法院 2020 年 8 月 27 日作出判决，支持光大期货的诉讼请求。一审宣判后，双方均未上诉。

法院裁判意见认为：公司保证金高于交易所保证金，当客户保证金低于与公司约定而高于交易所保证金水平时，不属于透支交易，期货公司是否依约采取强行平仓措施是期货公司的权利。当客户保证金水平低于与公司约定的保证金水平，且同时低于交易所保证金水平时，公司通知客户并给予其合理时间后采取强行平仓措施，因市场环境因素导致无法实现平仓，最终导致穿仓，该穿仓并非公司不及时平仓所致，相应损失应当由鲍某明承担。

在本案中，法院认定穿仓并非期货公司不及时平仓所导致，故不应对穿仓损失承担责任。这就提出一个耐人寻味的问题：如果并非市场环境因素导致，而是期货公司迟延平仓导致穿仓损失，就该迟延平仓所导致损失扩大部分，如价格进一步朝交易者不利方向变化而导致损失扩大的部分，期货公司是否要承担责任呢？上述判例似乎暗示，期货公司应对损失扩大的部分承担责任。

本章小结

综上，笔者认为，强行平仓作为一种系统性风险防范机制的性质决定了期货公司与交易者关于保证金及强行平仓触发条件的约定都不得与法律规定的条件及目的相冲突，即约定条件不能使期货公司有任何可能给中央对手方结算制度带来安全隐患。同时，传统强行平仓作为对行为监管规则的"保护性"制度并不因为强调和突出其防范系统性风险的属性而被忽视，行为监管规则"保护性"属性就决定了，期货公司与交易者之间关于强行平仓权利行使的约定不得不公平地限制或排除"保护性"安排所保护的交易者的正当权益。简言之，无论交易者与期货公司合同就强行平仓如何约定，强行平仓的前置程序和期货公司强行平仓权利的行使都不得有任何对法律所保护的交易者权益的不当限制和排除，也不得免除期货公司作为交易者代理人和账户管理人应当尽到的审慎注意义务。

第七章
期货经营机构损害交易者的民事责任

《期货交易管理条例》一直以来都规定了针对期货公司的反欺诈条款，从历次修订来看，除了不断增加欺诈行为的列举项外，基本保持不变（参见附表7-1）。从文本上看，《期货和衍生品法》也基本沿袭了《期货交易管理条例》中的反欺诈条款，但与原条文相比有以下几个显著的变化：其一，删除了原条文中的"欺诈"；其二，适用行为主体由"期货公司"修改为"期货经营机构"；其三，删除了所有明确指向期货经纪业务的措辞（如"经纪""风险说明书"）；其四，增加了列举项，即第5项、第10项。笔者查阅了大量立法解释的文献，都没有找到删除"欺诈"措辞的理由，这就提出了一个问题：《期货和衍生品法》第78条作为传统反欺诈条款的性质是否发生了改变？如果是反欺诈条款，构成第78条的违法行为的主观要件就必然是存在主观故意，至少存在重大过失；如果不需要达到欺诈程度，主观构成要件则可放宽。但很明显，如果不以欺诈为构成要件，则该条第2项规定的"与交易者约定分享利益、共担风险"本身并不一定具有违法性，因为资管业务中资管机构与客户作出这样的约定应该是被允许的。此外，删除明确指向期货经纪商和与经纪业务有关的措辞同样带来新的困扰，故第78条适用的主体范围与业务范围需要逐条甄别。因此，本章采取了逐项释义和展开的写法。

一、向交易者作出保证其资产本金不受损失或者取得最低收益承诺

（一）条文沿革[1]

1999年条例第60条第1款第1项规定如下："不按照规定向客户出示风险说明书，向客户作获利保证或者与客户约定分享利益、共担风险的。"2007年条例第71条将该条款拆分为两个条款，此后一直维持该修订。《期货和衍生品法》相对于2017年条例又做了两个方面的修订：其一，删除了"不按照规定向客户出示风险说明书"的措辞。其二，将"获利保证"修改为"保证其资产本金不受损失或者取得最低收益承诺"。

《期货和衍生品法》没有使用"获利保证"这种含糊措辞，而是对"获利保证"内涵作出了更加具体明确的规定，即保证交易者资产本金不受损失或者取得最低收益的承诺。除此之外，《期货和衍生品法》第66条还删除了开户或交易前向客户出示风险说明书的明确规定。[2]

上述修改有以下几个方面的意义：第一，不按规定提供风险说明书与向客户作出获利保证是两种性质不同的违法行为，不应将二者混同。从立法技术来说，前者违反了积极作为的义务，后者违反了消极不作为的义务。按照证监会的有关规定，提供风险说明书必须是在开户环节，即开户前，而作出获利保证可能发生在开户环节，也可能发生在开仓交易环节。在实践中，还有可能存在另外一种情况，期货经纪人按规定提供了风

---

[1] 详见附表7-2。
[2] 这一删除令人费解。尽管不能将此删除理解为废除了期货经营机构在接受交易者开户或交易委托前出示风险说明书的义务，但这一删除导致整个《期货和衍生品法》都没有明确规定期货经营机构在开户或交易前向交易者出示风险说明书的义务。

险说明书，但同时口头上又向客户作出获利保证或最低收益承诺，抵消或否定了提供给客户风险说明书的风险警示，导致客户错误相信了最低获利的保证，而无视了期货交易的风险，开立期货账户或冒险入市进行期货交易，导致损失，从而产生民事责任纠纷。第二，《期货和衍生品法》删除了有关条款中"欺诈"的措辞，这就提出了一个问题，不按规定出示风险说明书，或向客户保证资产本金不受损失或最低获利的承诺是否构成对交易者的欺诈？1999年条例、2007年条例和2017年条例明确将其视为一种欺诈行为。第三，适用范围扩大。一是适用的主体从期货公司扩大到了期货经营机构，即期货公司、期货交易咨询机构、期货资管业务机构。二是适用的业务范围从经纪业务扩大到了期货交易咨询业务和期货资产管理业务。按照《期货和衍生品法》第五章"期货经营机构"第59条，期货经营机构包括期货公司和从事期货业务的其他机构；按照第63条，期货公司可从事该条规定的所有业务，即期货经纪业务、期货交易咨询业务、期货资产管理业务，除传统上专门从事第63条规定的期货经纪业务的期货公司外，其他期货经营机构可专门从事期货交易咨询或期货资产管理业务。

（二）民事责任的构成要件

《期货和衍生品法》第135条第2款规定：期货经营机构违反本法第78条规定的行为，给交易者造成损失的，应当依法承担赔偿责任。

1. 作出保证或承诺的行为主体是期货经营机构，包括期货公司、期货交易咨询机构和从事期货资产管理业务的机构及其从业人员，受众是对期货交易感兴趣的交易者

无论是客户自己自主决定进行期货交易，还是在期货经营机构提供咨询帮助下决定进行期货交易，或者购买期货资产管

理产品、委托专业期货资产管理机构管理其进行期货交易的资产，其投入到期货交易的本金都可能遭受损失，更不用说从中获利。无论是期货公司、专业期货交易咨询机构还是资产管理机构及其从业人员，都不得作出保证客户资产本金不受损失或最低获利保证这种违反期货交易风险常识的承诺。这种承诺与保证也是不可能实现的，是虚假的，作出这种虚假承诺或保证就是一种欺诈行为。证监会2012年《期货公司资产管理业务试点办法》第16条规定："期货公司应当向客户充分揭示资产管理业务的风险，说明和解释有关资产管理投资策略和合同条款，并将风险解释书交客户当面签字或者盖章确认。"第18条规定，资产管理合同必须明确约定，由客户自行独立承担投资风险；期货公司不得向客户承诺或担保委托资产的最低收益或分担损失；期货公司使用的客户承诺书、风险揭示书、资产管理合同文本应当包括中期协制定的合同必备条款，并及时报住所地中国证监会派出机构备案。第14条还规定，不允许期货公司公开劝诱或招揽客户；在营销环节上，期货公司不得公开宣传资产管理业务的预期收益，不得以夸大资产管理业绩等方式欺诈客户。

《期货和衍生品法》第51条将期货交易者分为普通交易者与专业交易者。按照证监会2018年《证券期货经营机构私募资产管理业务管理办法》第4条第1款，对于专业投资者，证券期货经营机构不得以承诺本金不受损失或者最低收益承诺进行劝诱；而对于普通交易者，不仅不能以承诺资产本金不受损失或最低收益保证等虚假陈述进行劝诱，而且要求期货经营机构及其从业人员必须在开户或交易前履行风险揭示说明义务，即尽到及时、完整、准确向客户披露期货交易风险的义务。《期货和衍生品法》第50条规定，期货经营机构向交易者提供服务时，要如实说明服务的重要内容，充分揭示交易风险。证监会有关规章或规范性文件都对期货经营机构在开户前或交易前必须履行风险披露义务作出了具体明确的规定（详见附表7-3）。

2. 行为人向交易者作出保证其资产本金不受损失或者取得最低收益的承诺

在实践中，此种行为通常被称为"保底承诺"或"刚兑条款"。鉴于证券期货交易中，作出保证资产本金不受损失或者最低收益的非法性过于明显，任何包含保证其本金不受损失或者最低收益承诺的合同约定在具有合法资质的证券期货经营机构内部审查中都是很难通过的。在证券期货经纪业务中作出保证其本金不受损失或者取得最低收益承诺的做法已经很鲜见，若发生此种违法行为，通常存在以下几种情形。

第一，证券期货经营机构从业人员利用公司管理上存在的疏漏基于各种动机故意欺诈客户。如在上海高智科技发展有限公司诉华鑫证券有限责任公司（以下简称"华鑫证券"）等委托理财合同纠纷案中[1]，华鑫证券斜土路营业部与客户签订了《委托代理国债投资协议》。协议约定营业部保证客户每年收益率达到7.2%。后营业部因为未能兑现承诺和返还客户投资理财款而被客户诉到法院。华鑫证券否认上述行为是公司的行为，坚持认为是营业部经理个人违法犯罪行为，并向当地公安报了案。法院也查明，三份《委托代理国债投资协议》上所盖的被告斜土路营业部的印章与公司预留的银行印鉴不符。法院认为，华鑫证券内部管理导致了印鉴上的不一致，因此不能否定其应当对营业部经理行为承担法律责任。涉案理财协议中斜土路营

---

[1] 上海市第一中级人民法院（2007）沪一中民三（商）初字第62号民事判决书。

业部作出的保证每年收益达到 7.2% 的承诺属于保底条款,该条款违反了"民商法基本原理",系无效条款,同时基于斜土路营业部无理财资质,法院认定整个理财协议无效,按合同法无效条款处理了该合同纠纷。[1]

第二,私募资管机构欺诈客户。例如,中国证券投资基金业协会《纪律处分决定书(山东创道股权投资基金管理有限公司)》就对当事人产品的募集说明书会及基金合同存在"预期收益率"等认定该行为为违规行为,并作出了相应的处罚。[2]

第三,金融机构与客户合谋规避监管,签订保底承诺的抽屉协议或以其他回购、补差等协议变相作出保证资产本金不受损失或最低收益的承诺。在安信信托股份有限公司(以下简称"安信信托")与湖南高速集团财务有限公司(以下简称"湖南高速")营业信托纠纷上诉案中[3],安信信托与湖南高速于 2016 年签订了四份认购"安信安赢 42 号上海董家渡金融城项目集合资金信托计划",认购金额总计 4 亿元。2019 年湖南高速与安信信托签订了《信托收益权转让协议》及《补充协议》,转让协议约定安信信托保证按期返还涉案信托本金和一定比例的固定收益。后安信信托违约,湖南高速诉诸法院。一审法院向中国银行保险监督管理委员会上海监管局(以下简称"上海银保监局")征询了对该交易的意见。《上海银保监局关于回复长沙中级人民法院征询函》认定,案涉系列协议及一系列操作是保证本金收益不受损失的行为,"属于违规刚性兑付行为"。

---

[1] 上海市第一中级人民法院(2007)沪一中民三(商)初字第 62 号民事判决书。
[2]《纪律处分决定书(山东创道股权投资基金管理有限公司)》,载 https://www.amac.org.cn/zlgl/jlcfjg/202003/P020231126393076909088.pdf,最后访问时间:2021 年 2 月 28 日。
[3] 湖南省高级人民法院(2020)湘民终 1598 号民事判决书。

二审法院认为，上海银保监局是信托公司的主管部门，其具有对金融机构相关违法违规行为予以认定并加以处罚的职能，其对此作出的书面回复，是行政监管对该行为定性的权威结论，应认定双方签订涉案协议系违规的刚兑行为。同时，二审法院引用了《九民纪要》第92条，认定上述涉案协议无效。[1]

3. 给交易者造成损失

《期货和衍生品法》第135条第2款期货经营机构有违反第78条规定的行为，给交易者造成损失的，应当依法承担赔偿责任。按照这一规定，只要期货经营机构违反本项规定给交易者造成了损失，交易者就可向违法者主张赔偿责任。

4. 交易者受到的损失与期货经营机构作出的保证资产本金不受损失或最低收益承诺有直接的因果关系

因果关系要求交易者证明其受到损失是基于对期货经营机构作出的保证与承诺的信赖，如果没有这样的保证与承诺，交易者就不会从事交易，也就不会受到损失。不仅如此，其受到损失的程度还应与对期货经营机构作出的保证或承诺信赖度有直接的关联。

5. 行为人必须具有主观上的故意或重大过失

如果要认定行为人的行为是欺诈，就必须要证明存在欺诈的主观意图。对于期货经营机构及其从业人员而言，向顾客作出不负责任的不受损失或最低获利承诺是背离常识的，这种行为本身足以证明作出此种承诺的人存在欺诈的故意。因此，只要存在此种行为，除非行为人能够举证证明其不存在欺诈的故意，否则，存在此种行为本身就足以认定其存在欺诈的故意。当然，还可能发生双方以合法形式掩盖非法的目的，共同故意

---

[1] 湖南省高级人民法院（2020）湘民终1598号民事判决书。

作通谋虚伪意思表示，如上述湖南高速与安信信托纠纷案中，很显然双方都有以回购安排来掩盖固定收益承诺通谋的目的。

(三) 民事责任的性质

违反《期货和衍生品法》第78条第1项禁止性规定的民事责任既可以是侵权责任，也可能是合同无效责任。

1. 侵权责任

如前所述，如果作出保证资产本金不受损失或作出最低获利承诺是虚假的，是有意识地对交易者进行欺诈，则该行为构成侵权。在期货经纪业务中，期货经营机构及其从业人员为诱使交易者开户或开仓交易，以保证本金不受损失或最低获利保证（通常都是口头的）来招揽经纪业务或推销资管产品，而在实际签订合同中只字不提，从而导致交易者冒失地进行期货交易或投资期货交易资管产品，此种情况，已经完成的期货交易是不可被宣布无效或撤销的，交易所带来的损失，交易者只能要求期货经营机构承担侵权损害赔偿责任。

2. 合同无效责任

对资管、信托业务中保证资产本金不受损失或最低获利承诺等类似刚性兑付的做法已经不再只是对投资者或交易者的欺诈，而是直接关系到金融安全和金融风险的防范。2018年中国人民银行、银保监会、证监会、国家外汇管理局联合发布了《关于规范金融机构资产管理业务的指导意见》，其第2条第1款、第2款明确规定：资产管理业务是指银行、信托、证券、基金、期货、保险资产管理机构、金融资产投资公司等金融机构接受投资者委托，对受托的投资者财产进行投资和管理的金融服务。金融机构为委托人的利益履行诚信信用、勤勉尽责义务并收取相应的管理费用，委托人自担投资风险并获得收益。金融机构可以与委托人在合同中事先约定收取合理的业绩报酬，业绩报酬计入管理费，须与产品一一对应并逐个结算，不同产品之间不得相互串用。资产管理业务是金融机构的表外业务，金融机构开展资产管理业务时不得承诺保本保收益。出现兑付困难时，金融机构不得以任何形式垫资兑付。《九民纪要》第31条规定，违反规章的内容涉及金融安全、市场秩序、国家宏观政策等公序良俗的，应当认定合同无效。在第92条进一步明确规定，资管合同中规定保底或者刚兑条款无效。信托公司、商业银行等金融机构作为资产管理产品的受托人与受益人订立的含有保证本息固定回报、保证本金不受损失等保底或者刚兑条款的合同，人民法院应当认定该条款无效。受益人请求受托人对其损失承担与其过错相适应的赔偿责任的，人民法院依法予以支持。但必须要指出的是，"信托公司、商业银行等"是不完全列举，它应该扩张解释到适用于所有资管机构的资管业务，包括期货行业的资管机构和与期货交易有关的资管产品。

　　《期货和衍生品法》将禁止保底承诺的规定不是放到第四章"期货交易者"有关条款（行为监管条款）中[1]，而是放到了第五章"期货经营机构"（即审慎监管条款）中。而由王瑞贺和方星海作为联合主编编著的《期货和衍生品法释义》一书中对禁止保底承诺款也是从系统性风险防范目的而不是保护交易者目的来进行阐释的。该书指出，期货交易本身就是一种风险自担的经济活动，交易者应当自行承担交易风险，风险是不可能消失的，只能转移，如果期货经纪机构向交易者作出"保本保收益"的承诺，那么风险就转移到了期货经营机构，从而可

---

　　[1] 按照监管理论，规范经营机构与客户关系中经营机构营业操守的规则属于行为监管（regulation of business conduct），其目标保护金融消费者或投资者，而对金融机构不安全、不审慎行为或活动的规制属于审慎监管，其监管目标是确保其足够的偿付能力，应满足公众存款人、公众投资者的债权。

能因连锁反应引发系统性风险。[1]这一解释实际上让此项行为在金融监管上的定性发生了根本改变。传统上一直都将此项行为视为欺骗交易者的欺诈行为，禁止此类行为的主要目的是保护交易者，而《期货和衍生品法》将此类行为视为期货经营机构不安全、不审慎的行为，既是对交易者的欺诈，也会导致期货经营机构不安全，尤其是在交易者可能与经营机构合谋采取抽屉协议规避本项禁止性规则的情况下，其对公共利益的危害性更加突出。

3. 同时要被追究合同无效责任和侵权责任

违反禁止保底承诺条款可能同时产生合同无效责任和侵权责任。如交易者被资产本金不受损失或最低获利的保证所欺骗或误导，从事期货交易，导致亏损，则可请求确认双方所签订开户协议或经纪服务合同无效，并同时请求期货经营机构赔偿其因为期货交易所遭受的实际损失。

（四）其他需要探讨的问题

1. 欺诈侵权民事责任纠纷中，期货经营机构能否以向客户出示了风险说明书作为欺诈指控的抗辩（类似英美法的禁止反言抗辩）

证监会2007年《期货公司管理办法》第52条第1款规定，期货公司在开立账户前，应当向客户出示《期货交易风险说明书》，由客户签字确认已了解《期货交易风险说明书》的内容，并签订期货经纪合同。期货公司不得为未签订《期货经纪合同》的客户开立账户。

---

[1] 王瑞贺、方星海主编：《中华人民共和国期货和衍生品法释义》，法律出版社2022年版，第130页。

2. 通过抽屉协议规避本项禁止性规则、通谋虚伪、共同过错情况下的责任分配以及获利的处理问题

《九民纪要》第 30 条规定，涉及金融安全、市场秩序、国家宏观政策等公序良俗的强制性规定属于"效力性强制性规定"，违反这些规定，属于合同法规定的无效情形。按照 2020 年司法解释，此类约定应当属于第 13 条第 3 项"违反法律、行政法规的强制性规定的"合同，应确认无效。但 2020 年司法解释第四章也明确了，无效只能适用于期货经纪合同，对签订经纪合同后依据该合同进行的期货交易所遭受的损失，只能按照 2020 年司法解释第 14 条主张因经纪合同无效造成的损失。经纪合同被宣布无效所造成的损失，应该包括交易支付的佣金和交易导致的经济损失。损失根据无效行为与损失之间的因果关系确定，双方都有过错的，根据过错大小各自承担相应的民事责任。但从第 15 条规定来看，如果交易者不是因为受到欺诈或误导而进行交易的，则交易后果应由交易者自己承担，也就是说，交易所产生的损失由交易者承担。

3. "最低获利承诺"或"保证资产本金不受损失"认定标准与过错的认定标准

该标准并不是特别清晰，比如一些补差的约定。在上述湖南高速与安信信托纠纷案中，一审法院在上海银保监局出具约定无效的意见，且被告主张系列操作是保底安排，主张无效时，没有支持被告主张。二审法院是在上海银保监局书面函清晰表达了无效意见的基础上，才作出了认定，并且刻意强调了上海银保监局认定意见的权威性。这也就是说，认定标准并不是特别明确，一些结构化安排，如补差安排可能在实践中并不是那么容易就被认定为保证资产本金不受损失或最低获利的保证。

因为认定标准是否清晰明了，又是认定行为人是否存在明知

或应当知道的主观故意或重大过失的情形证据,所以,必然影响对行为人责任的认定。而这些都需要在具体民事责任纠纷案件中,由负责审判的法官综合交易的整体情形加以判断并认定。

二、与交易者约定分享利益、共担风险

(一) 条文沿革

1995年纪要中规定,"经纪公司允许客户透支,并和其约定分享利益、承担风险的,对客户用透支款项交易造成的亏损,应当按照约定承担责任,未作约定的,由经纪公司承担"。这就是说,透支交易、期货公司与客户约定分享利益、承担风险本身并不违法,法院尊重双方约定,只是在没有约定的情况下,期货公司才承担责任。

1999年条例第29条第1款规定:"期货经纪公司接受客户委托为其进行期货交易,应当事先向客户出示风险说明书,经客户签字确认后,与客户签订书面合同。"第29条第2款进一步规定:"期货经纪公司不得向客户作获利保证或者与客户约定分享利益或者共担风险……"同时第58条还规定了严厉的法律责任:交易所允许会员在保证金不足情况下进行期货交易的,责令改正,给予警告,没收违法所得,并处违法所得1倍以上5倍以下的罚款,没有违法所得或者违法所得不满10万元的,处10万元以上50万元以下的罚款;情节严重的,责令停业整顿。从上述法律责任来看,立法者将期货公司与客户在经纪业务中约定共担风险、共享利益视为非常恶劣的违法行为,给予违法者严厉的惩罚。

2003年司法解释第35条2款规定,期货公司允许客户透支交易,并约定共担风险、共享收益的,透支交易产生的损失,期货公司应承担相应赔偿责任。

2007年条例第25条第2款将"期货经纪公司"修改为了"期货公司",但保留了"期货公司不得向客户做获利保证;不得在经纪业务中与客户约定分享利益或者共担风险"的规定。此后条例修订维持了该规定。对于本项禁止性规定的出台的立法背景,姜洋主编的《期货市场新法规解释与适用》一书是这样解释的:期货市场是一个公认的高收益、高风险的领域,既可能短短几天得到数倍乃至数十倍于保证金的巨额盈利,也可能一瞬间血本无归。但是,客户一般仅仅是受到期货市场高收益吸引而投资于期货交易,却很容易忽视期货市场的高风险面和自己的承受能力,而期货公司一般出于自己的利益考虑,例如招揽客户越多的公司收取的费用就越多,很难主动提醒客户不要轻易入市。因此,如果在立法上不考虑设计一个使客户谨慎、稳重入市的机制,那么就很难保护期货客户的利益。[1]因此,本款与前款禁止性规定都是为了防止冒失的交易者被期货公司淡化期货交易风险、夸大期货交易的收益等各种伎俩蛊惑,以赚快钱的目的在期货交易上过度冒险和过度投机。

《期货和衍生品法》第66条规定:"期货经营机构接受交易者委托为其进行期货交易,应当签订书面委托合同,以自己的名义为交易者进行期货交易,交易结果由交易者承担。期货经营机构从事经纪业务,不得接受交易者的全权委托。"第78条第2项进一步对违反第66条规定的做法,即"与交易者约定分享利益、共担风险"作了禁止性的规定。在法律责任上,在加大行政处罚力度的同时,第135条第2款明确规定了违反第78条规定,使交易者受到损失的,违法期货经营机构要承担民事

---

〔1〕 吴庆宝、江向阳主编:《期货交易民事责任——期货司法解释评述与展开》,中国法制出版社2003年版,第317页。

赔偿责任。

(二) 民事责任的构成要件

1. 违法的行为主体是从事期货经纪业务的期货经纪商

期货交易管理条例一直就将分享利益、共担风险的禁止性行为限制在"经纪业务"中。《期货和衍生品法》第66条、第78条都没有"经纪""经纪业务"的措辞，但在释义上，仍然认为第66条是专门针对期货经纪商的经纪业务的，因为只有在期货经纪业务中，才存在期货经营机构接受交易者委托为其以自己的名义进行期货交易，交易结果由委托人承担。而且第66条第2款明确了只有在期货经纪业务中，期货经营机构才被禁止接受交易者全权委托。实际上，在期货资产管理业务中，期货资产管理机构就是接受了交易者的全权委托，负责管理交易者委托其管理的从事期货交易的资产。换句话说，在期货资管业务中，资管机构接受全权委托并不是违法的。而第78条第2项禁止性规定也被视为违反"第66条"期货经纪业务中，期货交易结果由交易者承担的规定。[1] 在期货经纪业务中，期货经纪商只是执行交易者的交易指令，未经交易者授权不得对交易者账户作任何处分。期货资产管理服务机构与客户约定分享收益、共担风险则并不违法。期货投资咨询服务机构被禁止代理客户进行期货交易，如果违法管理客户账户，并与交易者约定分享收益、共担风险，属于违法从事了期货资产管理业务。

2. 期货经纪商与客户达成了分享利益、共担风险的约定

与客户达成分享利益、共担风险的做法在早期期货市场处

---

[1] 王瑞贺、方星海主编：《中华人民共和国期货和衍生品法释义》，法律出版社2022年版，第130条。该书对此项的释义是："根据本法第66条的规定，期货交易的交易结果由交易者承担，而期货经营机构仅能从中赚取佣金。因此，禁止期货经营机构违反本条款规定而与交易者约定分享利益、共担风险。"

于试点摸索阶段因为立法与监管缺失而比较常见。自1999年条例明确禁止此种做法后，随着监管日趋健全，期货经纪业务中此种明显违法的做法基本上已经绝迹了。即便有，也可能只是个别期货经纪商的工作人员私下对客户进行的口头欺骗。在国外，这种违法通常是非法期货经营机构，或合法期货经纪商的工作人员违反和逃避了公司合规管理与内控，私下所进行的违法行为。从法院的司法裁判文书中，也几乎检索不到相关判例。

3. 交易者受到了损失

交易者在期货交易中遭受了损失，即虽然存在分享利益、共担风险的约定，但交易者基于该约定而进行的期货交易并没有受到损失，甚至还有盈利，则不存在损失赔偿民事责任。也就是说，交易者要负担证明其因此种违法行为而受到损失的举证责任。

4. 期货经纪商与客户分享利益、共担风险约定是导致交易者受到损失的直接原因，即与其损失之间存在因果关系

要证明分享利益、共担风险约定与交易者受到损失之间存在因果关系，实际上是要证明交易者的损失是因为信赖了该约定。因为信赖，交易者进行期货交易且该交易导致了损失。

5. 期货经纪商必须具有主观过错

通常情况下，如果认定期货经纪商与客户达成的约定构成了利益共享、风险共担，就可推定期货经纪商具有主观上的过错，因为作为专业的期货经营机构，其完全应当知道此种做法是禁止性的、是违法的。

(三) 民事责任的性质

违反分享利益、共担风险的禁止性规定是合同无效的民事责任，还是欺诈侵权民事责任取决于双方对此类约定是否存在主观过错。对于交易者而言，可能是基于期货经纪人的不当误

导或欺诈而产生错误认识，如属于此种情形，则受到损失的交易者可以主张侵权赔偿，但也可主张双方达成的利益分享、风险共担约定无效。如果交易者也存在主观过错，双方存在共同违法意图，则只能适用合同无效责任。

（四）其他需要探讨的问题

1. 期货公司能否以交易者足够成熟老练、专业或知悉风险进行免责抗辩

中国期货业协会《〈期货经纪合同〉指引》的"客户须知"中特别告知交易者"期货交易中任何获利或者不会发生损失的承诺均为不可能或者是没有根据的，期货公司不得与客户约定分享利益或共担风险"。这种告知，以及期货经纪商开户前或交易前提供给交易者风险说明书，交易者接受并签字确认，足以证明交易者知悉期货交易风险，就能证明交易者明知利益分享、风险共担约定是违法的，不受保障的。所以，期货公司是否可以"禁止反言"对交易者欺诈侵权索赔主张予以抗辩？我国目前没有此类判例，学界也没有对此问题予以关注探讨。但从美国期交会行政赔偿判例和法院此类判例来看，如果认定期货经纪商对获利保证、风险分担的承诺或对盈利的夸大等足以抵消风险说明，导致交易者对期货交易产生错误认识的，期货经纪商仍然要对期货交易者因此错误认识而进行期货交易所受到的损失承担欺诈赔偿责任。

2. 对交易者的损失是否应基于双方约定风险比例进行分担

一是双方达成分享利益、共担风险的约定本身就是混合过错的证明。二是如果被认定为共同过错，即便是此种约定违法或被认定为无效，对交易者的损失，也应由双方共同分担。1995年纪要和2003年司法解释都对透支交易等作了按比例分担损失的规定。但对于比例的划分，法院并没有提供充分的说理。

3. 如果期货交易获利，期货经纪商按约定扣下了按约定分享的利益，交易者能否以其受到损失而请求期货经纪商归还该获利

从法理逻辑上来说，此种行为一旦被认定为违法，期货经纪商按该约定取得利益就是非法的不当得利，该获利应该按照《期货和衍生品法》第66条规定的接受全权委托来处理，所有获利应归交易者，故交易者可以将该获利作为交易所产生的损失请求期货经纪商赔偿。

三、违背交易者委托进行期货交易

（一）条文沿革

期货市场发展初期，市场秩序混乱，这种混乱体现在法人交易者自身对期货交易操作内控管理混乱，而提供期货经纪服务的期货经纪商监管及期货经纪商内部对一线经纪人的管理也很混乱，再加上当时指令下达都是到柜台用手填单或电话委托下单，过程无法保留或再现（而不是像今天通过电子通信系统将整个委托与执行过程全程电子自动记录和追踪，随时可提取再现），故在客户指令下达与执行环节上乱象丛生，各种纠纷不断。同时，当时交易大多是盲目投机而不是避险，交易经常产生重大损失，此种情形下，谁都不愿意对损失负责，千方百计推卸责任，转嫁风险，故在期货交易到底是谁下达的指令，执行的是谁的指令，谁应当对交易结果承担责任等问题上纠纷不断。这些都归结到一个核心问题，期货经纪商执行的交易是否获得了客户的合法授权？期货经纪商是否准确执行了客户下达的交易指令？无授权交易或违背交易委托执行了交易通常就是交易者拒绝接受交易结果的主要理由。对于授权交易或违反委托的交易，1995年纪要列举了以下几种情形：①经纪公司擅自进行交易，

客户不予认可；②经纪公司没有准确及时执行客户指令，因错误执行客户指令给客户造成损失的；③客户委派其工作人员具体操作交易，经纪公司接受客户指定操作人员以外的非操作人员的指令进行的期货交易，客户不予认可。

1999 年条例第 29 条与第 32 条对期货经纪商接受客户指令和执行客户指令加以规范，针对期货市场存在的无授权交易或错误执行客户指令的行为作出了明确的禁止性规定，同时增加了禁止转委托的规定。第 29 条第 2 款规定："期货经纪公司不得向客户作获利保证或者与客户约定分享利益或者共担风险，不得接受公司、企业或者其他经济组织以个人的名义委托进行期货交易，不得将受托业务进行转委托或者接受转委托业务。"第 32 条对无授权或擅自越权交易也作了禁止性规定："期货经纪公司根据客户的交易指令，为其进行期货交易。期货经纪公司不得未经客户委托或者不按照客户委托范围，擅自进行期货交易。"

2003 年司法解释针对期货市场实践中出现的期货公司违背客户委托的行为，对 1999 年条例的有关规定进行了拓展，禁止违背客户委托的期货交易行为，并分别规定了这些行为各自应当承担的民事责任：其一，违反委托交易造成的损失由期货经营机构承担。违反第 54 条规定，擅自以客户名义进行交易，客户对交易结果不予追认的，所造成的损失由期货公司承担。其二，不按客户委托指令的价位执行产生的非法获利应予返还。第 24 条规定，期货公司超出客户指令价位的范围，将高于客户指令价格卖出或者低于客户指令价格买入后的差价利益占为己有的，客户要求期货公司返还的，人民法院应予支持，期货公司与客户另有约定的除外。其三，错误执行客户交易指令产生的损失由期货经营机构承担。第 22 条规定了两种错误执行指令的情形，一是数量的错误，实际执行数量多于或少于客户指令规定的数量；二是价位的错误，交易价格超出客户指令规定价位范围。这些实际上是期货经纪商操作上的过失导致的。第22条规定，错误执行客户交易指令所导致的损失由期货公司承担，但客户认可的除外。其四，延迟执行客户交易指令所导致的损失由期货经营机构承担。第23条规定，期货公司不当延误执行客户交易指令给客户造成损失的，应当承担赔偿责任，但由于市场原因致客户交易指令未能全部或者部分成交的，期货公司不承担责任。

经过治理整顿，期货市场乱象逐步得到纠正，期货公司各种业务活动也逐步走向规范并受到严格监管，违背客户委托的显性违法行为大幅度减少。2007年条例对此类行为予以简化概括，浓缩成了第25条第1款，概括为一个禁止性的规定：期货公司不得未经客户委托或者不按照客户委托内容，擅自进行期货交易。2012年条例第25条第1款进一步简化为：期货公司不得未经客户委托或者不按照客户委托内容，擅自进行期货交易，此后一直维持该规定。

《期货和衍生品法》第78条第3项将其进一步简化为"违背交易者委托进行期货交易"，这反映了目前期货公司在无客户授权情况下盗用客户账户擅自交易或延迟执行客户交易指令等情形已经很少见，即便有，也可能被其他更严重的违法行为所吸收，构成其他更为严重的违法行为而不是违反委托这样比较轻微的违法行为。即便如此，违背交易者委托仍然可解释为包含2003年司法解释所规定的四种无交易者授权或不按交易者委托执行交易的行为。

（二）民事责任的构成要件

1. 违法的主体是期货经纪商

此种情形只能发生在掌管客户交易账户、接受交易者委托执行委托指令的期货经纪商身上。

2. 具体的违法行为是违背了交易者的委托

主要有以下几种情形。

第一,无授权的交易,没有交易者的委托。无授权交易行为有可能是比较轻微的,经交易者追认,就可变成合法交易。但历史上,2003年司法解释第54条所规定的"擅自交易"通常还与更严重的其他违法行为交织在一起。在期货市场发展初期,此类恶劣的行为就是期货公司利用客户账户操纵市场,进行投机,私下盗用客户的账户进行交易。在20世纪90年代,期货公司监守自盗,擅自以客户名义进行交易比较常见。具体做法是,期货公司出于操纵市场或者赚取更多手续费等牟利动机,以客户名义进行交易。当交易结果有利时,会把有利的交易结果自行侵占,而把客户成交回报单送达给客户;当交易遭受比较大的亏损时,就把该交易结果通过客户成交回报单送达给客户,让客户承担亏损的后果。这种盗用客户账户与提交虚假成交回报的违法行为通常是连在一起的。[1]如果这种盗用是为了转嫁风险,进行操纵市场或谋取不当利益,就会构成其他更为严重的违法行为,而不只是违背交易者委托的期货交易行为了。

第二,违背交易者委托执行的交易。这包括错误执行交易和没有按客户委托的数量、价位或时间执行交易。2003年证监会就有类似行政处罚的案例,即证监会对恒丰期货及相关人员违背交易者委托从事期货交易行为的行政惩罚。在事实认定上,证监会综合其获得的各种证据认定恒丰期货存在的多种违法行为中就有未经客户委托或者不按照客户委托范围,擅自进行期

---

[1] 吴庆宝、江向阳主编:《期货交易民事责任——期货司法解释评述与展开》,中国法制出版社2003年版,第317页。

货交易，根据1999年条例第60条第1款第2项，认定其违背交易者委托进行期货交易的行为属于违法行为。[1]

第三，因为期货公司的问题导致其他人未经客户授权使用了客户账户进行期货交易，客户不予认可的。在国民期货经纪有限公司与袁某国期货交易纠纷上诉案中，上海市高级人民法院就认定期货公司不能举证证明第三人利用交易者账户进行期货交易是得到交易者合法授权，且期货交易者又不认可交易结果，因此，交易者对这些交易不承担责任，由期货公司承担这些交易的责任。[2]本案中，2004年6月8日袁某国与国民期货经纪有限公司（原名华高期货经纪有限公司，以下简称"华高期货"）签订了编号为11156的期货经纪合同及自助委托、网上委托补充合同一份，约定：袁某国委托华高期货进行期货交易；华高期货接受袁某国委托并按照其交易指令为袁某国进行期货交易。华高期货按照期货交易所规则执行袁某国的交易指令，华高期货有义务将交易结果转移给袁某国，袁某国有义务对交易结果承担全部责任。华高期货在每一交易日闭市后按照双方约定的传真、电子信箱或语音信箱等方式向袁某国发出每日交易结算报告。如果袁某国在华高期货经营场所内，华高期货可直接书面送达。袁某国在与华高期货签订的期货经纪合同第五节中预留的有关送达地址、号码等各种联络方式均视为具有法律意义。袁某国对华高期货提供的每日交易结算报告的记载事项有异议的，应当于下一交易日前向华高期货提出书面异议。袁某国在约定时间内未向华高期货提出异议，视为袁某国对记载事项的确认。袁某国授权的指令下达人为其本人。袁某

---

[1] 参见中国证券监督管理委员会证监罚字〔2003〕24号行政处罚决定书。
[2] 上海市高级人民法院（2005）沪高民二（商）终字第170号民事判决书。

国确认的每日结算单、追加保证金的送达方式以及确认的交易结算月报的送达方式均为电子信箱或书面确认,指令下达方式为书面、电话或者电脑。袁某国以泰康路274弄40号等作为其与华高期货业务往来的唯一有效地址和号码。签合同当日,袁某国向期货公司交付保证金13万元。同年11月22日,袁某国委托律师发函,称从未委托过任何其他人或期货公司进行期货交易。对其账户下马某莉下达指令进行的期货交易予以否认。在一审中,期货公司没能提供充分证据证明袁某国委托马某莉下达交易指令,二审中通过交易软件解密证明袁某国多次查看过账户,并知悉账户有期货交易记录。但二审法院最终还是认定期货公司不能证明马某莉是袁某国委托下单的受托人。法院所依据的理由是:袁某国多次登录期货公司网站查询11156账户,可以推定其对11156账户的交易情况是知晓的,但是,由于这些交易本身并不是根据被上诉人袁某国的指令进行的,且双方签订的合同对此也未明确约定,被上诉人袁某国通过上网知悉其存在期货账户记录,未及时提出异议,不能视为对其账户内交易结果的追认。因此,上诉人根据袁某国网上查看其账户的事实认定被上诉人对期货交易结果进行了追认的主张没有法律依据,也不符合期货交易规则。[1]

3. 给交易者造成了损失

《期货和衍生品法》第135条第2款规定,如果违反第78条规定给交易者造成损失,期货经营机构就要承担损失赔偿责任,因此,交易者遭受损失是构成期货经营机构承担民事赔偿责任的必要要件。如果交易者没有遭受损失,甚至还获得了收益,那么期货经营机构就不存在承担损失赔偿责任的问题。

---

〔1〕 上海市高级人民法院(2005)沪高民二(商)终字第170号民事判决书。

4. 交易者受到的损失与期货经营机构违背交易者委托之间存在因果关系

交易者受到损失是因为期货经纪商未经授权、不按交易者下达的交易指令执行订单所导致的。

5. 期货经营机构存在过错

从上述国民期货经纪有限公司与袁某国期货交易纠纷上诉案中可以看出,违背交易者委托而发生期货交易可能是因为期货经纪商在管理客户账户过程中存在过失,该过失导致未授权交易发生,对该未授权交易给交易者造成的损失,期货公司应承担相应责任。

四、隐瞒重要事项或者使用其他不正当手段,诱骗交易者交易

（一）条文沿革

1995年纪要第7条规定,期货交易中"以欺诈手段诱骗对方违背真实意思所为的"行为无效。这里所谓的"行为"到底是什么,规定得并不清楚。1999年条例第33条规定:"期货经纪公司向客户提供的期货市场行情应当真实、准确,不得隐瞒重要事项或者使用其他不正当手段诱骗客户发出交易指令。"同时第60条对违反该规定的法律责任也作出了明确规定,但第60条第1款第3项措辞增加了"信息"。2003年司法解释第52条规定:"期货交易所、期货公司故意提供虚假信息误导客户下单的,由此造成客户的经济损失由期货交易所、期货公司承担。"似乎是将1999年条例中的"其他不正当手段"解释为"故意提供虚假信息"。2007年条例第27条第2款将1999年条例第33条中的"期货经纪公司"替换为"期货公司",并将"向客户

提供的期货市场行情应当真实、准确"删除。法律责任条款第71条第1款第4项保持了与第27条第2款相同的措辞,此后期货交易管理条例修订一直维持该措辞。《期货和衍生品法》第78条第4项沿袭了该规定,但以"期货经营机构"取代了"期货公司"。同时《期货和衍生品法》第135条增加了民事赔偿责任条款。

(二)民事责任的构成要件

1. 违法者应当是期货经纪商

2007年条例以"期货公司"取代了"期货经纪公司",当时期货公司已经被允许从事期货交易咨询业务和资产管理业务。《期货和衍生品法》以"期货经营机构"取代了"期货公司",期货经营机构不仅包括同时从事期货经纪业务、咨询业务与资管业务的期货公司,而且包括专门分别从事咨询业务和资管业务的期货交易咨询机构和期货资产管理机构。但《期货和衍生品法》第78条禁止性规定很明显不适用于期货交易咨询业务和专门从事此类业务的期货咨询机构,也不适用于期货资产管理业务和专门从事资管业务的期货资管机构,只适用于从事期货经纪业务和专门从事期货经纪业务的期货公司。因为,很明显,从文本措辞来看,第78条第5项是专门针对期货经纪业务的。

2. 期货经纪商有隐瞒重要事项或者使用其他不正当手段诱骗交易者交易的行为

隐瞒重要事项的诱骗是期货经纪商违反法律规定的积极信息披露义务而进行欺诈,使用其他不正当手段进行诱骗应该是与违反积极作为义务相反,违反了消极不作为义务,即积极作为欺诈行为,如2003年司法解释第52条规定的"提供虚假信息"。2003年司法解释主要起草者吴庆宝和参与起草工作的江向阳借用了证券法上的"虚假陈述"将第52条解释为期货市场的"虚假陈述",并根据已有的政策、文件,将虚假陈述归纳为四种情形：一是没有如实地介绍期货市场交易风险，允诺从事期货交易每年可获得20%—30%的固定利益，操作次数越多可获利润越多。二是隐瞒期货经纪机构成立的真实情况，包括期货公司的资信状况、技术手段以及经纪业务委托代理性质，使得客户产生盲目的信任，进场从事操作。三是对于期货交易品种不作如实介绍，对于其所介绍的品种的性质、规模、前景等事项作出不实、严重误导含有重大遗漏或者带有虚假色彩的欺骗性介绍。四是制造或者散布虚假信息，误导客户进行下单交易。即利用客户知识贫乏、初涉期货市场、想一夜暴富的心理等，鼓吹期货市场的赚钱效益，进而制造或者散布某期货品种的虚假信息或者散布政策面的虚假信息，导致客户盲目操纵，遭受损失。[1]姜洋等学者将诱骗客户发出交易指令的行为解释为，期货公司向客户提供最新信息及咨询服务时，为了自己的利益，想多赚手续费或是操纵市场，牺牲客户利益，向客户提供不真实、不准确的信息，造成客户产生错误认识和判断，下达了交易指令，导致重大损失。[2]有意思的是，王瑞贺、方星海主编的《期货和衍生品法释义》一书对《期货和衍生品法》第78条第4项的解释又回到了1999年条例第33条，认为本项规定是要求"期货经营机构向交易者提供的市场行情、交易信息等内容应当完整，尽可能全面，不得利用不对称信息有意隐瞒重要事项或者使用其他不正当手段诱骗交易者进行交易"。但对关键词"隐瞒重要事项"和"其他不正当手段"的含义并未作出阐释。

综上，将提供虚假信息类比证券法上的虚假陈述是说得

---

[1] 吴庆宝、江向阳主编：《期货交易民事责任——期货司法解释评述与展开》，中国法制出版社2003年版，第315页。

[2] 姜洋主编：《期货市场新法规解释与适用》，法律出版社2007年版，第132页。

通的。

2017年条例第24条第1款规定：期货公司接受客户委托为其进行期货交易，应当事先向客户出示风险说明书，经客户签字确认后，与客户签订书面合同。这给期货经纪商课以了一般性的风险披露义务。《期货和衍生品法》没有专门条款规定期货经纪商对交易者一般性的风险披露义务，但第50条有关交易者适当性义务的条款中明确规定，期货经营机构在了解客户的基础上，还必须"如实说明服务的重要内容，充分揭示交易风险"，这实际上对期货经营机构课以了一般性的信息披露义务。如证券法上的发行人、上市公司承担的信息披露义务一样，这些披露也必须做到真实、准确、完整——真实、准确要求不得存在误导或虚假；完整要求任何关系到期货交易风险收益的重大信息都必须披露，不得遗漏。从国外经验来看，如美国，期货市场违反披露义务的反欺诈条款与证券法反欺诈条款类似，不仅立法相关条款措辞类似，而且监管执法机构和法院基本在欺诈认定标准上也参照借鉴证券法认定标准（判例法确立的）。

3. 交易者蒙受经济损失

按照《期货和衍生品法》第135条第2款，只要交易者因为虚假陈述受到损失，就有权要求期货经营机构承担损失赔偿责任。

4. 期货经纪商隐瞒重要事项或利用其他不正当手段诱骗与交易遭受损失之间存在因果关系

如前所述，交易者必须证明其对期货经纪商的诱骗行为存在信赖，因为信赖对期货交易的风险与收益作出了错误判断，从而进行了错误的交易，并导致损失。

5. 期货经营机构存在欺骗的故意

"诱骗"措辞实际上就是要求期货经纪商隐瞒重要事项或利

用其他不正当手段必须具有欺骗交易者的故意，欺骗目的是诱骗交易者下达交易指令。

（三）民事责任的性质

如前所述，交易者受到诱骗下达的交易指令通常发生在期货经纪业务销售环节，期货经纪商在向交易者销售经纪服务时必须就有关服务以及期货交易履行全面信息披露义务，该披露义务是要交易者在知情基础上决定是否开户或是否进行期货交易。如果没有受到诱骗，交易者就不会进行交易，也就不会产生交易佣金和交易的损失，而一旦进行了交易，交易不可撤销，也不能被确认无效，因交易产生的佣金支出和交易的损失只能通过索赔才能恢复原状，故交易者只能通过侵权之诉，而不能通过撤销经纪合同和期货交易而获得适当的救济。

（四）损失赔偿

赔偿的损失应是交易者因期货经纪商的诱骗行为所遭受的实际损失。如前所述，诱骗导致了交易，而已经发生的交易又不可撤销，也无法被确认为无效，故诱骗导致的实际损失就是交易者支付的佣金损失和交易所导致的亏损。

五、以虚假或者不确定的重大信息为依据向交易者提供交易建议

（一）条文沿革

1995年纪要第7条规定，期货交易中"制造、散布虚假信息误导客户下单"的行为应认定为无效。行为被认定无效后，无效行为给当事人造成保证金或佣金损失的，应当根据无效行为与损失之间的因果关系确定责任承担。

1999年条例第33条规定，期货经纪公司向客户提供的期货

市场行情应当真实、准确，第60条第1款第3项在第33条基础上增加"提供虚假的期货市场行情、信息"，但对违反上述规定只规定了行政处罚责任，未涉及民事赔偿责任。

2003年司法解释第52条规定：期货交易所、期货公司故意提供虚假信息误导客户下单的，由此造成客户的经济损失由期货交易所、期货公司承担。

2007年条例第27条第2款和第71条第1款第4项删除了"提供虚假的期货市场行情、信息"，此后期货交易管理条例修订一直维持不变。

《期货和衍生品法》第78条第5项似乎把2007年条例删除的"提供虚假的期货市场行情、信息"恢复了，但与1995年纪要第7条、2003年司法解释第52条、1999年条例的相关规定相比，其明显扩大了适用范围。一是不只是虚假，似是而非的"不确定"说成是确定的等误导性的说辞与虚假陈述等同，同时"重大信息"取代了"市场行情、信息"，这与第78条第4项"重要事项"或"不正当手段"等宽泛措辞一样，涵盖了各种各样虚假、误导性的陈述，类似证券法上"虚假陈述"的一般性反欺诈条款，而且将司法解释中的民事赔偿责任条款纳入了立法。但从条款措辞来看，第78条第5项规定主要针对向交易者提供期货交易建议的事项，而第78条第4项则针对诱骗交易者下订单，因此，二者分别针对两类不同期货业务和两类不同期货经营机构，前者针对的是期货经纪业务的一般性反欺诈条款，而后者针对的是期货交易咨询服务的一般性反欺诈性条款。期货经纪业务中，期货经纪商主要依靠代理客户进行期货交易获得佣金收入，而期货交易咨询业务中，咨询服务机构主要依靠提供期货交易建议获得劳务费收入。立法措辞中使用"诱骗交易者交易"和"提供交易建议"，而且分别规定，很明显是各有所指。但在实践中，期货经纪商也可能为达到诱骗客户下单的目的，以虚假或者不确定的重大信息为依据向客户提供交易建议，该行为可能同时构成违反《期货和衍生品法》第78条第4项和第5项的规定，产生竞合。

（二）民事责任的构成要件

1. 违法的主体

违法的主体应当是从事期货交易咨询业务的期货咨询机构及其工作人员。但如果期货经纪商及其工作人员为了诱骗客户下订单而故意提供虚假信息误导客户，可适用《期货和衍生品法》条第78条第4项规定追究其责任。如果是期货经营机构以外的其他人，则应该认定为扰乱市场，不宜适用本规定。例如，曾某雄编造传播"鸡蛋"市场虚假信息扰乱期货旧交易市场的违法行为的案件。曾某雄利用互联网混淆视听，以"中国蛋品流通协会"的名义，打着维护市场秩序"正义"的旗号，行牟取不法利益之实，误导投资者作出决策，以减少自身期货交易损失。最后对曾某雄给予警告、没收违法所得，并处罚款。[1] 2021年11月2日，中国证券监督管理委员会〔2021〕90号行政处罚决定书认定上海证券通投资资讯科技有限公司存在提供、传播虚假或者误导投资者信息的违法事实，违反了2005年《证券法》第171条第1款第4项和《证券、期货投资咨询管理暂行办法》第21条的规定，对当事人处以罚款。

2. 期货经营机构及其工作人员在向交易者提供交易建议的过程中有依据虚假或不确定重大信息提供交易建议的行为

虚假比较容易认定，但"不确定""重大信息"到底是指什么？王瑞贺、方星海主编的《期货和衍生品法释义》一书认

---

[1] 北京市第二中级人民法院（2019）京02行终514号行政判决书。

为,《期货和衍生品法》第 78 条第 5 项与第 4 项相比,第 5 项更强调的是期货经营机构向交易者提供信息的真实性和准确性,尤其是作为交易建议依据的重大信息,并将本项规定与 2003 年司法解释第 52 条规定"故意提供虚假信息"关联起来。但其与第 52 条规定明显有几个不同,一是增加了"不确定",二是在信息前面增加了"重大"限制性条件,三是适用场景是"提供交易建议"而不是"误导客户下订单"。所以,笔者认为,《期货和衍生品法》第 78 条第 5 项规定与第 4 项规定实质上并无不同,应该是分别针对期货经纪商的经纪业务中的劝诱和期货交易咨询服务中的一般性反欺诈条款,即虚假陈述条款,"隐瞒""虚假"信息、"重大"性或事项"重要"性均可借鉴证券法有关学说或相关虚假陈述判例规则来解释。

3. 交易者蒙受了损失

《期货和衍生品法》第 135 条第 2 款明确规定,交易者受到损失具有向期货经营机构主张损失赔偿的权利。

4. 交易者的损失与期货经营机构虚假陈述之间存在因果关系

如上所述,作为反欺诈条款,交易者需要证明其具有对期货经营机构依据虚假或不确定重大信息提供的交易建议的信赖,基于信赖而作出错误判断和交易行为,从而遭受损失。因果关系证明实际上就是要证明信赖关系,证明该信赖足以导致交易者无法对期货交易的风险与收益作出准确的判断,从而上当受骗。

5. 期货经营机构存在欺诈的意图或重大过失

"不确定""重大"的判断存在一定主观性,因此,本禁止性规定的目的是让提供交易建议的期货经营机构对信赖其建议的交易者尽到合理审慎的注意义务,在期货交易上谨慎从事，不冒不必要或过度的风险。因此，对于专业从事期货交易咨询服务的专业机构及其工作人员而言，应该有更高的职业道德和专业行为标准，在向交易者提供交易建议时不能鲁莽和冒失，不仅要对故意虚假阐述承担责任，对于应当知道其建议具有不适当性，其所依据的重大信息存在不确定性的情况下，对信息的不确定性或不确定性程度不加识别和衡量，不向交易者作出准确的解释与说明，从而误导交易者，过分夸大期货交易的盈利性，淡化其风险或风险程度，使交易者作出误判，也要承担责任。

从国外经验来看，咨询服务提供者与客户之间存在信义义务关系，对咨询服务提供者有更严格的操守要求，归责上更严格。通常对期货经纪商而言，构成欺诈必须有主观故意，而对于期货咨询服务机构，则只要存在重大过失即可。

（三）损失赔偿

与上述期货经纪商欺诈交易者行为相同，损失赔偿以交易者遭受的实际损失为标准，包括建议支付的费用和交易所受到的损失。这里不再赘述。

（四）民事责任的性质

如果提供建议构成单独服务交易，按照合同法，咨询服务协议因为欺诈是可撤销的，但《期货和衍生品法》中一直将此类行为视为一种欺诈侵权行为，且依据该建议进行的期货交易是不可撤销的，也不能被确认为无效，因此，应当认定为欺诈侵权责任比较妥当。

六、向交易者提供虚假成交回报

（一）条文的沿革

1995年纪要第5条第5项规定，"交易成交后，经纪公司应

第七章 期货经营机构损害交易者的民事责任

当在规定的时间内将交易的结果通知客户,因未及时通知而造成客户损失的,由经纪公司承担赔偿责任……"这里虽没有明确规定经纪公司应当真实准确提供交易的结果,但根据民事法律行为应遵循的一般性的诚实信用原则,提供虚假的交易结果与迟延不及时提供交易结果都是不诚信的行为,前者是一种更恶劣不诚信的行为。

1999年条例第40条第2款规定每日结算制度,第3款规定:"期货经纪公司根据期货交易所的结算结果对客户进行结算,并应当将结算结果及时通知客户。"期货交易成交回报只有在结算结果出来后才有定论。通常情况下,期货交易所通知结算会员的结算结果应当是真实准确的,期货经纪公司根据期货交易所通知的结算结果对客户进行二级结算,该结算结果就是客户期货交易成交回报。上述规定要求期货经纪公司及时告知客户结算结果,即成交回报。虽没有明确提出真实、准确的要求,但该结算结果是期货经纪公司对客户账户根据当日无负债进行保证金核算,确定是否需要追加保证金的主要依据,因此,将结算结果及时、真实、准确地通知客户,不仅关系到客户切身利益,也关系到期货经纪商要求追加保证金和在客户未按要求追加保证金情况下行使强行平仓的权利。故1999年条例第60条将其列入禁止性的行为,并课以严厉的法律责任,但未规定民事责任。

2007年条例第37条第2款将1999年条例第40条第2款"每日结算制度"修订为"当日无负债结算制度",第3款将1999年条例第3款"并应当将结算结果及时通知客户"修订为"并应当将结算结果按照与客户约定的方式及时通知客户。客户应当及时查询并妥善处理自己的交易持仓"。这一修订将客户获得交易结算结果视为其知情权,但同时也负有及时查询了解结算结果的义务。因为在交易发生亏损的情况下，结算结果会同时伴随着期货经纪商要求追加保证金的通知，以及如果结算结果与实际发生交易不符，可以及时通知期货经纪商以便期货经纪商能采取矫正措施，避免损失扩大。此后期货交易管理条例历次修订，除了具体要承担的法律责任不断强化外，责任条款的有关规定基本上维持了1999年的规定。《期货和衍生品法》第78条第6项仍沿袭了条例的规定，但在法律责任上增加了民事责任。

（二）民事责任的构成要件

1. 违法的行为主体应当是代理客户从事期货交易的期货经纪商

这种违法行为只能发生在代理客户从事期货交易、参与期货交易二级结算的期货经纪商身上，因为期货交易咨询机构不允许替交易者操作期货交易，期货资管机构无须报告其管理账户从事的每笔期货交易。

2. 期货经纪商提供的成交回报是虚假的，与实际成交结算结果不符

从2021年修订的《上海期货交易所交易规则》第25条和2018年修订的《中国金融期货交易所交易规则》第32条来看，期货经营机构向交易所下达指令成交之后，交易所将会发送成交回报，会员期货公司应当及时将成交回报通知客户。《证券法》（2019修订）第133条第1款规定，证券公司接受证券买卖的委托，应当根据委托书载明的证券名称、买卖数量、出价方式、价格幅度等，按照交易规则代理买卖证券，如实进行交易记录；买卖成交后，应当按照规定制作买卖成交报告单交付客户。类比来看，期货公司提供的"成交回报"应该也包括期货名称、成交价格、成交手数、成交回报时间等。期货经营机构

向交易者提供虚假成交回报,是指期货公司向客户提供的成交回报与在期货交易所的实际成交情况不相符合。[1]

如何认定虚假的成交回报?刑法有诱骗投资者买卖证券、期货合约罪,伪造、变造、销毁交易记录是其行为样态。伪造交易记录,是指按照证券、期货交易记录的数据、样式制作假的交易记录单据,或者向电脑系统输入虚假的交易数据,隐瞒真相,使客户违背真实意愿买卖证券;变造交易记录,是指对真实的证券、期货交易记录进行不法变更,或者在电脑系统上删改证券、期货交易数据,改变证券、期货交易记录内容的行为,如改变客户委托的时间、价格、数量,改变成交时间、价格、数量;销毁交易记录,是指将证券、期货交易的数据和相关文书销毁的行为,如将电脑系统记录的交易数据删除,将打印交易记录单据销毁等。[2]《证券法》(2019修订)第137条第2款中规定,证券公司应当妥善保存客户委托记录、交易记录,任何人不得隐匿、伪造、篡改或者毁损。《期货和衍生品法》中对此并没有进行解释。

然而,综上所述,《期货和衍生品法》所提的虚假的成交回报中的"虚假"应和《证券法》一样解释为"隐匿、伪造、篡改或者毁损"比较全面且合理。

虚假成交回报非常容易被证明,这里需要探讨的主要问题是,期货经纪商为什么要在成交回报上造假?总的来说这种违法行为是比较低级的,但它通常与更严重的违法行为联系在一起。吴庆宝、江向阳就指出,期货经纪商提供虚假成交回报通常

---

[1] 姜洋主编:《期货市场新法规解释与适用》,法律出版社2007年版,第268页。

[2] 周光权:《刑法各论》(第四版),中国人民大学出版社2021年版,第309页。

具有诱骗交易者交易、掩盖损失或者吃点的目的。[1]

第一，为了掩盖违法的混码交易。如果存在混码交易，期货经营机构提供给交易者的成交回报和交易所的成交回报会一一对应。混码交易并不当然是欺诈行为，其经常被误认为是私下对冲，但事实并非如此。每一个客户在期货公司有专门的账户和交易编码，期货公司不得混码交易。[2]但是实践中，期货公司出于简化操作流程等原因，会出现多户一码、一户多码等混码交易的情况。[3]混码交易和私下对冲的表现形式往往很像，都是很难证明客户的指令是否入市交易。若期货公司进行混码交易，那么在客户的编码中无法体现相应的指令，被怀疑私下对冲也是合情合理。但两者有实质上的区别，混码交易是场内交易，私下对冲是场外交易，混码交易虽然也是被禁止的，但是它的危害性远不如私下对冲。所以，如果期货经营机构能够证明，虽然存在混码交易，但是确实将交易者交易指令下达到期货交易场所，则不构成欺诈行为。[4]

第二，诱骗交易者交易。这与前面所说为赚取更多佣金而诱骗交易者下达交易指令的行为一样。1999年《中华人民共和国刑法》就有诱骗投资者买卖证券、期货合约罪，规制的是证券交易所、期货交易所、证券公司、期货经纪公司的从业人员，证券业协会、期货业协会或者证券期货监督管理部门的工作人员，故意提供虚假信息或者伪造、变造、销毁交易记录，诱骗投

---

[1] 吴庆宝、江向阳主编：《期货交易民事责任——期货司法解释评述与展开》，中国法制出版社2003年版，第212页。
[2] 2017年条例第29条。
[3] 江必新主编：《最高人民法院〈关于审理期货纠纷案件若干问题的规定〉的理解与适用》，人民法院出版社2015年版，第151页。
[4] 2020年司法解释第30条。

资者买卖证券、期货合约，造成严重后果的行为。[1]直到2020年《中华人民共和国刑法》，本罪仍然保留。[2]《证券法》也规制证券交易所、证券公司、证券登记结算机构、证券服务机构的从业人员或者证券业协会的工作人员，故意提供虚假资料，隐匿、伪造、篡改或者毁损交易记录，诱骗投资者买卖证券的行为。[3]可见，提供虚假交易记录、诱骗投资者交易的行为不仅要承担行政责任，还要承担刑事责任。具体到《期货和衍生品法》中，禁止期货经营机构向交易者提供虚假成交回报也是对于故意提供虚假交易记录、诱骗投资者买卖期货行为的规制。

第三，掩盖亏损。期货经营机构提供虚假成交回报也可能是为了掩盖亏损。从证监会披露的一起行政处罚案看，证券公司的工作人员为了掩盖亏损，以期价格回升，修改了对账单的股票品种、持仓数和现余额。[4]由此可见，实践中存在期货经营机构的工作人员为了掩盖亏损从而修改成交回报中的期货名称、持仓数量和交易价格等行为。

第四，吃点行为。这是期货市场的"行话"，并非法律表达。期货经营机构报告给交易者的价位是虚假价位，在虚假价位和真实价位之间有8个点的差额，该差额利益被期货经营机构吃掉，这种行为在实践中又被称为"吃点"。吃点一般发生在交易者下达市价指令、限价指令或者止损指令的情况下，其行为具有隐蔽性。[5]如在行情向持仓交易者不利的方向发展时，

---

[1] 《中华人民共和国刑法》（1999修正）第181条。
[2] 《中华人民共和国刑法》（2020修正）第181条。
[3] 《证券法》（2014修正）第200条。
[4] 中国证券监督管理委员会〔2014〕71号行政处罚决定书。
[5] 吴庆宝主编：《期货诉讼原理与判例》，人民法院出版社2005年版，第212页。

期货经营机构常常会偷偷地平掉交易者的持仓，而等待交易者下单指令平仓时，其实期货经营机构已经将交易者的持仓以较高的价位卖出。为了占有该利润差，期货经营机构会将其他交易者平仓单以下达指令交易者的名义回报给交易者，这样期货公司既赚了手续费，又赚了差价利益。[1]

第五，私下对冲，未把交易者的指令下达交易所。在私下对冲中，提供虚假回报和未把交易者的指令下达交易所联系在一起，详见后述。

3. 给交易者造成实际损害结果

提供虚假成交回报的行为给交易者造成了损失，这是《期货和衍生品法》第135条第2款明确规定的。交易者受到损失就可请求期货经营机构承担民事责任。此处的损害可以指佣金、保证金等损失，也可以是因为期货经营机构"吃点"而造成的损失。期货公司带来的损害限于财产上的损害。

4. 提供虚假成交回报与交易者受到的损失之间存在因果关系

期货经营机构的诱骗行为或者掩盖损失的行为与交易者买卖期货的行为有因果关系，因此造成的损失期货经营机构才承担民事责任。要让交易者举证直接证明此种因果关系难度太大，应该采因果关系推定。[2]只要是基于虚假成交回报作出的交易行为，就推定该损失与虚假成交回报有因果关系，除非期货经营机构有相反证据可以推翻该推定。

5. 违法者主观上存在过错

通常情况下，只要期货经纪商提供给交易者的结算结果不

---

[1] 吴庆宝、江向阳主编：《期货交易民事责任——期货司法解释评述与展开》，中国法制出版社2003年版，第317页。

[2] 熊进光：《金融衍生品侵权法律问题研究》，中国政法大学出版社2014年版，第269页。

真实、准确,由此给交易者造成损失的,期货经纪商都要承担责任;除非期货经纪商能够证明结算结果不是自己的原因所导致的。因此,只要提供虚假交易结算结果的,就推定期货经纪商要对该错误结果所导致的损失承担民事责任。但违反《期货和衍生品法》第78条不仅要承担民事责任,还要受到严厉的行政处罚,所以,结算结果存在错误与期货经营机构提供虚假报告的违法行为在性质上存在本质区别。基于此,构成此类违法行为,主观上应当有故意或存在重大过失比较妥当。

(三)损失赔偿

虚假成交回报可能会使交易者在其账户管理上产生多种错误操作,如过分乐观,继续或加大开仓,或错误平仓,抑或没有及时追加保证金导致被强行平仓。无论哪种情况,都应以交易者受到的实际损失作为违法者赔偿责任的范围。如果是为诱骗交易、掩盖损失而提供虚假的成交回报,那么期货经营机构应当对交易者基于成交回报作出的买卖行为带来的损失承担责任,包括保证金和佣金等。吃点交易中,期货经营机构非法获得的是交易者的应得利益,其性质是对交易者财产的侵占,是侵权行为。期货经营机构应当将吃点侵占的财产,即真实价位和虚假价位之间的差价,返还交易者,并且支付侵占期间的利息(按照银行同期存款利率计算)。[1]

(四)民事责任的性质

如上所述,违反《期货和衍生品法》第78条的民事责任,除非该违法行为被其他违法行为所涵盖,否则都应该以侵权民事赔偿责任追究。

---

[1] 吴庆宝主编:《期货诉讼原理与判例》,人民法院出版社2005年版,第212页。

（五）其他需要探讨的问题

期货经纪商使用第三方提供的交易系统而导致提供给交易者的结算结果产生错误或虚假回报，由此而引发损失，是否构成提供虚假成交回报？在司法实践中，判例上认为因为系统功能出现问题导致客户受到的损失仍然由负责提供该交易系统的期货经纪商负责，无论该系统是期货经纪商自己的，还是第三方提供的。但法院将此类纠纷定性为合同纠纷，认定期货经纪商对客户造成的损失承担民事赔偿责任是因为其未尽到合同上的附随义务，而不是因为欺诈侵权。上海市高级人民法院（2013）沪高民五（商）终字第1号民事判决书就如此。该案中，邱某利用期货公司提供的第三方设计和维护的网上期货交易软件进行交易。在2010年1月7日，期货市场开盘后，大连商品期货交易所多个期货合约价格出现大幅度下跌，当日上午10时至10时15分，该网上交易系统出现客户登录缓慢和无法正常登录交易的异常情况，期货公司经调查后，确定系第三方公司提供的软件程序处理能力不足导致客户在该时段无法正常交易。后通过软件更新修补上述系统漏洞。邱某提出其当日持有大量期货合约，本拟在10时全部平仓，因上述故障致使其无法及时成交，只能在10时15分以后以较低价格平仓，产生122万元的损失。他要求期货公司全额赔偿。上海市高级人民法院认定期货公司对其提供给客户使用的第三方提供的交易软件负有通知、协助、保护等合同附随义务，避免因自己提供的软件或服务损害客户的合法权益。交易软件系统故障不属于《中华人民共和国合同法》（现已失效）第117条规定的不可抗力。并认定，该故障直接导致的只是邱某上述故障时间段使用该系统进行交易的机会丧失。恰逢当时期货合约价格大幅波动，邱某又持有大量合约，交易机会的丧失引发了最终的交易亏损，期货公司应承担赔偿责任。损失计算时，法院综合考量以下因素：一是邱某可能下达平仓指令的盖然率；二是合约价格快速下跌过程中最高价格实际成交的盖然率；三是邱某发现系统故障后未及时采取其他交易方式进行平仓，违反了《中华人民共和国合同法》（现已失效）第119条的减损规则，应对损失扩大部分自行承担责任。最终法院酌情确定赔偿客户34万元。

在一个调解案件中，担任调解员的业内专家也认为，期货公司应当对第三方提供的交易系统产生的错误负责，理由就是期货公司对客户负有合同法上的附随义务。在本案中，投资者Z于2017年在D期货公司开立期货账户。2018年3月，Z在进行期货合约交易时，因交易系统故障发现不能平仓，最终导致资金损失，遂与D公司发生纠纷，要求公司赔偿其损失。厦门市证监局、中证中小投资者服务中心有限责任公司组织调解。中证中小投资者服务中心调解员将该案件调解聚焦于两个焦点问题：一个是，系统是否存在故障；另一个是，D公司提出交易系统为期货交易所提供，客户网络对接的也是交易所的接口，客户损失责任是否应由公司承担。调解员指出，系统是公司提供给投资者用于传达交易指令的工具，公司对投资者负有通知、协助、保护等合同附随义务，应当尽到善意勤勉的责任。[1]

七、未将交易者交易指令下达到期货交易场所

（一）条文沿革

1995年纪要第7条规定，期货交易中"私下对冲、与客户对赌等违规操作的"行为应认定为无效，给当事人造成保证金

---

[1]《投资者与期货公司交易系统故障纠纷案例》，载 https://www.pkulaw.com/chl/34563d857d4e3d04bdfb.html?keyword=%E6%9C%9F%E8%B4%A7%20&way=listView，最后访问时间：2022年11月13日。

或佣金损失的，应当根据无效行为与损失之间的因果关系确定责任的承担。

1999年条例第4条规定："期货交易必须在期货交易所内进行。禁止不通过期货交易所的场外期货交易。"第39条规定："期货交易实行集中竞价，按照价格优先、时间优先的撮合成交原则进行。"第60条将期货经纪公司违反上述规定"未将客户交易指令下达到期货交易所内的"行为视为严重的欺诈客户的行为，应责令改正，给予警告，没收违法所得，并处违法所得1倍以上5倍以下的罚款；没有违法所得或者违法所得不满10万元的，处10万元以上50万元以下的罚款；情节严重的，责令停业整顿或者吊销期货经纪业务许可证。不过没有明确规定民事责任。

2003年司法解释第53条沿袭了1995年纪要的有关规定，它规定："期货公司私下对冲、与客户对赌等不将客户指令入市交易的行为，应当认定为无效，期货公司应当赔偿由此给客户造成的经济损失；期货公司与客户均有过错的，应当根据过错大小，分别承担相应的赔偿责任。"

2007年条例第4条将1999年条例第4条的措辞修改为："期货交易应当在依法设立的期货交易所或者国务院期货监督管理机构批准的其他交易场所进行。禁止在国务院期货监督管理机构批准的期货交易场所之外进行期货交易，禁止变相期货交易。"第36条将1999年条例第39条措辞也相应修改为："期货交易应当采用公开的集中交易方式或者国务院期货监督管理机构批准的其他方式。"删除原条款中"竞价""价格优先""时间优先"等表述。法律责任条款第71条保留原条例规定，同样也没有规定民事责任。

2012年条例对2007年条例第4条措辞稍作了调整，第4条第 2 款禁止性规定中取消了有关变相期货交易的规定。第 36 条删除了关于集中交易的规定，但第 67 条责任条款保持不变。此后修订维持不变。

《期货和衍生品法》第 11 条恢复了 2012 年条例删除的有关集中交易的规定。第 11 条第 1 款规定："期货交易应当在依法设立的期货交易所或者国务院期货监督管理机构依法批准组织开展期货交易的其他期货交易场所，采用公开的集中交易方式或者国务院期货监督管理机构批准的其他方式进行。"第 2 款是禁止性规定，它规定："禁止在期货交易场所外进行期货交易。"第 78 条仍沿袭了原条例的规定，禁止"未将交易者指令下达到期货交易场所"的行为，第 135 条增加了违反该规定的民事赔偿责任。

（二）民事责任的构成要件

1. 违法行为主体应当是接受交易者委托并执行客户交易指令的期货经纪商

本违法行为只能发生在期货经纪商执行客户交易指令的经纪业务中和客户交易指令执行环节，即订单撮合成交的环节。

2. 期货经纪商存在将必须在集中交易场所执行的交易指令在集中交易场所之外执行的违法行为

《期货和衍生品法》第 11 条将 2012 年条例删除的"集中交易"规定恢复是正确的，如果删除了，就无法准确理解本禁止性规定违法性的含义。在场外执行客户交易指令，无论采取何种方式，如客户与客户之间的订单对冲，期货经纪商自己与客户订单进行对冲，期货经纪商通过其他方式在场外执行客户的交易指令，其违法性都体现在以下几个方面。

第一，该交易指令未能在集中交易市场经过集中竞价，对客户而言，该交易执行价格不是最佳执行价格，这违反了传统经纪业务中经纪商对客户负有的一个法律义务，即按市场可获得的最佳价格执行客户的订单，以实现客户利益最大化。而市场可获得最佳价格应该是在订单执行合理时间内经过充分竞价而按照价格优先、时间优先规则匹配成交的价格。

第二，场外执行订单削弱了集中交易市场的流动性和发现价格功能，损害了公共利益。这是因为场内集中交易市场必须是所有订单集中到一起进行竞价并按照价格优先和时间优先原则进行撮合成交，任何没有参与竞价的订单都可能导致实际成交价格不是最优的价格，或者可能让本可成交的订单未能成交，降低集中交易市场发现真实价格和成交的概率，削弱集中交易市场的价格发现功能和避险功能。交易所每成交一次，就必须按照有关规定，将成交价格作为行情信息向社会公开，如果订单在场外执行，降低场内市场成交机会和形成价格的真实性，就无法向公众及时提供反映最新供求情况的行情信息或无法准确反映市场供求的真实价格信息。

实践中，也将交易者交易指令下达到期货交易场所执行违法行为称为"私下对冲"，这是相对于场内公开集中交易的对冲而言的。在场内交易中，合约到期时，交易者通过相反交易对冲其持有的仓位，即除了实物交割，交易者还可以通过购买同种商品同样数量同一交割月份的相反期货合约来对冲，这是正当并且合法的。私下对冲指的是经纪人接到客户指令之后，将众多的交易指令自行撮合成交，这是有害并且违法的，因为私下对冲是场外交易，没有在期货交易所内以公开竞价的方式进行，破坏了期货市场正常的交易秩序。[1] 1995年纪要第7条认

---

〔1〕 江必新主编：《最高人民法院〈关于审理期货纠纷案件若干问题的规定〉的理解与适用》，人民法院出版社2015年版，第222页。

为私下对冲的行为无效。2003年司法解释第53条确认了期货公司私下对冲、与客户对赌等不将客户指令入市交易的行为，应当认定为无效。这一条直到2020年司法解释依然保留。[1] 吴庆宝解读2003年司法解释第53条的立法背景，是期货公司为了赚取佣金、赚取差价，搞私下对冲，与客户对赌，不将客户指令入市交易，直接瓜分客户的交易保证金。[2] 江必新主编的《最高人民法院〈关于审理期货纠纷案件若干问题的规定〉的理解与适用》则认为"向交易者提供虚假成交回报""未将交易者交易指令下达到期货交易场所"是私下对冲的两种表现方式。[3]

私下对冲此类违法行为在期货市场发展早期比较常见，但随着监管的加强和完善，此类违法行为基本绝迹了。在证监会的官网检索"混码交易""私下对冲""成交回报"和"交易者指令"等关键词，只检索到两个提到认定混码交易的行政处罚决定书。而证监会认定混码交易的依据是期货公司的开户资料、客户借码申请、借码交易明细及结算单据、成交记录。[4]

在中国裁判文书网以"混码交易""私下对冲""成交回报""交易者指令"和"期货欺诈赔偿纠纷"为关键词检索，未有太多收获。

在北大法宝检索"私下对冲"，找到的相关案例的争议焦点均是期货经营机构是否将交易者的指令发入交易所进行交易，呈现出以下特点：其一，实践中，交易者质疑期货经营机构私下对冲，未把交易指令下达到交易所起诉期货经营机构赔偿损

---

[1] 2020年司法解释第53条。
[2] 吴庆宝：《解读最高人民法院〈关于审理期货纠纷案件若干问题的规定〉》，载《法律适用》2003年第8期。
[3] 江必新主编：《最高人民法院〈关于审理期货纠纷案件若干问题的规定〉的理解与适用》，人民法院出版2015年版，第221页。
[4] 中国证券监督管理委员会证监罚字〔2004〕24号行政处罚决定书。

失，往往这些期货经营机构都有混码交易的行为。其二，法院对于期货经营机构证明自己的交易指令入市的标准各有不同，以下会深入探讨。其三，法院对于期货经营机构私下对冲承担民事责任的范围认定不同。

私下对冲通常需要借助向客户提供虚假成交回报或通过混码交易来掩盖，但混码交易并不当然是欺诈行为。混码交易经常和私下对冲被误认为相同，但事实并非如此。每一个客户在期货公司都有专门的账户和交易编码，期货公司不得混码交易。[1]但是实践中，期货经营机构由于输入编码麻烦等会出现多户一码、一户多码等混码交易的情况。[2]混码交易和私下对冲的表现形式往往很像，都是很难证明交易者的指令已经入市交易。若期货经营机构进行混码交易，那么在交易者的编码中无法体现相应的指令，被怀疑私下对冲也是合情合理的。但两者有实质上的区别，混码交易是场内交易，私下对冲是场外交易，混码交易虽然也是被禁止的，但是它的危害性远不如私下对冲。所以，如果期货公司能够证明，虽然存在混码交易，但是确实将交易者交易指令下达到期货交易场所，则不构成欺诈行为。[3]故早在1995年纪要中，最高人民法院就明确了，对客户交易指令的执行，是否下达到场内执行，由接受客户委托的期货经纪商负责举证，法院可通过审查交易指令下达和传递过程的完整性，以此来确定是否存在私下对冲的行为，或者是否存在混码交易的行为。[4]

---

〔1〕 2017年条例第29条。

〔2〕 江必新主编：《最高人民法院〈关于审理期货纠纷案件若干问题的规定〉的理解与适用》，人民法院出版社2015年版，第151页。

〔3〕 2020年司法解释第30条。

〔4〕 吴庆宝、江向阳主编：《期货交易民事责任——期货司法解释评述与展开》，中国法制出版社2003年版，第329页。

3. 交易遭受损失

《期货和衍生品法》第 135 条明确规定，交易者遭受损失时，可向期货经营机构主张民事赔偿责任。

4. 因果关系

未把交易指令下达到交易所固然是法律禁止的，但如果欺诈行为与交易者的损害之间没有因果关系，那么这种欺诈行为只需要受到行政处罚，而无须承担民事责任。因为期货市场风险带来的损失，交易者应当自己承担。最高人民法院认为私下对冲的行为应被认定为无效，上述无效行为给当事人造成保证金或佣金等损失的，应当根据无效行为与损失之间的因果关系确定责任的承担。如果一方的损失确系对方行为所致，则应判令对方承担赔偿损失的责任；如果一方的损失属于正常风险，而非另一方的行为所致，则不应判令另一方承担赔偿损失的责任。[1]

5. 主观过错

对于期货经营机构未将交易者交易指令下达到期货交易场所要承担的民事责任，属于过错推定责任。由于客户的弱势地位，对于未入市交易的举证有难度，所以最高人民法院认为如果客户主张经纪公司未入市交易，经纪公司否认的，应由经纪公司负举证责任。如果经纪公司提供不出相应的证据，就应当推定没有入市交易。[2]

（三）损失赔偿

交易者必须受到损害才能请求经纪公司承担民事责任。此处的损害是指佣金、保证金等损失。

私下对冲如何承担民事责任有三种学说。第一种认为私下

---

[1] 1995 年纪要第 7 条。
[2] 1995 年纪要第 9 条。

对冲是违法行为，应当判令期货经营机构返还全部保证金。第二种观点认为，综合考察私下对冲和亏损之间的因果关系，如果有因果关系，即期货经营机构所报的市场行情和成交价格是虚假的，则期货经营机构应当赔偿客户因此遭受的损失，包括保证金以及利息、佣金；如果没有因果关系，交易者的损失属于正常风险，交易者自己承担，期货经营机构只返还佣金。第三种观点认为，如果市场上确有这个价格，损失属于正常风险，只退还佣金；如果期货经营机构的交易者明示的市场行情不是真实的，私下对冲属于欺诈，应当返还保证金。[1]笔者认为第二种学说更有道理，因为虽然未入场交易，私下对冲的行为性质恶劣，影响期货市场秩序，但是并不一定要通过民事责任来遏制该行为，还可以通过行政手段。而欺诈交易者要承担的侵权责任应当坚持民法上的原则，坚持行为与损害结果之间的因果关系，有因果关系则赔偿，包括保证金、利息、佣金；没有因果关系，则不承担赔偿责任，只返还不当得利，即佣金。

（四）民事责任的性质

如前述，违反《期货和衍生品法》第78条的民事赔偿责任应该认定为侵权民事赔偿责任。

（五）其他需要探讨的问题

如果交易者以私下对冲为理由要求期货经营机构承担民事责任，则期货经营机构应承担指令已经入市交易的举证责任。司法实践中，如何证明已经入市交易是一个需要明确的问题，尤其是很多期货经营机构存在混码交易的情况，此时举证更加困难。1997年3月，证监会曾在答复某期货公司的复函中指出："中国

---

[1] 江必新主编：《最高人民法院〈关于审理期货纠纷案件若干问题的规定〉的理解与适用》，人民法院出版社2015年版，第224页。

证监会认定成交回报单是否虚假的原则,是看成交回报单在开平仓方向、买卖方向、成交数量、成交价格、成交时间等要素中是否完全与交易所原始记录相符,如有一项不符,即认定该成交回报单为虚假成交回报单。"但该标准被认为过于严格。1998年,法院采取较为宽松的"排他法",即选定几个交易日,核对经纪机构有疑问的某个合约在交易所的持仓量和成交量,然后对照这些量与全部客户的持仓量和成交量是否一一吻合。如果不吻合,则经纪机构必定存在私下对冲或者对赌的行为。但这个方法不利于保护其他客户的隐私,并且需要人民法院查证等。[1]2003司法解释第56条第2款规定,确认期货公司是否将客户下达的交易指令入市交易,应当以期货交易所的交易记录、期货公司通知的交易结算结果与客户交易指令记录中的品种、买卖方向是否一致,价格、交易时间是否相符为标准,指令交易数量可以作为参考。但客户有相反证据证明其交易指令未入市交易的除外。目前,最高人民法院的标准仍保持不变。[2]按照现在的规定,指令交易数量只是一种参考,无须一一对应。

八、挪用交易者保证金

(一)条文沿革

1995年纪要第6条就提出,经纪公司应当将客户保证金和自己的自有资金分户存放,专款专用,挪用客户的保证金给客户造成损失的,应当赔偿。

1999年条例第36第1款规定,期货交易应当严格执行保证金制度。第3款规定:"期货经纪公司向客户收取的保证金,属

---

[1] 吴庆宝、江向阳主编:《期货交易民事责任——期货司法解释评述与展开》,中国法制出版社2003年版,第337—338页。
[2] 2020年司法解释第56条。

于客户所有；期货经纪公司除按照中国证监会的规定为客户向期货交易所交存保证金、进行交易结算外，严禁挪作他用。"第4款紧接着规定："期货经纪公司应当为每一个客户单独开立账户、设置交易编码，不得混码交易。"第60条第1款第6项将挪用客户保证金视为欺诈客户的行为，给予严厉处罚，但没有规定挪用保证金的民事责任。

2003年司法解释第55条规定："期货公司挪用客户保证金，或者违反有关规定划转客户保证金造成客户损失的，应当承担赔偿责任。"在1999年条例的基础上增加了"违反有关规定划转"的违法行为，同时规定上述违法行为的民事赔偿责任。

2007年条例第29条第3款对客户保证金的用途作出更为明确的规定，它规定："期货公司向客户收取的保证金，属于客户所有，除下列可划转的情形外，严禁挪作他用：（一）依据客户的要求支付可用资金；（二）为客户交存保证金，支付手续费、税款；（三）国务院期货监督管理机构规定的其他情形。"2007年条例第30条将1999年条例第36条第4款分离出来，单独成为一条。第71条法律责任条款在保留"挪用客户保证金的"禁止性规定外，又增加了一项，即第71条第1款第8项，关于违反第30条禁止性行为的规定，即"不按照规定在期货保证金存管银行开立保证金账户，或者违规划转客户保证金的"行为。2007年条例中法律责任条款保持不变，但仍然没有规定民事责任。此后条例修订保持不变。

《期货和衍生品法》第22条第1款规定："期货交易实行保证金制度，期货结算机构向结算参与人收取保证金，结算参与人向交易者收取保证金。保证金用于结算和履约保障。"第4款规定："交易者进行标准化期权合约交易的，卖方应当缴纳保证金，买方应当支付权利金。"第78条沿袭了条例法律责任条款中两项禁止性规定，但第135条法律责任条款增加了民事赔偿责任。

(二) 民事责任的构成要件

1. 违法主体是掌管交易者期货交易保证金账户的期货经纪商

期货交易咨询业务既不允许服务提供者代理客户从事期货交易，也不允许其接触客户的账户；期货资产管理机构同样不掌握交易者的保证金账户，能够挪用交易者保证金的只能是经纪业务关系中的期货经纪商。该经纪商与被挪用的交易者签订了期货经纪业务合同，交易者需在该经纪商处开立保证金账户，存入用于期货交易的保证金，此时期货经纪商才具有挪用客户保证金的条件和便利。

2. 期货经纪商有违法或违反约定将交易者保证金用于法律规定以外的行为，该行为违反法律规定的保证金用途

根据2017年条例，期货公司向客户收取的保证金，属于客户所有，除依据客户的要求支付可用资金，为客户交存保证金，支付手续费、税款，以及国务院期货监督管理机构规定的其他情形可划转外，严禁挪作他用。[1]法律法规明确规定交易者的保证金属于交易者，而不属于期货经营机构。除了以上法定情形，期货经营机构挪用保证金可以构成本项违法行为。期货经营机构挪用客户保证金，或者违反有关规定划转客户保证金造成客户损失的，应当承担赔偿责任。[2]《期货和衍生品法》也明确规定"保证金用于结算和履约保障"。这里的挪用有两个含义：一是保证金被用于结算和履约保障以外的目的，二是该挪

---

[1] 2017年条例第28条。
[2] 2020年司法解释第55条。

用是在交易者不知情和未获得其同意的情况下发生的。

在期货市场发展早期,由于相关监管制度及监管执法不够健全,期货公司挪用客户保证金的违法现象比较常见。随着相关监管制度体系的建立健全和监管加强,此种违法行为虽不能杜绝,但较少发生,违法行为也不易得逞。刘宏光通过梳理自1999年条例生效至2018年底证监会作出的期货市场行政处罚决定书(共38份)发现,挪用客户保证金行为发生年份主要在2006年之前。2006年,监管机构推动设立期货保证金安全存管监控机构——中国期货保证金监控中心(2015年4月更名为中国期货市场监控中心),并在全国推广期货保证金安全存管监控制度,之后挪用客户保证金行为在实践中已基本销声匿迹。[1]这一观点可以得到支持。笔者在证监会网以"挪用客户保证金""挪用交易者保证金"和"挪用保证金"为关键词检索,共发现8起关于挪用客户保证金的行政处罚案例。值得注意的是,挪用客户保证金的行为全部发生在2007年之前。

从行政处罚案例中挪用保证金的行为方式来看,挪用客户保证金可能用于以下几种情形:替其他客户从事期货交易[2],期货自营交易和支付公司经营费用、借款给他人、提取现金及其他用途[3],替大股东归还贷款本息和违规进行期货自营业务[4],或供关联公司周转使用等。[5]

总的来说,挪用客户保证金的表现形式有:一是挪用客户保证金为期货经营机构自己所用,比如用于期货自营、供关联

---

[1] 刘宏光:《我国期货市场行政处罚案例透视:1999—2018》,载《金融法苑》2019年第2期。

[2] 中国证券监督管理委员会证监罚字〔2006〕38号行政处罚决定书。

[3] 中国证券监督管理委员会证监罚字〔2008〕39号行政处罚决定书。

[4] 中国证券监督管理委员会证监罚字〔2008〕39号行政处罚决定书。

[5] 中国证券监督管理委员会证监罚字〔2009〕10号行政处罚决定书。

公司周转和替大股东还贷款本息等。二是挪用客户保证金给其他交易者使用，比如给其他客户进行期货交易。

3. 给交易者造成了损失

《期货和衍生品法》第135条明确规定，只要交易者因此而受到损失，就可主张损失赔偿责任。

4. 交易者损失与期货经营机构挪用存在因果关系

期货经营机构挪用交易者保证金必须与交易者遭受的损失存在因果关系。

5. 期货经营机构存在主观上的故意

挪用是一种有目的盗用他人资金的行为，构成挪用必须是期货经营机构故意将客户保证金用于结算以外的其他目的。如果不是故意，即便交易者保证金账户发生短缺或被其他人使用，都可能是其他违约或违法行为，不构成挪用。

(三) 民事责任的性质

一方面，期货经营机构与交易者签订了委托合同，期货经营机构挪用保证金的行为构成违约行为；另一方面，交易者对于保证金拥有所有权，期货经营机构挪用保证金的行为构成侵权行为。所以，挪用保证金是侵权行为和违约行为的竞合，交易者既可以侵权也可以违约为理由提起诉讼，要求期货经营机构承担民事责任。[1]挪用要求行为人主观上明知是保证金而有占有、使用的目的，但没有非法占有的目的，否则就不是构成挪用，而是构成职务侵占。[2]

(四) 损失赔偿

挪用交易者保证金的损失赔偿范围分两种情况：第一种在

---

[1] 吴庆宝、江向阳主编：《期货交易民事责任——期货司法解释评述与展开》，中国法制出版社2003年版，第332页。

[2] 张明楷：《刑法学》（第四版），法律出版社2011年版，第909页。

挪用交易者保证金期间,交易者并未进行期货交易,换句话说,不影响交易者的交易,此时期货经营机构的责任范围只是挪用保证金的返还及占用的利息;第二种,挪用交易者保证金影响交易者资金使用,耽误交易者进行期货交易,期货经营机构不仅要赔偿挪用数额和利息,对交易者造成的可得利益的损失,也应该进行赔偿。比如期货经营机构挪用交易者保证金之后,行情暴涨,被挪用的交易者没有资金追加投资,不论期货经营机构的挪用行为是善意还是恶意,都要承担赔偿责任。[1]不过,关于机会损失,存在比较大的争议,期货市场行情变化莫测,很难说客户的交易一定是成功的,也很难估量客户在保证金被挪用期间获取利益的多少。吴庆宝认为这个责任可以按照在保证金被挪用的20%之内确定,而不是按照交易者自己估算出的交易利润确定。[2]

如果期货经营机构挪用交易者保证金是为了自用,则由期货经营机构承担责任。如果期货经营机构挪用交易者保证金是为了供其他客户使用,期货经营机构应当先承担责任,然后可以向实际使用人追偿。在多数情况下,期货经营机构的挪用行为交易者是不知情的,但在少数情况下,有证据证明交易者知道期货经营机构借用其保证金。有论者认为,此种情况下应根据过错大小判定期货公司与交易者各应承担的民事责任。[3]但这种说法推理依据并不清晰,如果交易者同意挪用,那就不构成本条规定的挪用了,而应该是借贷纠纷。但在没有交易者明

---

[1] 吴庆宝、江向阳主编:《期货交易民事责任——期货司法解释评述与展开》,中国法制出版社2003年版,第318页。

[2] 吴庆宝、江向阳主编:《期货交易民事责任——期货司法解释评述与展开》,中国法制出版社2003年版,第333页。

[3] 吴庆宝、江向阳主编:《期货交易民事责任——期货司法解释评述与展开》,中国法制出版社2003年版,第318页。

示同意的情况下,不能以推定或默许来认定交易者同意,否则保证金安全性很难保障。

(五) 其他需要探讨的问题

挪用交易者保证金进行交易产生的收益归谁所有?实践中存在四种观点。第一种观点认为,由于期货交易是以保证金为基础的交易,某笔交易的结果由谁承担,应该依据交易是利用谁的保证金达成的来决定。第二种观点认为,期货交易的成交结果以达成该笔交易的账户为依据。第三种观点认为,期货公司挪用的行为构成无权代理,如果被挪用客户事后追认,交易结果由客户承担;如果客户不追认,由期货公司承担。第四种观点认为,挪用行为是违反法律规定的,其所获收益应当予以没收。[1]原条例一直都明确规定交易者保证金账户的保证金属于交易者,而《期货和衍生品法》删除了该规定,交易者保证金账户的保证金到底归谁所有的问题再次被提出。保证金账户保证金到底归谁所有,核心问题在于保证金所形成的资金关系到底是信托还是存款,又或者担保?如果是信托账户,则该财产是独立于期货经纪商的信托财产,也独立于委托人,该保证金只能用于结算目的,即便是期货经纪商破产了,该账户的资金也不能归入期货经纪商的破产财产。如果是存款,就是借贷,资金一旦被转移,占有资金所有权就转移了,一旦期货经纪商破产,交易者只能作为普通债权人申报债权。如果保证金账户形成的是担保关系,听起来名副其实,非常具有说服力,但如果担保财产要产生担保物权效力,就必须将担保财产特定化。但作为保证金的金融资产通常并不是特定化的,尤其是现金,一

---

[1] 江必新主编:《最高人民法院〈关于审理期货纠纷案件若干问题的规定〉的理解与适用》,人民法院出版社 2015 年版,第 228 页。

且存入，就与期货经纪商自有资金产生混同，除非托管到第三方，否则无法实现特定化，担保物权也就无法实现。

九、未依照规定在期货保证金存管机构开立保证金账户，或者违规划转交易者保证金

（一）条文沿革

如前所述，此禁止性行为是2007年条例修订增加的，而后一直保持，《期货和衍生品法》沿袭了条例的规定，并在第135条增加了损失赔偿民事责任。

（二）民事责任的构成要件

1. 违法的行为主体是期货经纪商

如前所述，侵害交易者权益，违反保证金有关制度的违法行为的主体只能是从事期货经纪业务的期货经营机构。

2. 有未依照规定在期货保证金存管机构开立保证金账户，或者违规划转交易者保证金的违法行为

《期货和衍生品法》第78条第9项使用了"未依照规定"，其中"规定"和"违规"中的"规"是一个非常宽泛的概念，它并未在规定前加上"法律""行政法规"等限制，这就是说《期货和衍生品法》有关保证金存管及使用的规定、证监会制定生效的所有有关保证金的规则都属于这些"规定"，都不得违反。如果违反这些规定开立保证金账户，或划转交易者保证金均构成违法。

关于保证金账户的开立，证监会有关规章作出了明确具体规定。《期货公司监督管理办法》第82条第1款规定，期货公司应当在期货保证金存管银行开立期货保证金账户。《期货公司保证金封闭管理办法》（2022修正）第6条规定，期货公司应

当在存管银行开立保证金账户,专用于保证金的存放;第38条对相关概念加以定义,"存管银行"即期货保证金存管机构,是指期货交易所指定的从事保证金存放、划拨、汇兑等业务的境内银行,"保证金账户"是指期货公司在存管银行开立的、专用于保证金存放的账户。

对于保证金账户保证金的用途与划转,条例和证监会有关规章也作出了明确具体的规定。2017年条例第28条规定期货公司向客户收取的保证金,属于客户所有,只有下列情形可划转:其一,依据客户的要求支付可用资金;其二,为客户交存保证金,支付手续费、税款;其三,国务院期货监督管理机构规定的其他情形。证监会《期货公司保证金封闭管理办法》(2022修正)第10条对保证金划转流程及控制作出了更为具体明确的规定:期货公司必须将保证金存放于保证金账户。保证金可以在期货公司保证金账户、期货公司在期货交易所指定的存管银行网点开立的专用资金账户、期货公司在期货交易所及其他期货结算机构的资金账户之间划转。上述账户共同构成保证金封闭圈,保证金只能在封闭圈内划转,封闭运行。期货公司从事股票期权经纪业务、与股票期权备兑开仓以及行权相关的证券现货经纪业务的,存放期货保证金及期权保证金、权利金和行权资金等客户资金的保证金账户应当与存放客户相关现货资金的保证金账户隔离管理,不得相互划转资金。它还规定,期货公司不得将资金划出封闭圈,除以下三种情况:其一,客户出金。其二,期货公司收取手续费、利息等,支付席位费、电话费等费用。其三,期货公司为满足客户在不同期货交易所之间的交易需求,保证客户的交易结算,以自有资金临时补充结算准备金的,只能从专用自有资金账户调入在主办存管银行开立并指定的保证金账户。期货公司完成临时周转后需要将调入的资金划回自有资金账户的，只能从在主办存管银行开立并指定的保证金账户划入专用自有资金账户，且累计划出金额不得大于前期累计划入金额。严禁以质押等方式变相挪用占用保证金。[1]

除此之外，期货公司自有资金账户与保证金封闭圈必须是相互隔离的。期货公司在保证金封闭圈和自有资金之间划转资金，只能通过在主办存管银行开立并指定的保证金账户和专用自有资金账户之间进行。除指定用于保证金封闭圈与自有资金之间进行划转的保证金账户外，期货公司开立的其他保证金账户与其自有资金账户之间，应当完全隔离，不得相互划转资金。[2]

违反以上规定划转交易者保证金就可能构成法条中"违规划转交易者保证金"的行为。

3. 交易者遭受损失

《期货和衍生品法》第135条明确规定，交易者只要因此遭受损失，就可主张损失赔偿责任。

4. 交易者遭受损失与期货经营机构在开立保证金账户或划转保证金违法行为之间存在因果关系

违反了期货市场法规中有关保证金存管和使用的监管规范，有可能是欺诈交易者并损害交易者利益的行为，也有可能不是。[3]如果期货经营机构未依照规定在期货保证金存管机构开立保证金账户，或者违规划转交易者保证金的行为没有给交易者带来损害，那么不需要对交易者承担民事赔偿责任。按照2020年司法解释，如果期货经营机构未依照规定在期货保证金存管机构开立保证金账户，或者违规划转交易者保证金的行为给交

----

[1]《期货公司保证金封闭管理办法》（2022修正）第11条、第13条和第14条。
[2]《期货公司保证金封闭管理办法》（2022修正）第12条。
[3] 叶林主编：《期货期权市场法律制度研究》，法律出版社2017年版，第179页。

易者带来损害,应当承担赔偿责任。[1] 要主张损失赔偿民事责任,交易者就必须证明违法行为和交易者损害之间存在因果关系。

5. 行为人存在主观上的过错

从主观过错上看,即使期货经营机构的初衷是为了保护交易者的利益,但这一点并不能排除该行为的违法性。比如,在客户保证金出现穿仓时,未得到客户明确同意,公司员工主动为客户垫资,以手工入金方式向该客户期货账户存入保证金,后为归还员工代垫款,公司又以手工出金方式从该客户期货账户取出保证金。中国证监会江苏监管局认为这种行为仍然属于违规划转交易者保证金。[2]

(三) 民事责任的性质

如前述,违反《期货和衍生品法》第78条规定承担的损失赔偿责任都应认定为侵权民事责任。

(四) 损失赔偿

交易者遭受的实际损失,包括保证金损失或保证金被违规划转等导致交易的直接经济损失,以及未能及时追加保证金或保证金不足导致被强行平仓或开仓而导致的直接经济损失。

十、利用为交易者提供服务的便利,获取不正当利益或者转嫁风险

(一) 条文沿革

这是《期货和衍生品法》第78条新增项,即第10项,以前的司法解释和条例都无此项规定。

---

[1] 2020年司法解释第55条。
[2] 中国证券监督管理委员会江苏监管局〔2018〕71号行政监管措施。

(二) 民事责任的构成要件

1. 违法的行为主体应该是提供期货经纪服务、交易咨询服务和资管服务的期货公司或专业咨询机构和资管机构

构成本责任的违法主体应该是所有可能利用提供服务便利获取不当利益或转嫁风险的期货经纪商、期货资产管理业务机构或期货交易咨询机构。如前述的混码交易、提供虚假成交回报、违背交易者委托从事期货交易都有可能同时构成违反此项规定的行为，即期货经营机构利用提供经纪、咨询和资管服务的便利，违反其对交易者应当负有的忠实义务，损害交易者利益，向自己或其他人输送利益，把损失或风险转嫁给交易者。中国证监会《期货公司监督管理办法》第75条明确规定，从事期货投资咨询业务的期货公司及其从业人员不得利用向客户提供投资建议谋取不正当利益；第79条禁止从事期货资管业务的期货公司及其从业人员有此类行为。

2. 具有违反《期货和衍生品法》第78条第10项规定的违法行为

期货经营机构有利用为交易者提供服务的便利，获取不当利益或者转嫁风险的违法行为。构成本违法行为，有三个关键词："提供服务的便利""不当"和"转嫁风险"。获得不当利益是指该利益应当归其服务的交易者，转嫁风险是指产生损失的可能性，该风险不应该由交易者来承担，应该由期货经营机构或其他第三人承担。这里的提供服务应该指期货公司能够提供的所有服务，既包括经纪服务、咨询服务和资管服务，也包括专业咨询机构和资管机构提供的咨询服务和资管服务。按照英美法上的信义义务理论，为交易者提供这些服务的期货经营机构与交易者之间存在信赖关系，提供服务机构对交易者负有信义义务，信义义务要求服务提供者将交易者最大利益放到首位，不能存在任何可能损害交易者最大利益的利益冲突，如果

存在这样的利益冲突，负有信义义务的服务提供者必须向交易者披露，并不得为了缓解冲突而损害交易者的利益，确保交易者利益最大化。在我国，我们也认可在金融服务关系中，服务提供者与购买服务的交易者之间存在类似信义义务的关系，服务提供者对购买服务的交易者负有忠实义务。《期货和衍生品法》第65条第1款规定："期货经营机构应当依法经营，勤勉尽责，诚实守信。期货经营机构应当建立健全内部控制制度，采取有效隔离措施，防范经营机构与客户之间、不同客户之间的利益冲突。"第78条第10项规定的违法行为就是违反了第65条的规定，在利益冲突中牺牲了交易者利益，而机构自己获取了不当利益或避免了损失，或让其他与交易者存在利益冲突的第三人获得了本应属于交易者的利益，让交易者承担了不应承担的风险。证监会2019年《期货公司监督管理办法》第79条就列举了资产管理业务中存在的此类行为，包括：①占用、挪用客户委托资产；②以转移资产管理账户收益或亏损为目的，在不同账户之间进行买卖，损害客户利益；③以获取佣金或其他利益为目的，使用客户资产进行不必要的交易；④利用管理的客户资产为第三方谋取不正当利益，进行利益输送；⑤利用或协助客户利用资管账户规避期货交易限仓管理规定。在经纪业务中，最常见的是抢先交易。证券期货市场中的抢先交易通常是指证券期货公司、证券期货咨询机构、专业中介机构以及相关投资咨询专业人员买卖或者持有相关证券、期货合约，并对相关证券、上市公司、期货合约及其标的资产等公开评价、预测或者提出投资建议、研究报告，通过期待的市场反应获取经济利益的行为。[1]

---

[1] 刘宪权：《操纵证券、期货市场罪"兜底条款"解释规则的建构与应用——抢帽子交易刑法属性辨正》，载《中外法学》2013年第6期。

根据定义，抢先交易符合本项中所说的利用为交易者提供服务的便利，获取不正当利益或者转嫁风险，所以，抢先交易的行为构成本项违法行为。需要注意的是，抢先交易的行为同时也可能构成操纵期货市场，但这一点目前还有争议。[1]2019年最高人民法院、最高人民检察院联合发布的《关于办理利用未公开信息交易刑事案件适用法律若干问题的解释》，将抢先交易升级为刑事犯罪，包括该司法解释起草者和学界许多人都认为期货市场的抢先交易是内幕交易的一种，是一种更严重的违法犯罪行为，而不是《期货和衍生品法》第78条规定的普通违法行为。

在传统期货经纪商违法行为中，混码交易通常就包含此类违法行为。期货经营机构以交易者的名义、保证金账户和编码进行期货交易时，经常出现张冠李戴的混乱。期货经营机构利用这种混乱，将盈利的交易占为己有，获取不正当利益；将不利的交易或者亏损的交易转到客户名下，当做客户的交易结果，转移风险。这是典型的侵害交易者利益的行为。[2]

在期货交易咨询服务中，《期货公司监督管理办法》同样也规定期货公司及其从业人员从事期货投资咨询业务，不得利用向客户提供投资建议以谋取不正当利益。[3]

3. 交易者蒙受损失

损失可能是失去了本应获得的利益，也可能是承担了本不应当承担的亏损。

---

〔1〕卢勤忠、黄敏：《期货市场中"抢先交易"行为的刑法规制》，载《政治与法律》2017年第9期。

〔2〕吴庆宝、江向阳主编：《期货交易民事责任——期货司法解释评述与展开》，中国法制出版社2003年版，第334页。

〔3〕《期货公司监督管理办法》第75条。

4. 交易者受到损失与违法者违法行为之间存在因果关系

交易者受到损失是期货经营机构违反《期货和衍生品法》第78条第10项规定所导致的。

5. 行为人具有主观上的过错

从事此类违法行为的行为人通常具有主观上的故意，是有意识利用提供服务的便利损人利己。但在证明其主观意图上，只要能够证明存在利益冲突，而行为人或第三人又从该利益冲突中获得利益或避免了损失，就推定行为人具有主观上违反《期货和衍生品法》第78条第10项规定的意图。

（三）民事责任的性质

如前述，《期货和衍生品法》第78条第10项所承担的民事赔偿责任是侵权责任，即使交易者与期货经营机构存在合同关系。但因为这些违法行为导致的已经发生的交易通常是无法被认定为无效或被撤销的，所以适用侵权赔偿责任才能为交易者提供有效的法律救济。

（四）损失赔偿

对于抢先交易行为，相关交易者因该行为遭受的损失是期货价格上涨或下跌，但是这个损失不太好计算。期货市场的价格波动因素很多，不能全部归于期货经营机构的违法行为。故笔者认为交易者的损失赔偿范围可以期货经营机构从事该行为的非法获利或避免的损失为限。对于擅自以交易者名义进行交易的行为，客户有权利提起诉讼，要求纠正加害行为，并请求加害结果由期货公司自行承担。[1]

---

[1] 吴庆宝、江向阳主编：《期货交易民事责任——期货司法解释评述与展开》，中国法制出版社2003年版，第334页。

本章小结

1. 《期货和衍生品法》第78条应该仍然定性为反欺诈条款，针对的是期货经营机构欺诈客户的行为，属于典型的行为监管规则，故构成78条的违法行为，其核心要素一定是对交易者产生欺骗或欺诈，也就是主观构成要件必须具有故意或重大过失。

2. 《期货和衍生品法》第78条所列各项的适用范围、适用的行为主体及具体期货业务活动应该逐条甄别，其所列项对于某些期货业务本身具有违法性，但对某些业务就不具有违法性，如第2项约定分享利益和共担风险。

3. 一般性信息披露义务条款缺失，《期货和衍生品法》反欺诈内容散见于各条款，呈现碎片化状态，而且有关条款立法措辞随意，这给法律适用增加了难度。第78条中"重要事项""不确定的重大信息""虚假""诱骗"，第51条第2款期货经营机构"误导""欺诈"，第16条所说"编造、传播虚假信息或者误导性信息"等都是明显属于反欺诈内容，通览《期货和衍生品法》却没有明确的与之相对应的有关信息披露义务以及信息披露义务标准的规定，这需要进一步进行理论阐释以及通过不断适用来甄别各反欺诈条款之间的区别与联系。

4. 国外反欺诈条款通常对期货经纪业务与咨询业务、资管业务进行区分，差异化对待。1999年条例在列举项中也用"经纪""风险说明书"等措辞明确所列各项的具体指向，而《期货和衍生品法》删除了这些指向性措辞。国外之所以要对经纪业务、咨询业务与资管业务加以区分是因为经纪业务中客户与期货经纪商不存在信赖关系，而咨询业务与资管业务中，存在信赖关系，所以对咨询、资管业务在道义上要求更高的行为操守标准。我国无信赖关系说理论,但笔者认为,应该将这种关系作为一种评价期货经营机构行为标准的因素予以考量,对从事咨询业务、资管业务的经营机构及从业人员应当采取更高的操守标准来评价,故在适用《期货和衍生品法》第 78 条有关条款时应从严把握。

第八章
期货交易所的民事责任

交易所多重职能及立法对其民事责任规定的缺失导致交易所在早期经常成为民事索赔的对象。早期交易所自身对作为自律组织的意识及履职不到位,再加上自身管理混乱也是导致其经常成为索赔对象,甚至成为监管机构清理整顿对象的一个主要原因。但随着交易所逐渐成长、作为自律组织的自觉与自律作用逐步彰显,社会各方面也逐渐意识到交易所作为自律组织特殊的公共属性,立法也明确交易所在履行自律职责上民事责任相对豁免的法律地位,交易所民事责任因为立法缺失所面临的不确定性也基本得到了澄清。

一、交易所的民事责任相对豁免认知及制度建构

(一)以交易所为索赔对象的民事纠纷及责任类型

1995年纪要有关交易所的民事责任具有鲜明的时代特征,即当时正值对各种野蛮生长的期货交易场所进行治理整顿,其有关期货交易所的民事责任多达10条(参见附表8-1),涉及交易的各个方面,而且在有关民事责任条款上将其与期货公司并列,具体如下。

第一,期货合约交易不履行的民事责任,即期货交易所保

证期货合约[1]履行的民事责任。

第二，期货交易所委托的仓库未履行或履行不符合期货合约约定商品交付义务应承担的违约责任。

第三，交易所未履行通知义务而强行平仓，给经纪公司造成损失的赔偿责任。

第四，交易所设备故障给会员或客户造成损失的，期货交易所对受损的经纪商和客户承担赔偿责任，但故障超出其合理控制的免责。

第五，交易所允许会员透支所造成的损失，由交易所承担。

2003年司法解释细化了期货交易所的各类民事责任，包括交易行为责任、透支交易责任、强行平仓责任、实物交割责任及保证合约履行责任等，总共13个条款（参见附表8-2）。但这些都与期货交易的订单执行有关，与交易所承担的自律职能无关，而且都与交易所市场基础设施运行有关（结算与交割）。随着市场基础设施改进和交易所运营质量的提高，此类纠纷此后基本上没有发生，即便发生，期货交易所与直接接入这些设施的期货经营机构也有能力通过意思自治（即合同约定）来对相关责任承担和争端解决作出合适的安排，不需要法律对此作出特别安排。期货法有关市场基础设施的规定通常不是针对民事法律关系的，而是针对市场基础设施可能带来的系统性风险。

（二）交易所自律管理民事责任相对豁免制度的建构

交易所自律职能构成了期货市场监管制度体系不可或缺的部分，这些自律职能并非基于交易所与会员之间的合同约定，而是基于法律授权，履行自律职能也并非为了交易所利益，而

---

[1] 混淆期货合约和期货合约交易的概念，应该是期货合约交易。

是为了公共利益，维护法律所保护的市场秩序。与行政监管机构一样，履行监管职能享有民事责任豁免，但这种豁免并非绝对的，而是相对的，也就是说，在特定条件下，仍然要承担民事责任。但对交易所自律职能及相应民事责任豁免的认知是通过证券市场针对交易所的民事诉讼而逐渐提升的。

证券市场领域虽然没有类似期货市场明确规定交易所民事责任的司法解释，但在2005年《证券法》修订期间，因证券交易所市场监管行为引起的诉讼纠纷，特别是针对交易所自律管理而提出的侵权诉讼日益增加。自1997年以来，针对上海证券交易所自律管理行为提出的包含侵权赔偿的诉讼超过10起，其中5起发生于2005年之后。[1] 2005年，最高人民法院出台了《最高人民法院关于对与证券交易所监管职能相关的诉讼案件管辖与受理问题的规定》（以下简称"2005年司法解释"），针对证券交易所的民事和行政案件采取指定管辖制度，指定上海证券交易所和深圳证券交易所所在地的中级人民法院分别管辖以上海证券交易所和深圳证券交易所为被告或第三人的与证券交易所监管职能相关的一审民事和行政案件。同时，限制了针对证券交易所案件的受理，它规定，对于投资者针对证券交易所履行自律管理职责过程中对证券发行人及其相关人员、证券交易所会员及其相关人员、证券上市和交易活动所作出的不直接涉及投资者利益的行为提起的诉讼，人民法院不予受理。

附表8-3的法院裁决结果都是驳回原告基于各种理由的诉讼请求，但法院裁决依据理由都是基于了结案件的实用主

---

[1] 徐明、卢文道：《证券交易所自律管理侵权诉讼司法政策——以中美判例为中心的分析》，载《证券法苑》2019年第3期。

义倾向的说辞[1]，缺乏强有力的裁判说理和自洽的论证逻辑。

2005年司法解释明确对证券交易所侵权索赔案件集中管辖后，法院对交易所自律管理的司法审查开始呈现良性发展的态势。交易所自律管理能力与水平不断提升，法院对交易所自律管理认识及司法审查质量也得到提升，形成了良性互动。但业界认为2005年司法解释对案件受理采取的限制仍然是权宜之计，应当在实体法上将交易所民事责任之豁免待遇限制在主观恶意缺失的自律管理中，即责任豁免以"出于善意而非恶意"为条件，方为治本之道。[2]

如何认定主观恶意呢？法院在判例中发展出了自己的裁判学说。在邢某诉上海证券交易所违规核准证券公司提前创设武钢认沽权证纠纷一案中，法院就提出了主观恶意说和相应的裁判标准。[3]

2008年10月，原告邢某向上海市第一中级人民法院提起诉讼，称上海证券交易所《关于证券公司创设武钢权证有关事项的通知》明确自2005年11月28日实施，根据规定，创设的武钢权证最快应在11月29日可以交易。但事实上，武钢权证创设实施提前了，11月28日便有大量创设权证进行交易并引起权证价格连续三天跌停，导致原告此前买入的115 000份权证失去交易机会。原告邢某起诉认为：首次武钢权证提前大量

---

[1] 徐明、卢文道：《证券交易所自律管理侵权诉讼司法政策——以中美判例为中心的分析》，载《证券法苑》2019年第3期。

[2] 徐明、卢文道：《证券交易所自律管理侵权诉讼司法政策——以中美判例为中心的分析》，载《证券法苑》2019年第3期。

[3] 参见《最高人民法院公报》2010年第7期（总第165期），邢某强诉上海证券交易所权证交易侵权纠纷案。

创设是违规行为，上海证券交易所存在过错，并且这一过错与其损失存在直接的因果关系，要求交易所承担直接及间接经济损失赔偿 909 580 元。法院判决认为，本案件争议的问题主要有两个：一是原告作为投资者因权证投资产生的损失，以上海证券交易所为被告提起侵权之诉是否具有可诉性；二是投资者投资权证产生的损失与上海证券交易所的监管行为是否存在法律上的因果关系，上海证券交易所是否应当赔偿原告的交易损失。

就第一个争议问题，法院判决认为，权证创设行为，系上海证券交易所根据有效的业务规则作出的履行自律的监管行为，相关受众主体如认为该行为违反法律规定和业务规则，可以对交易所提起侵权民事诉讼。

就第二个争议问题，法院判决认为，上海证券交易所审核证券公司创设武钢权证是合法的自律监管行为；行为本身没有违反业务规则，主观上并非出于恶意，也并非针对特定的投资者，不符合侵权行为的构成要件；原告的交易风险和损失与上海证券交易所审校权证创设的市场监管行为之间不存在直接、必然的因果关系，因此，要求上海证券交易所承担其交易价差损失和可得利益损失，没有法律依据。由此判决驳回原告的诉讼请求。

法官在这起案件中，并非机械地遵从侵权责任过错、因果关系、损害后果的三要件模式，而是围绕当事人的争议焦点，针对交易所自律管理行为的特殊性，以及投资者证券交易收益变动的复杂性，提出了一些符合证券交易规律、有利于市场创新发展、有助于交易所履行职能的侵权责任归责学说，尤其是提出了综合性的过错认定标准[1]。其"监管过错"大致从目的正当性标准、行为依据合法性标准、监管充分标准等角度把握和认定。

对于目的正当性标准，交易所履行自律管理职责，以维护证券市场秩序和公共利益为目标，其行为目的显然不同于一般的民事主体。由此，评价自律管理行为的过错性，需要考察其行为之目的。就原告主张上海证券交易所审核武钢权证创设时存在违规、欺诈行为，法院着重分析了上海证券交易所推行创设制度、审核券商申请创设权证的目的，认为在武钢认沽权证上市交易后，投资者对该权证进行了非理性的投机炒作，使得该权证严重缺乏内在价值。被告上海证券交易所为抑制这种过度炒作行为的继续，及时审核创设人的创设申请，通过增加权证供应量的手段平抑权证价格，其目的在于维护权证交易的正常秩序，作为监管者，其核准创设权证的行为系针对特定产品的交易异常所采取的监管措施。该行为主观上并非出于恶意，行为本身也并非针对投资者，而是针对权证交易本身作出的监管行为，是交易所的职责所在。对于交易所履职是否存在过错，法院重点审查了交易所是否是依有关规则行事。法院认为："被告上交所系根据《上海证券交易所权证管理暂行办法》第29条的规定，审核合格券商创设武钢权证，该审核行为符合业务规则的具体要求，是被告履行《证券法》赋予其自律监管职能的行为，具有合法性。"

有了系列司法判例积累和随之而来的学界广泛讨论，有关交易所履行自律管理民事责任豁免立法也应运而生。2019年修

---

[1] 参见徐明、卢文道：《证券交易所自律管理侵权诉讼司法政策——以中美判例为中心的分析》，载《证券法苑》2019年第3期。

订的《证券法》明确了交易所履行自律管理职能民事责任豁免待遇，第111条[1]与113条[2]明确了免除交易所因采取技术性停牌、临时停市、取消交易、通知证券登记结算机构暂缓交收、限制交易、强制停牌等异常交易情况处理措施而造成损失的民事赔偿责任。同时，但书条款对豁免也附加了限制，即重大过错情况下不享受豁免，也就是说，豁免必须同时满足两个条件：一是履行自律职责，处理异常交易；二是谨慎从事，不得有重大过错。

2019年《证券法》颁布后，期货业者就呼吁正在立法的《期货和衍生品法》借鉴其内容，并认为豁免应当是相对的，而不是绝对的，同时对重大过错进行了学理上的阐释。[3]他们认为豁免的正当性在于：交易所作为自律组织，行使自律监管权所赋予的自由裁量权应享有豁免保护。他们还进一步指出，豁免不是绝对的，重大过失仍应承担民事赔偿责任，且交易所应当对不存在重大过失负担举证责任。但他们同时指出，重大过

---

[1]《证券法》第111条："因不可抗力、意外事件、重大技术故障、重大人为差错等突发性事件而影响证券交易正常进行时，为维护证券交易正常秩序和市场公平，证券交易所可以按照业务规则采取技术性停牌、临时停市等处置措施，并应当及时向国务院证券监督管理机构报告。因前款规定的突发性事件导致证券交易结果出现重大异常，按交易结果进行交收将对证券交易正常秩序和市场公平造成重大影响的，证券交易所按照业务规则可以采取取消交易、通知证券登记结算机构暂缓交收等措施，并应当及时向国务院证券监督管理机构报告并公告。证券交易所对其依照本条规定采取措施造成的损失，不承担民事赔偿责任，但存在重大过错的除外。"

[2]《证券法》第113条："证券交易所应当加强对证券交易的风险监测，出现重大异常波动的，证券交易所可以按照业务规则采取限制交易、强制停牌等处置措施，并向国务院证券监督管理机构报告；严重影响证券市场稳定的，证券交易所可以按照业务规则采取临时停市等处置措施并公告。证券交易所对其依照本条规定采取措施造成的损失，不承担民事赔偿责任，但存在重大过错的除外。"

[3] 李明良、马行知：《期货交易所采取紧急处置措施时的免责制度研究》，载《证券法律评论》2020年。

失证明标准不能过于严苛，只要交易所能够证明其员工行为符合法律、法规、交易所规章制度，那么交易所就完成了不存在重大过失的举证责任。[1]《期货和衍生品法》确实借鉴了《证券法》的立法，对期货交易所履行自律职责时行使异常情况处置权引起的损失，给予交易所民事责任豁免待遇，但同时规定了重大过错例外的但书条款，确立了期货交易所履行自律职责民事责任相对豁免制度（参见附表8-4）。

实际上，证券市场经历了系列针对交易所民事赔偿诉讼后，交易所作为自律组织在履行自律职能上享受相对的民事责任豁免已经逐步达成共识。这在唯一涉及期货交易所的郭某兰诉光大证券股份有限公司、上海证券交易所、中国金融期货交易所期货内幕交易责任纠纷案中已有所体现。[2]本案中原告指称：上海证券交易所、中国金融期货交易所在明知光大证券股份有限公司出现异常交易及内幕交易的情况下，未及时发布提示性或警示性公告，且上海证券交易所发布的公告称市场交易正常，导致投资者判断失误，未适当履行监管职责，有误导市场之嫌疑，亦具有过错，应与光大证券股份有限公司共同对原告的损失承担赔偿责任。

法院认为，原告关于上海证券交易所、中国金融期货交易所监管不作为的过错主张无相应证据予以佐证，且媒体对光大证券股份有限公司工作人员采访的新闻报道不能作为支持交易所知悉异常交易发生主张的证据，故该指控证据不足。法院还

---

[1] 李明良、马行知：《期货交易所采取紧急处置措施时的免责制度研究》，载《证券法律评论》2020年。

[2]《郭秀兰诉光大证券股份有限公司、上海证券交易所、中国金融期货交易所期货内幕交易责任纠纷案》，载《中华人民共和国最高人民法院公报》2018年第12期。此案一审法院为上海市第一中级人民法院，判决下达后，双方均未提起上诉。

认为，错单交易事件属于证券市场小概率事件，现有法律法规及部门规章、交易规则中均无此类事件发生时交易所、中国金融期货交易所应承担何种义务的规范，而民事主体不作为导致间接侵权的，一般应以该民事主体违反其积极作为义务为前提，原告主张上海证券交易所、中国金融期货交易所不作为构成侵权缺乏法律依据。原告主张上海证券交易所、中国金融期货交易所存在误导市场的行为，但未举证证明其发布过相关不实信息。上海证券交易所公告是在当日市场已结束交易时发布的，不存在误导市场的客观基础，且该公告未对光大证券股份有限公司的交易行为作出任何评价，事实上不可能具有误导市场的效果。

值得注意的是，法院借本案刻意宣示了法院对交易所承担民事责任的立场和看法。法院引用2014年《证券法》第102条和第110条，2016年《期货交易管理条例》第6条和第7条，认定交易所为自律管理组织，并引用了2014年《证券法》第114条，证券交易所享有应急处置权，以及第115条规定的证券交易所对证券交易实时监控，对上市公司和信息披露义务人予以监督，对重大异常交易情况的证券交易账户采取限制措施。同时引用了2016年《期货交易管理条例》第11条期货交易所制定的自律规则和第12条异常交易时交易所采取应急处置措施的权力。根据这些法律法规的规定，法院认为，上海证券交易所、中国金融期货交易所作为证券、期货交易市场的自律管理组织，除了依照章程行使自律管理职责，还有为集中交易提供保障、发布信息的法定义务，并被赋予在法定条件下对特定市场主体采取单方、强制性、不利益措施的权力。本案被告光大证券股份有限公司实施内幕交易行为时，上海证券交易所、中国金融期货交易所尚无从知晓其行为原因和性质，上海证券交易所、中国金融期货交易所也无权对证券市场主体的该类行为是否违规作出认定，而发布信息义务，需以义务主体知晓相关信息为前提，故上海证券交易所、中国金融期货交易所在当日并无发布相关信息的事实基础。至于上海证券交易所、中国金融期货交易所是否对光大证券股份有限公司的错单交易采取临时停市、限制交易等措施，法院认为，这属于交易所监管职责范围内享有的自主裁量权。但法院也认为，行使该裁量权应结合当时市场的具体情况，以合理合法为原则，以维护市场整体秩序及交易公平为目的。最终，法院得出结论：无论交易所在行使其监管职权过程中作为还是不作为，只要其行为的程序正当、目的合法，且不具有主观恶意，则交易所不应因其自主决定的监管行为而承担民事法律责任，否则其监管职能的行使将无从谈起。[1]

二、美国期货交易所民事责任豁免制度

美国《商品交易法》早期也没有关于交易所民事责任的明确规定，但法院以默示诉权受理针对期货交易所的民事赔偿诉讼。通常民事赔偿都是针对交易所没有执行其规则或采取了不当影响商品价格的措施，从而导致交易者或商品用户遭受损失而提出索赔请求。1972年《商品交易法》增订了明示责任条款，并对期货交易所民事责任采用专门条款予以明确规定。第22（b）节规定："组织和个人的责任，恶意是必要构成要件；排他性的救济。"第22（b）（1）条规定："（A）注册实体没有执行其必须执行的章程、规则和规章或决议……（B）获得许可的交易所没有执行期交会要求必须执行的章程、规则、规章和

---

[1]《郭秀兰诉光大证券股份有限公司、上海证券交易所、中国金融期货交易所期货内幕交易责任纠纷案》，载《中华人民共和国最高人民法院公报》2018年第12期。

决议,或(C)任何其他执行章程、规则、规章和决议的注册实体,违反了本法或期交会规则、规章或命令,应当对其他在该注册实体从事交易并受该实体规则约束的人遭受的实际损失(actual damage)负责,赔偿该人因为该交易和该未履行执行或执行章程、规则、规章和决议行为而蒙受的实际损失(actual loss)。"第22(b)(2)条对期货业协会的民事责任也作了同样的规定。第22(b)(3)条则规定交易所、期货协会的管理人员、董事、理事、委员会成员或雇员,故意教唆、协助、建议、诱导或指使上述行为发生的,也对受害人负有赔偿实际损失的责任。第22(b)(4)条规定:"任何按照本节规定索赔的人必须证明注册实体、注册期货协会、管理人员、董事、理事、委员会成员或雇员作为或不作为存在恶意,且该不作为或不作为导致该损失。"

制定法对交易所民事责任作出明确规定后,围绕着期货交易所民事赔偿诉讼的主要争点就聚焦到了两个问题上:一是交易所履行自律职责的定义,即哪些行为是交易所履行自律职责的行为,哪些不是。二是交易所履行自律职责是否存在恶意,这实际上是关于恶意的定义及认定标准,即交易所是否正确履职,是否有恶意滥用职务便利侵害特定对象合法权益的行为。美国联邦第二巡回上诉法院在一个判例中认定,原告对交易所对期货合约的修订不享有民事诉权。在该案中,原告称交易所应当对修订期货合约承担责任,因为其交付条款存在缺陷,让其不适合对冲。法院认定,按照联邦最高法院卡兰(Curran)判例,可针对交易所没有执行《商品交易法》《期监会规章》或交易所规则,从而保持一个有序市场的渎职享有默示诉权。法院也指出如果期货交易所的行为与适当监管问题不相关,追求行为人的自我利益是其行为唯一的或支配性的理由,则交易所

第八章 期货交易所的民事责任

的行为是非法的。如果交易所董事诚实地和理性地认为其行为是为了公共利益，则不会仅因为该行为对其私人利益产生附随利益或损害对其他不喜欢这样做的人担责。[1]法院在该案中还检讨了《商品交易法》第 22（b）节的立法历史。法院注意到期交会主席在立法作证时，指出期交会区分了针对商品专业人士和针对自律组织的民事诉权。期交会的观点是：不应当允许对自律组织的民事诉权，除交易所自身从事欺诈、操纵性的或其他禁止性的行为，或有自我交易外。此观点在国会立法时占了上风，最终才形成了上述第 22（b）节的一般豁免，恶意例外的条款。[2]

在另外一个原告指控交易所没有及时采取应急处置措施导致其损失的判例中，法院遵循了美国联邦第二巡回上诉法院上述判例，指出对商品交易所的请求权，原告必须指出交易所或其管理人员的动机是与适当监管的关切无关，不当目的构成了交易所行为唯一的或支配性的理由。法院还指出，指控交易所没有采取应急措施本身并不足以支持对交易所的索赔。但该起诉指控交易所出于自身利益，故意在保持一个有序期货交易市场上不作为，违反了《商品交易法》和交易所规章，这就可能产生针对交易所的诉权。在这个案件中，地区法院认定顾客充分指出了自我利益是交易所行为的唯一理由，且行为给顾客造成损失。法院还认定交易所可能因为操纵市场而被起诉。[3]

在美国，对交易所的索赔案件基本上都是以原告败诉收场，

---

[1] Sam Wong & Son, Inc. v. New York Mercantile Exchange, 735 F. 2d. 653 (2d Cir. 1984).

[2] Sam Wong & Son, Inc. v. New York Mercantile Exchange, 735 F. 2d. 653 (2d Cir. 1984).

[3] Michelson v. Merrill Lynch Pierce, Fenner & Smith, Inc., 619 F. Supp. 727 (S. D. N. Y. 1985).

因为要证明"恶意"存在几乎不可能。美国联邦第七巡回上诉法院在对立法所阐释"恶意"时解释说，恶意并不意味着实际参与欺诈或其他不当行为，因为该行为将让交易所直接按照《商品交易法》反欺诈条款承担责任。法院认为，恶意意味着交易所没有执行规则必须是比过失（negligent）更严重的主观过错。这与交易所通过行使裁量权伤害一个交易者不同，在此种情形下，必须证明其构成了恶意，如证明交易所不合理行事或具有不当动机。[1]

在美国，通常针对交易所索赔涉及的情形有：①针对其会员采取的纪律处分；②针对交易所根据其规则限制特定账户的仓位；③指控交易所协助与教唆，恶意不采取应急措施；④指控交易所明知操纵存在，恶意没有采取措施；⑤针对交易所会员权利规则的改变；⑥有关交易所仓库执照核发的不当；⑦以交易所针对当天市场历史上最大价格下降没有执行其交易规则；⑧指控交易所对某类期权收费过高；⑨请求中止交易所合约市场地位。[2]

三、交割库违约违法行为下交易所的民事责任

2003年司法解释第47条规定，期货交易所对其委托交割仓库[3]交付不能需承担连带责任（参见附表8-5）。期货交易所的业务规则对于交易所委托的交割仓库出具虚假仓单是否承担民事责任，承担何种民事责任，规定并不统一，有的规定期货交易

---

〔1〕 Bosco v. Serhant, 836 F. 2d. 271 (7th. Cir. 1987).

〔2〕 Jerry W. Markham, Rigers Gjyshi, *Commodities Regulation: Fraud, Manipulation & Other Claims*, 13 Commodities Reg. § 17: 2

〔3〕 2022年《期货和衍生品法》出台前未对"交割库"定义，均使用"交割仓库"，该法出台后对交割库进行了明确定义，包括交割仓库和交割厂库等。本文在使用中根据语境、时间判断。

所不承担责任〔1〕，有的则规定交易所承担"补充责任"〔2〕。

有关交割库交割不能或出具虚假仓单，交易所是否要承担连带责任，承担什么样的责任，学界对此讨论较少。有学者认为，交割库出具虚假仓单问题应该通过加强监管来解决，期货交易所不应也不宜对此承担连带责任。第一，交易所承担连带责任不具有合理性。期货交易所面临风险加大，不利于我国期货市场持续、健康发展。正如前述，交割库管理不善、监守自盗、内外串通为其违约的主要原因，这种情形下，如果要求期货交易所对这些行为承担"连带责任"，交割库作为独立市场主体的风险意识将难以培养，甚至可能引发交割库的道德风险。一方面，期货交易所没有办法有效管控交割库交付不能的风险。另一方面，期货交易所是非营利法人，只能以自有资金和风险准备金承担交割库可能产生的交付不能风险，承担连带责任会给期货交易所甚至我国期货衍生品市场的健康发展和稳步推进对外开放带来巨大的风险隐患。第二，连带责任之承担缺乏法律依据。一方面，期货交易所和交割库是建立在期货交易所业务规则和双方协议基础上的商业合作关系，并基于商业合作产生自律监管和被监管关系。作为监管者的期货交易所承担法定连带民事责任的依据是什么以及如何承担这种连带民事责任，尚未有明确的法律依据，因此让其承担法定连带责任的法理基础不足。另一方面，期货交易所对交割库不享有人、财、物及业务管理权，让其承担连带责任违背了权利义务相统一的原则。该论者还进一步指出，国外如英国、美国、新加坡等交易所都

---

〔1〕《上海期货交易所指定交割仓库管理办法》（2016修订）第24条、《上海国际能源交易中心交割细则》（2021年第三次修订）第99条和《大连商品交易所指定交割仓库管理办法》（修订稿）第14条、第15条、第42条。

〔2〕《郑州商品交易所指定商品交割仓库管理办法》（2021修订）第26条。

不对交割库交付违约承担民事责任，交易所作为中央对手方的担保职责也不涵盖订单下的实物交收。解决交割库交付不能违约风险主要还得靠监管。[1]

《期货和衍生品法》第100条[2]明确了交割库的定义，要求期货交易所与之签订协议以明确双方权利义务，并禁止交割库从事出具虚假仓单等行为。《期货和衍生品法》第141条[3]则对违反第100条行为之行政处罚作出了规定，但并未规定交割库违约下民事责任的承担，更没有规定期货交易所为委托的交割库违约或出具虚假仓单承担民事责任。有学者认为，很明显，鉴于立法对所有民事责任都作出了明确规定，应该推定，没有规定，就是期货交易所不对交割库违反《期货和衍生品法》第100条的行为给他人造成的损失承担民事责任。上述学者的观点也是有道理的，交易所与交割库之间民事责任以及交割库与其他利害相关方的民事责任应该由他们之间的合同约定，由民法来调整，而不是由监管法来调整。通过加强交割库的监管来避免发生交割不能或出具虚假仓单可能是更好的解决之道。

---

[1] 翟浩：《论我国商品期货交割库交割违约时的责任分配》，载《河北法学》2022年5期。

[2] 《期货和衍生品法》第100条："交割库包括交割仓库和交割厂库等。交割库为期货交易的交割提供相关服务，应当符合期货交易场所规定的条件。期货交易场所应当与交割库签订协议，明确双方的权利和义务。交割库不得有下列行为：（一）出具虚假仓单；（二）违反期货交易场所的业务规则，限制交割商品的出库、入库；（三）泄露与期货交易有关的商业秘密；（四）违反国家有关规定参与期货交易；（五）违反国务院期货监督管理机构规定的其他行为。"

[3] 《期货和衍生品法》第141条："交割库有本法第一百条所列行为之一的，责令改正，给予警告，没收违法所得，并处以违法所得一倍以上十倍以下的罚款；没有违法所得或者违法所得不足十万元的，处以十万元以上一百万元以下的罚款；情节严重的，责令期货交易场所暂停或者取消其交割库资格。对直接负责的主管人员和其他直接责任人员给予警告，并处以五万元以上五十万元以下的罚款。"

本章小结

交易所的民事责任在理论上和实际上不存在太多争议，交易所履行自律职责的民事责任相对豁免以及重大过失或恶意情况下承担民事责任已经达成广泛的共识，实际操作层面的问题就是重大过失或恶意的认定标准，这需要通过判例来发展和提炼。

有关期货交易所对交割库交割不能或出具虚假仓单的民事责任，立法已经作出了明确规定，理论上也不应有太大争议。

第九章

期货市场民事责任的追责路径、实施方式——多元纠纷解决机制

随着 2019 年修订的《证券法》和 2022 年《期货和衍生品法》的出台，民事责任制度的建立健全赋予了投资者或交易者更多针对证券市场不法侵害行为索取民事赔偿的权利。必须有高效、灵活、高质量、专业、便利的救济渠道、纠纷解决机制来保障这些实体上的权利得到实现，才能有效打击各种违法行为，增强投资者和交易者对资本市场的信心和信任。

《最高人民法院关于人民法院进一步深化多元化纠纷解决机制改革的意见》于 2016 年 6 月 28 日正式发布实施，这是指导全国法院开展多元化纠纷解决机制改革工作的纲领性文件。该意见明确了今后一个时期人民法院进一步深化多元化纠纷解决机制改革的三大目标：一是根据"国家制定发展战略、司法发挥引领作用、推动国家立法进程"的工作思路，建设功能完备、形式多样、运行规范的诉调对接平台，畅通纠纷解决渠道，引导当事人选择适当的纠纷解决方式；二是合理配置纠纷解决的社会资源，完善和解、调解、仲裁、公证、行政裁决、行政复议与诉讼有机衔接、相互协调的多元化纠纷解决机制；三是充分发挥司法在多元化纠纷解决机制建设中的引领、推动和保障作用，为促进经济社会持续发展、全面建成小康社会提供有力

第九章　期货市场民事责任的追责路径、实施方式——多元纠纷解决机制

的司法保障。

该意见还明确了深化多元化纠纷解决机制改革的五项基本原则：坚持党政主导、综治协调、多元共治，构建各方面力量共同参与纠纷解决的工作格局；坚持司法引导、诉调对接、社会协同，形成社会多层次多领域齐抓共管的解纷合力；坚持优化资源、完善制度、法治保障，提升社会组织解决纠纷的法律效果；坚持以人为本、自愿合法、便民利民，建立高效便捷的诉讼服务和纠纷解决机制；坚持立足国情、合理借鉴、改革创新，完善具有中国特色的多元化纠纷解决体系。

2022 年修订后的《最高人民法院关于审理证券市场虚假陈述侵权民事赔偿案件的若干规定》与原解释相比，扩大了解释的适用范围，废除了案件受理的前置程序，进一步明确了虚假陈述的内涵和外延，细化了过错认定、重大性、交易因果关系、损失因果关系等民事责任的构成要件，增加了财务造假的"首恶"和"帮凶"等责任主体，对证券市场民事责任的追究作出了新的与突破性的规定。[1]

2022 年 4 月 20 日正式公布的《期货和衍生品法》将多元纠纷解决机制作为保护交易者的重要机制纳入立法。该法第四章"期货交易者"是保护交易者的专章，规定了两个重要纠纷解决机制，即第 56 条交易者民事责任纠纷强制调解请求权和第 57 条操纵市场、内幕交易民事赔偿诉讼代表人制度。这些规定为更好落实《期货和衍生品法》广泛的民事赔偿责任制度提供了充分的法律救济渠道和程序保障。

上述这些多元化救济渠道和纠纷解决机制中的调解和仲裁

---

[1] 林文学、付金联、周伦军：《〈关于审理证券市场虚假陈述侵权民事赔偿案件的若干规定〉的理解与适用》，载《人民司法》2022 年第 7 期。

的实践探索和尝试远远早于立法，交易者或投资者强制性调解请求权本身应当是对证券期货民事责任纠纷调解试点取得的成功的充分肯定，并从立法上将其作为高效、高质量解决证券期货民事赔偿纠纷、有效保护交易者或投资者正当利益的重要机制。证券代表人诉讼历经多年司法实践，已经在若干司法判例中积累了丰富的经验，这些经验将为期货操纵市场、内幕交易等群体性民事赔偿代表人诉讼提供有益的参考。以下就对目前正在尝试探索的证券期货多元化纠纷解决机制在落实期货市场民事责任制度上的作用、价值以及建立健全等进行分析讨论。

一、证券期货民事纠纷调解

（一）调解新的功能定位：交易者（投资者）重要保护机制

《期货和衍生品法》借鉴了2019年《证券法》的立法成果，在期货经营机构与交易者发生民事责任纠纷时，赋予交易者强制请求调解的权利，并将其作为保护交易者的重要机制。这里的调解不是行政调解、诉讼程序中的调解，而是指独立于行政执法程序、仲裁和诉讼的专门调解制度。

证券期货法民事责任纠纷调解制度不同于我国传统的化解社会矛盾的人民调解、行政调解、司法调解，它是《证券法》《期货和衍生品法》规定的专门适用于证券期货民事责任纠纷的与仲裁、诉讼平行、协同的纠纷解决机制。2019年《证券法》首次设置了"投资者保护"专章，即第六章，该章共八个条文，其中一个重要的保护机制就是在投资者与证券公司发生民事责任纠纷时，投资者享有强制调解请求权。《证券法》第94条第1款创造性地将投资者请求调解解决与证券公司的民事责任纠纷变成一种权利，即单方面请求调解权。它规定："投资者与发行人、证券公司等发生纠纷的，双方可以向投资者保护机构申请

第九章 期货市场民事责任的追责路径、实施方式——多元纠纷解决机制

调解。普通投资者与证券公司发生证券业务纠纷，普通投资者提出调解请求的，证券公司不得拒绝。"《期货和衍生品法》"期货交易者"专章中的第 56 条也作了类似规定，交易者与期货经营机构等发生纠纷的，双方可以向行业协会等申请调解。普通交易者与期货经营机构发生期货业务纠纷并提出调解请求的，期货经营机构不得拒绝。

将调解变成交易者或投资者可单方面主张的救济权利是为了让交易者或投资者可以更便利地获得民事赔偿救济，因为调解不仅是免费的，而且通常更注重实效，以及交易者或投资者对纠纷解决结果的满意度。调解主要依靠说服，它不受任何僵化规则的约束，一切取决于双方达成的合意，故调解可更灵活地处理交易者或投资者与经营机构之间的民事责任纠纷。就调解的功能定位及机制建设，《国务院办公厅关于进一步加强资本市场中小投资者合法权益保护工作的意见》就明确指出："发挥第三方机构作用。支持自律组织、市场机构独立或者联合依法开展证券期货专业调解，为中小投资者提供免费服务。开展证券期货仲裁服务，培养专业仲裁力量。建立调解与仲裁、诉讼的对接机制。"从理论上来说，在诉讼、仲裁与调解三种纠纷解决机制中，调解可以最灵活、最快捷、令各方最满意的方式解决民事责任纠纷，但这一切都取决于各方能达成调解协议且该协议能够得到履行。前者很大程度上取决于调解的专业性和公信力，能够说服对立各方达成合理公平解决纠纷的协议，后者取决于该协议的履行以及协议的强制执行效力。

（二）调解的专业性、公信力的保障

为确保证券期货民事责任纠纷调解的专业性和公信力，相关立法要求行业自律组织和专业投资者（交易者）保护机构承担相关民事责任纠纷调解职能。《证券法》和《中华人民共和国

证券投资基金法》都明确规定，相关行业协会负责组织开展调解工作。《证券法》第 166 条明确规定，对会员之间、会员与客户之间发生证券业务纠纷进行调解是证券业协会的一个重要职责。《中华人民共和国证券投资基金法》第 111 条关于基金行业协会的职责规定中也包含了类似规定，即负责对会员之间、会员与客户之间发生的基金业务纠纷进行调解。《期货和衍生品法》第 104 条关于期货业协会履行职责的规定中也明确对会员之间、会员与交易者之间发生的纠纷进行调解是协会的一个重要职责。

行业协会作为行业自律组织，其专业性有保障。自律组织本身承担了对行业经营机构的自律监管职能，包括行为监管职能。行为监管的重要目标是保护投资者或交易者，因此在投资者和交易者中其具有公信力。但由于自律组织的成员为经营机构，自律组织治理机构就是由成员组成的成员大会或理事会，故自律组织会与要调解的纠纷中的一方存在一定的关联关系，其公信力容易受到质疑。

相对于行业自律组织，专门承担投资者保护职能的专业机构作为调解组织不仅可以发挥专业优势，而且更容易获得投资者的信任。

（三）调解协议执行效力保障：诉调对接

调解虽具有灵活、高效、便利的特点，但能否最终化解民事责任纠纷，让交易者或投资者获得救济，还在于调解结果是否具有最终执行的效力。否则，调解就不能发挥定分止争、便利交易者或投资者获得有效救济的作用。为此，证监会和最高人民法院从 2016 年就开始采取系列推动措施，建立健全诉调对接机制。

2016 年《最高人民法院关于人民法院进一步深化多元化纠纷解决机制改革的意见》就提出了促进多元化纠纷解决机制的信息

第九章 期货市场民事责任的追责路径、实施方式——多元纠纷解决机制

化发展，加强平台建设、完善诉调对接平台建设、健全诉调对接制度、创新诉调对接程序，促进多元化纠纷解决机制的发展。

2016 年最高人民法院与证监会联合下发《关于在全国部分地区开展证券期货纠纷多元化解机制试点工作的通知》，确定了 8 个调解试点和试点调解的具体程序，健全诉调对接工作机制。

2018 年《关于全面推进证券期货纠纷多元化解机制建设的意见》不仅明确纳入调解、诉调对接的民事纠纷范围，明确调解协议的法律效力以及司法对其效力确认的司法救济渠道，还规定了证券期货群体性纠纷集中调解，以及与法院示范判决对接的机制。

2021 年证监会与最高人民法院联合印发《最高人民法院办公厅、中国证券监督管理委员会办公厅关于建立"总对总"证券期货纠纷在线诉调对接机制的通知》，具体落实诉调对接平台的建设，建立了"总对总"在线诉调对接机制。它是指最高人民法院与证监会共同建立"总对总"在线诉调对接机制，即"人民法院调解平台"与"中国投资者网证券期货纠纷在线调解平台"，通过平台对接方式开展全流程在线调解、在线申请司法确认或出具调解书等诉调对接工作，全面提升证券期货纠纷调解工作的质量和效率。

诉调对接、调解制度建立健全让调解在解决证券期货民事责任纠纷、保证民事责任制度落实上发挥了重要作用。自"总对总"在线诉调对接机制启动以来，截至 2021 年底累计成功调解纠纷 2.11 万件；12386 热线全年共处理投资者有效诉求超 12 万件，同比增长 6.18%。[1]

---

[1] 中国证券投资者保护基金有限责任公司编：《中国资本市场投资者保护状况蓝皮书》（2022 年），第 7 页。

作为保护投资者的"一体两翼",证监会投资者保护局、中国证券投资者保护基金有限责任公司(以下简称"投保基金公司")和中证中小投资者服务中心(以下简称"投服中心")在保护投资者,促进证券市场民事纠纷调解机制建设的过程中发挥着一定程度的作用。投保基金公司推进了"示范判决+纠纷调解"机制,2021年全年成功调解纠纷223件,调解金额合计达670余万元[1]。2021年投服中心在纠纷调解方面也取得巨大进展:一是进一步强化证券期货纠纷调解工作,全年共登记纠纷3601件,受理2128件,调解成功1153件,投资者获赔2.35亿元。二是进一步深化诉调对接机制,落实"总对总"在线诉调对接机制要求,与14家人民法院新建合作关系,合作法院累计达56家。全年接收委托委派案件795件,受理719件,调解成功315件,投资者获赔2497.06万元。截至2021年底,投服中心已通过"总对总"全国证券期货纠纷在线调解平台累计接收个人投资者调解申请69件,接收法院转办上市公司虚假陈述纠纷97件。三是制定业内首个损失测算业务规则,为飞乐音响案等一批群体性案件提供损失测算支持,全年共接受18家法院损失测算委托,测算投资者1.78万人次,测算金额23.68亿元。四是加强调解员队伍建设,成立第一届调解专家委员会,公益调解员总数达536人。据统计,80.4%的上市公司相关人员愿意将与投资者的纠纷提交投服中心调解,且绝大多数上市公司相关人员表示愿意积极主动履行调解协议(89.95%),并在特定条件下与投资者保护机构合作展开先行赔付(83.42%)。[2]

---

[1] 中国证券投资者保护基金有限责任公司:《中国资本市场投资者保护状况蓝皮书》(2022年),第15页。

[2] 中国证券投资者保护基金有限责任公司:《中国资本市场投资者保护状况蓝皮书》(2022年),第17页。

(四) 调解机构能力建设与发展

调解机构的能力建设与发展主要从两个方面展开论述：一是调解程序规则体系的建立健全；二是调解队伍的建设。

中国证券业协会先后颁布了《中国证券业协会证券纠纷调解规则》《中国证券业协会证券纠纷调解工作管理办法》。这些规则明确规定了证券纠纷调解的基本原则、受理范围、调解员的选择、调解经费来源和如何使用、调解协议的效力、具体程序等。各调解机构都相应地建立健全调解规则体系。

证券期货调解机构不断吸收各方面专业人才，壮大专业调解员队伍。从中国投资者网的全国证券期货在线调解平台公布的数据来看，截至2021年年底，该平台已接入37家调解组织与847名调解员。既有全国性证券期货行业协会，也有地方性证券期货行业协会；既有联合地方政府部门组建的证券期货纠纷人民调解委员会，也有地方事业单位性质的调解中心；既有投服中心、投保基金公司这样的投资者保护专门机构，也有郑州商品交易所这样的交易场所。[1]下面介绍调解员人数占比前三的调解组织。

第一，中证资本市场法律服务中心。其由投服中心设立，并承接投服中心纠纷调解工作职能。截至2021年年底，投服中心共登记纠纷20 797件，受理14 438件，调解成功10 193件，争议金额为89.81亿元，投资者获赔金额为29.32亿元。[2]根据投服中心发布的《资本市场条件案例汇编》，其调解的内容涉及证券交易代理合同纠纷、资管销售类纠纷、融资融券交易纠纷、

---

[1] 马雪程：《证券期货行业仲裁机制研究——以完善证券期货纠纷多元化解机制为视角》，载《投资者》2021年第1期。

[2] 吴晓璐：《证券期货多元纠纷化解扩围升级 筑牢投资者保护之基》，载《证券日报》2022年3月15日，第A03版。

证券投资咨询纠纷、证券欺诈责任纠纷、期货基金业务纠纷以及小额速裁与效力保障案例七大类。[1]

第二，中国证券业协会。截至2021年年底，中国证券业协会调解员共146人。2022年5月15日发布的《2021年度证券公司投资者服务与保护报告》中显示，2021年各证券公司有效化解的纠纷中通过调解完成的共73件；2021年完成调解的纠纷案例中，通过小额速调、单边承诺调解、先行赔付、在线调解完成的纠纷案例总数为136件。[2]

第三，江苏省证券业协会。截至2021年年底，江苏省证券业协会调解员共91人。2017年至2021年的五年间，江苏省证券业协会受理调解案件577件，调解成功435件，调解成功金额1829.69万元。

(五) 我国证券纠纷调解制度的实际运行的实例

证券调解机构可以分为行业调解与第三方调解机构。行业调解是指由中国证券业协会主导构建的调解制度，其机构中划分出了调解委员会和调解中心，并与地方证券业协会合作建立联合调解体系。[3] 而第三方调解机构主要是指投服中心、投保基金公司以及地方单位的调解机构，如深圳证券期货业纠纷调解中心（以下简称"深圳调解中心"）。调解实际运作可基本划分为三阶段：事前、事中、事后。

1. 证券纠纷调解的事前阶段。

事前阶段是指提请调解机构介入民事责任纠纷调解，启动

---

[1]《资本市场条件案例汇编》，中证中小投资者服务中心，2017年10月。

[2] 中国证券业协会：《2021年度证券公司投资者服务与保护报告》。

[3]《中国证券业协会证券纠纷调解规则》（2016修订）第3条规定："调解中心与地方协会通过调解工作系统完成证券纠纷调解申请的审核、纠纷转办、简易调解处理、普通调解处理、调解员选定、调解期限管理及调解数据统计等工作。"

第九章 期货市场民事责任的追责路径、实施方式——多元纠纷解决机制

调解程序。中国证券业协会在其官网会员服务专栏设计了证券纠纷调解入口并发布了相关规则；同时众多证券公司作为会员也在其官网添加了中国证券业协会的调解链接；各地方协会的调解也与中国证券业协会调解适用同一套在线系统。

投服中心依托中国投资者网站及遍布全国的工作站，介绍了基本的调解流程规则与案例，并且在中国投资者网内设有网上调解入口。

根据以上途径与信息，可知目前存在的问题为：其一，投资者的信息渠道偏向于专业性的财经网站，而非专业协会的官方网站，例如东方财富网等财经网站并没有明显的维权指引与专栏。其二，中国证券业协会受理案件的主体必须具有会员身份。同时列举了一系列不予受理的情况，[1] 而对于无法受理的案件，后续未有详细的引导。

2. 证券纠纷调解的事中阶段

事中阶段是指调解正式启动到调解协议达成的阶段。中国证券业协会的调解规则设置了简易调解与普通调解。简易调解由调解组织指定工作人员通过电话或邮件等方式进行，并应当在受理之日起 10 个工作日内完成[2]。如果简易调解失败，则由调解员介入，进行普通调解。简易调解的工作人员并非调解员。而普通调解根据案件复杂程度可以由 1 名调解员进行独任调解或者由 3 名调解员组成调解小组进行调解，选定调解员之

---

[1]《中国证券业协会证券纠纷调解工作管理办法》（2016 修订）第 12 条规定："有下列情形之一的，调解中心不予受理：（一）不属于本办法第十一条规定的调解受理范围的；（二）同一争议事项已经或正在由其他调解组织调解的；（三）调解申请无具体相对人、无具体争议事项的；（四）当事人不同意调解的；（五）纠纷已有生效判决、仲裁裁决或其他处理结果的；（六）调解中心认为不适宜调解的其他情形。"

[2]《中国证券业协会证券纠纷调解规则》（2016 修订）第 8 条。

后在"20+10"天的期限内完成调解,并最终签订《调解协议书》。

投服中心的调解程序则相对多样,包括简易调解、单边承诺调解、特邀调解、网络调解等。简易调解是指采用电话、网络、书面等方式在较短期限内快速解决纠纷的调解活动。适用于标的数额较小或不涉及资金、股权等给付的纠纷。单边承诺调解是指证券期货经营机构、资本市场其他主体承诺由投服中心根据纠纷事实和相关法律法规、部门规章、规范性文件、自律规则及行业惯例等提出调解建议,若投资者采纳该建议,证券期货经营机构或资本市场其他主体应按照该建议与投资者签署调解协议并履行的调解方式。特邀调解是指投服中心接受人民法院的委派、委托和邀请,促使当事人在平等协商基础上达成调解协议、解决纠纷的调解活动。网络调解是指通过中国投资者网等网络技术平台进行的证券期货纠纷调解活动。[1]

3. 证券纠纷调解的事后阶段

事后阶段就是调解协议的履行问题。为解决调解效力问题,调解机构一直致力于与法院进行协调合作,推动诉调对接,取得法院对调解协议约束力的认可,从而实现调解与司法救济顺利对接,形成在权利救济上的接力。

投服中心先行开展诉调对接为纠纷调解提供效力保障,2014年起先后与上海市第一中级人民法院、上海市第二中级人民法院及北京市高级人民法院沟通建立了诉调对接机制。上海法院为投服中心提供了专门调解室,合作化解60多起纠纷[2],

---

〔1〕 参见《中证中小投资者服务中心调解规则》第46条、49条、51条、54条。

〔2〕 杨东:《我国证券期货纠纷多元化解机制发展的里程碑——评〈关于在全国部分地区开展证券期货纠纷多元化解机制试点工作的通知〉》,载《上海证券报》2016年7月18日,第7版。

第九章　期货市场民事责任的追责路径、实施方式——多元纠纷解决机制

积累了经验，地方调解工作站也就司法确认作出了相应努力。深圳调解中心创造性地将专业调解、商事仲裁、行业自律和行政监管这四种功能紧密结合起来，形成有效衔接的业务机制[1]，降低了调解协议效力确认的程序门槛，从而提高效率与投资者信心。投服中心相继完成了首单证券期货纠纷调解协议的司法确认、首单公证确认、首单诉前委派调解、首例资本市场小额速裁案等一批具有代表意义的证券期货纠纷专业调解案件。[2]

2013年9月，深圳证监局和深圳证券交易所联合推动深圳国际仲裁院、深圳市证券业协会、深圳市期货同业协会、深圳市投资基金同业公会等机构在现行法律框架之下，共同设立调解中心。该中心探索结合自行协商、法院诉讼、专业调解和商事仲裁"四位一体"的独创机制。

（六）对我国现行证券期货调解制度的评价

学界对我国现行证券期货调解制度的评价主要有以下几个方面。

第一，证券期货民事责任纠纷调解中各方达成调解协议的效力始终是学界关心的问题，也是长期以来学者对调解作为纠纷解决机制的内在缺陷批评最多的一个焦点问题。最高人民法院和证监会推动的诉调对接积极回应了这一关切，明确了调解协议是经由具备调解职能的组织开展调解后双方当事人之间合意达成的民事合同性质的协议，并且此类协议可以经人民法院确认后具备强制执行效力。

---

[1] 刘晓春、姜婧姝：《中国资本市场纠纷解决机制的局限与创新——以深圳证券期货业纠纷调解中心的实践为视角》，载《金融法苑》2019年第2期。
[2] 上海市高级人民法院课题组、郭伟清：《多元化解证券期货纠纷协调对接机制发展现状与完善建议——以诉调对接为研究重点》，载《投资者》2019年第3期。

第二,现行调解制度未能充分体现对中小投资者的倾斜性保护。理由是中小投资者通常缺乏谈判经验与技巧,调解的最终结果未必有利于投资者,如果调解协议最终无法保护投资者利益或投资者不满意转而选择诉讼,那么调解在一定程度上就成了烦冗的程序负担,造成时间和精力的浪费。

第三,调解机构权威性与能力不足。虽然法律明文规定了证券业协会有权主持调解,但是证券业协会本身属性是行业自律组织,所作出的决议并不具备强制执行力,作为行业的"大家长"也很难保证中立性,这就可能导致公众对调解机构信任度不足。此外,调解员的组成结构单一,并且投资者只能在争议发生时,在调解员库内选择调解员,但对调解员的选拔与整体组成既无发言权又不甚了解。

(七)域外金融领域的调解制度

在世界范围内,不同国家设立了不同的专门机构处理金融纠纷,有一些国家专门出台了调解立法,如美国、英国、澳大利亚;有一些国家则体现在相关的金融立法中,如德国主要依靠银行、证券、保险等行业的自律性组织和规章。具体可划分为两类:第三方自律性申诉专员和行业自律性组织。前者以英国金融申诉专员制度(FOS)为代表,实践于澳大利亚(公司型金融申诉专员制度)、日本等国家。后者以美国金融业监管局(The Finanical Industry Regulatony Authonity, FINRA)为代表,其下设子公司金融业监管局争议解决中心(FINRA Dispute Resolution, Inc)。

1. 美国金融业监管局纠纷解决制度

美国金融业监管局是美国最大的独立非政府证券业自律监管机构。其前身是全美证券交易商协会(NASD),这一渊源决定了其民间自律组织的属性,其受到美国证券交易委员会

第九章 期货市场民事责任的追责路径、实施方式——多元纠纷解决机制

（SEC）的全面监管。其下的金融业监管局争议解决中心负责受理包括证券投资者、证券经纪商、证券商雇员等纠纷主体之间的各种证券纠纷。其整合了全美证券交易商协会和纽约证券交易所（NYSE）的证券仲裁与调解业务，是全美规模最大的证券纠纷非诉解决平台。其特点是调解与仲裁的双线并行。该中心一般会建议证券纠纷当事人通过调解来解决纠纷，并为此专门制定了《证券纠纷调解程序守则》（Code of Mediation Procedure），调解数据可见附表9-1。

当事人可以自由选择仲裁或者调解，甚至已经进入调解程序仍可以随时提出仲裁要求，除非当事人另有约定，否则调解不会对正在进行中的仲裁程序造成影响。即便是违反相关规定，只要当事人同意中止仲裁，也可以中止该程序。不光是对于仲裁的进度当事人有很大的选择权，对于调解，当事人也可以随时选择中止或者终止。一旦调解不成，则可以另行选择在美国金融业监管局内部仲裁机构提起仲裁或者向法院提起诉讼。

同时，由于高度重视仲裁，其制度设计上便重视仲裁条款的建设。按照证券交易委员会的规定，会员在客户合同中应使用标准化、规范化、对投资者权利有倾斜性安排的争议前仲裁条款。目前争议前仲裁条款在美国证券经纪公司的客户合同和业内合同中都普遍使用[1]。美国金融业监管局《顾客纠纷仲裁程序规则》（Code of Arbitration Procedure for Customer Disputes）中还规定了投资者单方仲裁申请程序[2]，这意味着在未约定仲裁协议或者仲裁条款的前提下，投资者可以单方申请仲裁程序。

---

[1] 刘晓春、姜婧姝：《中国资本市场纠纷解决机制的局限与创新——以深圳证券期货业纠纷调解中心的实践为视角》，载《金融法苑》2019年第2期。

[2] 参见《顾客纠纷仲裁程序规则》第12200条。

仲裁解决争议的方式体现了自由选择与强制保护相平衡的价值取向。

美国金融业监管局的调解还可以作为仲裁的前置程序,机构会向主动提起仲裁的案件当事人提供免费的或者低价的调解,前提是双方自愿参加。免费调解的数额限制为不超过 25 000 美元,并且设置了 25 000 美元、50 000 美元、100 000 美元几个档次,最高档次为 10 万美元。在以上不同的阶段,支付给调解员的费用依次递增,分别为 50 美元每小时与 100 美元每小时。

同时对于收费制度也进行了分类,主要分为两部分。第一部分是机构根据索赔金额收取的管理费,即调解申请费,且对于直接进行调解的案件与通过仲裁进入调解的案件也设置了不同的标准,后者的申请费一般相对较少;第二部分是对于选择不同的调解员也设置了不同的收费标准。

2. 英国金融申诉服务机构金融申诉专员制度

2000 年英国通过了《金融服务与市场法》,该法案提出金融服务管理局(Financial Services Authority, FSA)应另行设置一套不受第三方影响的、致力于维护金融消费者权益的纠纷解决制度,由此金融申诉服务机构(Financial Ombudsman Service, FOS)正式推出。金融申诉服务机构脱胎于申诉专员(Ombudsman)制度,申诉专员在提出之初是普通民众在社会生活中对政府部门提出意见或建议的渠道,这一概念在引入金融领域之后逐渐制度化,最终形成了金融申诉服务机构制度。[1] 金融申诉服务机构与美国金融业监管局的不同在于,其不具有监管职能,也并不从投资者处获利,而是专门处理金融消费者对于金融机构的

---

[1] 杨东:《论我国证券纠纷解决机制的发展创新——证券申诉专员制度之构建》,载《比较法研究》2013 年第 3 期。

第九章 期货市场民事责任的追责路径、实施方式——多元纠纷解决机制

投诉，为其提供诉讼外的解决途径。英国2012年《金融服务法案》要求设立审慎监管局（PRA）和金融行为监管局（FCA），因此金融申诉服务机构的管理部门也变为金融行为监管局。

金融申诉服务机构对金融机构的管辖包括强制管辖和自愿管辖，若该企业从事的业务属于英国财政部发布的"受监管活动"，则必须由金融申诉服务机构强制管辖；从事其他业务的企业也可以在自愿基础上接受金融申诉服务机构的管辖，目的是迅速、高效、公平地处理金融纠纷，维护金融消费者的合法权益。

金融申诉服务机构在受理金融消费者的申诉前，要求争议必须经过金融机构内部处理，同时金融机构对于投诉处理的健全程度也作为监管部门对其考核的一项指标。因此，该前置条件一方面让金融机构在申诉之前将有关问题进行处理，另一方面避免了滥用申诉的出现，给金融机构一定的补救缓冲时间。

金融申诉服务机构内部采用公司组织结构，内设董事会，包括一位主席和五位董事，金融行为监管局享有任命一定席位董事的权利，且最后的人员确定需要经过英国财务部的最终确认。但是金融行为监管局对其运营与具体受理案件无权参与，金融申诉服务机构的年度报告与账目除了受到金融行为监管局监管还需要向公众公开。

金融申诉服务机构程序的特点在于裁决是否生效由中小投资者自行决定，如果接受就具有终局性，金融机构必须接受该裁决，且消费者与金融机构都无权再次提起申诉。但是如果中小投资者拒绝接受裁决，则金融申诉服务机构不会对其再作其他处理，该决议对双方都不具有约束力，当事人可以向法院申请起诉。但是有一点值得注意的是，对于金融申诉服务机构的决议，金融消费者有权向法院提出审查，但是由于金融申诉服

务机构内部也有独立的评估体系供金融消费者对决议提出审查，诉诸法院的案件相对来说只占极少数。金融申诉服务机构决议一旦作出，中小投资者就可以在金融机构拒绝履行义务时向法院申请强制执行。

金融申诉服务机构对公众提供免费的服务，但对于企业来说，则需要承担相应的费用，这体现了对中小投资者倾斜性的免费保护。其收入来源于接受金融申诉服务机构服务并受金融行为监管局监管的所有企业缴纳的年费。因此，其对案件的解决与获得的资金没有关联，保证了其公正性。

与诉讼或仲裁收费相比，金融申诉服务机构项下的调解因其快捷及高效的处理程序、独立第三方的公司制组织形式、专业的申诉处理人员、极低的成本以及最终对中小投资者倾斜性的保护，使得具有涉案金额较小、涉及主体众多以及高频出现等特点的纠纷往往更愿意选择金融申诉服务机构纠纷解决机制。

3. 各国及地区金融纠纷调解制度比较

（1）受案范围

各国金融纠纷调解机构的受案范围有所不同，有些仅规定受理何种类型的案件，有些则依据机构不同而规定了不同的受案范围，有的还设置了金额限制。在美国实践中，美国金融业监管局所受理的调解案件，以当事人为标准，大体上可以归纳为三类，一是投资者与证券商之间的纠纷，二是证券商相互之间的纠纷，三是证券商与其雇员之间的纠纷。英国金融申诉服务机构制度有强制性管辖与自愿性管辖两种具体类型。[1]

---

〔1〕 董新义：《域外证券期货纠纷调解程序安排及其启示》，载《金融服务法评论》2018年。

（2）前置程序

不同国家对于将金融纠纷提请调解前都规定前置程序，如应当穷尽金融机构内部的纠纷解决程序。

（3）调解协议效力

在调解协议的效力方面，各国或地区规定不同，总体而言，均倾向于赋予调解协议一定的强制执行法律效力。美国金融业监管局建议当事人达成和解方案并签订和解协议，且当事人承诺该协议为终局效力，不得再行起诉或仲裁。法院也对美国金融业监管局的证券仲裁做法给予支持，且美国金融业监管局可以借助证券监管权督促会员证券经营机构履行和解协议，也能对非会员的证券机构产生相似的效果。

在英国，金融申诉服务机构的裁决对金融机构具有约束力，而对消费者并不当然具有约束力，消费者享有选择权。若消费者同意该裁决，则该裁决对金融机构和消费者双方发生强制约束力，金融机构若不履行裁决，消费者可申请法院强制执行；若消费者不接受最终裁决，则可直接向法院起诉。

二、仲裁

我国证券纠纷领域的仲裁受到了冷遇，很少用于解决证券期货民事责任纠纷。究其原因，主要是仲裁的成本较高。仲裁的费用相较于诉讼而言高出不少，相较于调解的免费而言更甚。而且我国仲裁管辖实行的是指定管辖模式，国务院1993年发布的《股票发行与交易管理暂行条例》第80条规定："证券经营机构之间以及证券经营机构与证券交易场所之间因股票的发行或者交易引起的争议，应当由证券委批准设立或者指定的仲裁机构调解、仲裁。"这说明证券仲裁需要到北京、上海、深圳三地，给维权增加了成本。目前仲裁在证券纠纷领域还没有充分发挥作用，达不到多元纠纷解决机制的预期。[1]

（一）2019年《证券法》修订完成后证券期货纠纷仲裁重新定位和制度再造

1. 功能重新定位：健全民事赔偿制度的重要一环

2019年《证券法》修订从立法上建立健全了证券违法的法律责任制度，证券法治建设重心转向执法（法律的落实），长期处于休眠状态的证券期货纠纷仲裁制度的功能价值被重新定位、建构，新的证券期货纠纷仲裁制度被定位为立体追责体系重要的执法机制、多元纠纷解决机制中重要的权利救济渠道和投资者（交易者）保护体系中的重要机制。2021年中共中央办公厅、国务院办公厅颁布《关于依法从严打击证券违法活动的意见》，将"开展证券行业仲裁制度试点"作为"完善资本市场违法犯罪法律责任制度体系"和"健全民事赔偿制度"的重要一环。

为落实两办要求，2021年10月15日，中国证监会与司法部联合发布了《关于依法开展证券期货行业仲裁试点的意见》。该试点意见明确了开展证券行业仲裁制度试点是要完善证券期货纠纷多元化解机制，有效保护资本市场投资者的合法权益，维护证券期货行业的健康发展。

2. 证券期货纠纷仲裁制度再造

《关于依法开展证券期货行业仲裁试点的意见》强调证券期货民事赔偿纠纷仲裁必须满足新功能定位，具备专业性、公平性、公正性、高效性和权威性，且处理结果具有法律约束力。

该试点意见提出，支持、推动在证券期货业务活跃的北京、

---

[1] 蒋军堂：《论我国证券纠纷多元化解决机制的完善》，载《洛阳师范学院学报》2021年第8期。

第九章 期货市场民事责任的追责路径、实施方式——多元纠纷解决机制

上海、深圳三地的仲裁机构内部试点组建证券期货仲裁院（中心），并明确了仲裁院（中心）的仲裁范围以及仲裁员选聘条件等。[1]2021年11月，全国首个证券仲裁中心——中国（深圳）证券仲裁中心成立，并与证监系统多家单位签署了战略合作框架协议，从防范和解决资本市场纠纷出发，共同提高资本市场争议解决的专业性、公正性和权威性。该试点意见在以下几个方面对传统仲裁制度进行了创新。

第一，明确将证券期货民事赔偿纠纷（侵权责任纠纷）纳入仲裁范围。按照纠纷是由合同行为还是侵权行为引发，证券期货纠纷可以分为证券期货合同纠纷和证券期货侵权纠纷两类。《中华人民共和国仲裁法》规定，仲裁的受理范围限于合同纠纷和其他财产权益纠纷。在学界，对于证券期货侵权赔偿责任纠纷是否具有可仲裁性仍然存在争议。有学者提出，侵权责任纠纷是否可以仲裁应当区别对待，对于财产侵权行为，可以进行仲裁；而对于人身侵权纠纷，则不可以进行仲裁。[2]

第二，对证券期货民事赔偿纠纷和资本市场自律组织会员纠纷的仲裁作出专门规定。对证券期货民事赔偿纠纷的仲裁设定了行政前置和私法前置程序。

第三，推动完善证券期货纠纷仲裁与调解、诉讼的有效衔接。从2014年左右起，我国一些地方证券期货行业协会与地方仲裁机构陆续开始探索仲调对接合作模式。合作模式大体可以分为两种：第一种是黑龙江、大连、宁波等地方行业协会采取的"分支机构模式"，仲裁委员会与证券期货行业协会合作设立联合仲裁调解中心。仲裁调解中心作为仲裁委员会的分支机构，

---

[1] 李辽：《证券期货仲裁：金融法治建设新路径》，载《法人》2021年第11期。
[2] 参见陈立峰、王海量：《论我国〈仲裁法〉的管辖范围》，载《北京仲裁》2006年第1期。

由地方行业协会日常管理，纠纷案件的调解工作由行业协会负责，仲裁工作和规则由仲裁委员会负责和制定。对于调解不成的纠纷，行业协会根据案件具体情况，尝试引导当事人达成仲裁协议，进入仲裁程序解决。调解成功的案件，根据具体案件情况和当事人意愿，可以通过仲裁程序出具仲裁书或仲裁调解书，以确认调解结果的法律效力。第二种是中国证券业协会、投服中心，以及福建、湖北等地方行业协会采用的"协议合作模式"。行业协会、调解组织与仲裁机构签订仲调对接合作协议或备忘录，不设立分支机构。合作协议或备忘录中规定，仲裁机构为调解机构提供仲裁确认调解结果的便利。调解不成的案件，由当事人另行通过仲裁或诉讼程序解决。[1]

（二）推动仲裁法的修订完善，充分吸收证券期货民事赔偿纠纷仲裁试点成果

1. 推动仲裁法修订与完善，充分吸收反映试点成果

目前证券期货纠纷仲裁仍然处于尝试阶段，证券期货纠纷再造最终需要通过仲裁法的修订与完善来完成。未来仲裁法修订应充分吸收试点成果。

2. 仲裁法修订为证券期货民事纠纷仲裁作出特殊安排

要充分考虑证券期货民事赔偿纠纷仲裁的特殊性，为证券期货民事赔偿纠纷多元化解决机制的创新与完善留足空间。具体可通过授权立法或例外规定等为证券期货纠纷仲裁特殊制度安排留足发展空间。

三、证券期货民事赔偿纠纷诉讼

诉讼作为最传统的解决纠纷的措施，同样在证券期货纠纷

---

[1] 马雪程：《证券期货行业仲裁机制研究——以完善证券期货纠纷多元化解机制为视角》，载《投资者》2021年第1期。

第九章 期货市场民事责任的追责路径、实施方式——多元纠纷解决机制

领域扮演着十分重要的角色,其最终判决具有强制执行力,具有明显优于调解与仲裁的特点,因此也成为解决证券期货纠纷的主要方式。随着证券期货行业的发展,新型纠纷涉及的主体广泛、专业化程度高,这些极大地冲击着普通诉讼体系解决纠纷的能力,因此我国在诉讼方式上不断创新,进行了诸多有益的尝试。

(一)传统共同诉讼功能重新定位与机制改造创新

现行《中华人民共和国民事诉讼法》(以下简称《民事诉讼法》)第55条规定:"当事人一方或者双方为二人以上,其诉讼标的是共同的,或者诉讼标的是同一种类、人民法院认为可以合并审理并经当事人同意的,为共同诉讼。共同诉讼的一方当事人对诉讼标的有共同权利义务的,其中一人的诉讼行为经其他共同诉讼人承认,对其他共同诉讼人发生效力;对诉讼标的没有共同权利义务的,其中一人的诉讼行为对其他共同诉讼人不发生效力。"2003年《虚假陈述若干规定》第13条规定:"多个原告因同一虚假陈述事实对相同被告提起的诉讼,既有单独诉讼也有共同诉讼的,人民法院可以通知提起单独诉讼的原告参加共同诉讼。多个原告因同一虚假陈述事实对相同被告同时提起两个以上共同诉讼的,人民法院可以将其合并为一个共同诉讼。"《九民纪要》对证券市场虚假陈述民事赔偿诉讼创新达成如下共识。

第一,功能新定位,强调其执法功能,即证券民事赔偿诉讼震慑功能。通过民事责任追究实现震慑违法的功能,维护公开、公平、公正的资本市场秩序。

第二,强调充分发挥专家证人的作用以满足证券期货民事赔偿纠纷解决的专业性要求。它强调:要充分发挥专家证人的作用,使得案件的事实认定符合证券市场的基本常识和普遍认

知或者认可的经验法则,责任承担与侵权行为及其主观过错程度相匹配。

第三,明确了共同管辖的案件移送规则,确保案件管辖上协调统一。它规定:"原告以发行人、上市公司以外的虚假陈述行为人为被告提起诉讼,被告申请追加发行人或者上市公司为共同被告的,人民法院应予准许。人民法院在追加后发现其他有管辖权的人民法院已先行受理因同一虚假陈述引发的民事赔偿案件的,应当按照民事诉讼法司法解释第36条的规定,将案件移送给先立案的人民法院。"

第四,推广合并审理、示范判决和代表人诉讼等集约化审判机制。它在传统的"一案一立、分别审理"的方式之外,推动案件合并审理、在示范判决基础上委托调解等改革,鼓励有条件的地方人民法院可以选择个案以《民事诉讼法》第54条规定的代表人诉讼方式进行审理,逐步展开试点工作。

(二)群体性侵权赔偿案件中国特色集约化审判机制的创新

1. 示范判决

最高人民法院和中国证监会2016年联合发布的《最高人民法院、中国证券监督管理委员会关于在全国部分地区开展证券期货纠纷多元化解机制试点工作的通知》提出建立示范判决机制,2018年《关于全面推进证券期货纠纷多元化解机制建设的意见》对此进行了进一步的阐述。所谓证券纠纷示范判决机制,是指在处理群体性证券纠纷时,选取具有代表性的案件先行审理、先行判决,通过发挥示范案件的引领作用,妥善化解其他平行案件的纠纷解决机制。具体而言,法院在处理因证券市场虚假陈述、内幕交易、操纵市场等行为引发的民事赔偿群体性纠纷时,选取具有共通的事实争点和法律争点的代表性案件作为示范案件先行审理。在审理中重点围绕与其他平行案件共通

第九章 期货市场民事责任的追责路径、实施方式——多元纠纷解决机制

的普遍问题展开，然后先行作出判决，统一法律适用，宣示法律规则。在判决生效后，通过示范判决所确立的事实认定和法律适用标准，引导其余平行案件以调解、和解或者简化审理的方式化解纠纷。[1]

我国证券期货纠纷示范判决机制的设计"灵感"来自域外的示范诉讼制度，但通过本土化改造与创新赋予了其中国特色，这主要体现在程序构造与制度定位上。

域外示范诉讼制度为群体性纠纷预设的解决路径是，在法院对典型诉讼作出判决后，其他未参加诉讼的当事人再通过平行诉讼解决各自的纷争。换言之，域外示范诉讼制度希望群体纠纷的解决以审判制度为最终依归。然而，我国证券期货纠纷示范判决机制的程序构造与之不同。我国示范判决的一般流程为：首先，证券期货监管机构委托调解组织对大规模群体纠纷进行集中调解；其次，当集中调解出现僵局时，法院对典型案件进行示范判决；最后，示范判决作出后，调解组织据此对其他关联案件继续进行集中调解。可见，在我国示范判决机制中，典型诉讼并非为寻求与平行诉讼对接，而是要和集中调解制度相结合。这一点是我国示范判决机制与域外示范诉讼制度最显著的区别，即前者不是纯粹的诉讼制度，而是一种囊括了诉讼制度与调解制度的混合物。该程序构造的设计目的在于，引导群体纠纷当事人选择审判外的纷争处理路径。[2]

在示范判决上，上海金融法院首开先河，在这方面已经积累了比较丰富的经验和判例。上海金融法院于2019年1月出台

---

[1] 林晓镍、单素华、黄佩蕾：《上海金融法院证券纠纷示范判决机制的构建》，载《人民司法》2019年第22期。

[2] 倪培根：《论我国证券期货纠纷示范判决机制的制度化展开》，载《河北法学》2019年第4期。

— 219 —

《上海金融法院关于证券纠纷示范判决机制的规定》，对示范案件的选定、审理、专业支持、判决效力、审判管理作出了具体规定。其发布后，上海金融法院以投资者诉方正科技集团股份有限公司（以下简称"方正科技公司"）证券虚假陈述责任纠纷群体性案件（以下简称"方正科技系列案"）为试点，对上述规定进行了全流程实践。该院选定卢某等诉方正科技公司案为示范案件，并于2019年3月21日公开开庭。2019年5月5日，上海金融法院对示范案件作出一审判决，方正科技公司不服，上诉至上海市高级人民法院。同年8月7日，上海市高级人民法院终审维持原判。至此，全国首例证券纠纷示范案件判决生效。示范判决生效后，方正科技系列案的其他千余件平行案件有望根据示范判决机制高效化解，截至2019年8月，已有百余名投资者依照示范判决确立的标准与方正科技公司达成调解。[1] 截至2020年4月20日，全国首例适用示范判决机制的方正科技系列案件调撤率为98.49%。[2]

这些经验被其他法院借鉴吸收，发扬光大。新纶科技案、方正科技公司虚假陈述责任纠纷案已经成为"示范判决+专业调解"机制成功运用于解决证券群体性侵权赔偿纠纷的典范。2021年6月，深圳市中级人民法院对某投资者诉新纶科技证券虚假陈述责任纠纷案作出示范判决，深圳证券期货业纠纷调解中心接受法院委托，依照示范判决所认定的事实和法律适用标准等进行调解。截至2022年，已累计调解成功案件300多宗，帮助400余名投资者挽回损失近3000万元。该案是"示范判决+

---

[1] 林晓镍、单素华、朱颖琦：《全国首例证券群体性纠纷示范判决解析——投资者诉方正科技公司证券虚假陈述责任纠纷案》，载《证券法苑》2020年第1期。

[2] 黄佩蕾：《2015—2019年上海法院证券虚假陈述责任纠纷案件审判情况通报》，载《上海法学研究》集刊2020年第8卷。

专业调解"机制的成功实践，众多投资者快速、便捷、低成本地获得了赔偿，充分彰显了非诉讼纠纷解决机制的制度优势。[1]

2. 传统代表人诉讼功能重新定位与机制改造创新

我国 1991 年公布的《民事诉讼法》增加了代表人诉讼制度。演变至今，体现为现行《民事诉讼法》第 56 条[2]、第 57 条对"人数确定的代表人诉讼"和"人数不确定的代表人诉讼"进行的原则性规定。而民事诉讼法司法解释对这两条又进行了细化解释。2003 年，最高人民法院出台了关于虚假陈述的司法解释，首次规定证券领域的代表人诉讼仅限于虚假陈述案件，允许投资人除了单独诉讼和共同诉讼，还能以"人数确定的代表人诉讼"方式起诉，但把"人数不确定的代表人诉讼"排除在外。[3]

2019 年《证券法》修订突破了上述限制，为中国特色集团诉讼奠定了基础。第 95 条第 1 款、第 2 款规定："投资者提起虚假陈述等证券民事赔偿诉讼时，诉讼标的是同一种类，且当事人一方人数众多的，可以依法推选代表人进行诉讼。对按照前款规定提起的诉讼，可能存在有相同诉讼请求的其他众多投资者的，人民法院可以发出公告，说明该诉讼请求的案件情况，通知投资者在一定期间向人民法院登记。人民法院作出的判决、裁定，对参加登记的投资者发生效力。"

---

[1] 吴晓璐：《投资者保护八大典型案例出炉》，载《证券日报》2022 年 5 月 16 日，第 A02 版。

[2] 《民事诉讼法》第 56 条："当事人一方人数众多的共同诉讼，可以由当事人推选代表人进行诉讼。代表人的诉讼行为对其所代表的当事人发生效力，但代表人变更、放弃诉讼请求或者承认对方当事人的诉讼请求，进行和解，必须经被代表的当事人同意。"

[3] 关敬杨：《新证券法中国特色证券集体诉讼制度研究》，载《中国证券期货》2020 年第 3 期。

上海金融法院于2020年3月率先出台《上海金融法院关于证券纠纷代表人诉讼机制的规定（试行）》，标志着证券法规定的代表人诉讼制度正式落地实施。该规定区分了当事人人数确定和不确定的"加入制"普通代表人诉讼和依据《证券法》第95条第3款提起的"退出制"特别代表人诉讼，系统规定了各类代表人诉讼的规范化流程，明确回应了各类代表人诉讼中的难点问题，大力依托信息技术创新代表人诉讼机制，为进一步推动完善符合中国特色的集团诉讼制度提供了有益经验。

2021年5月上海金融法院成功审结全国首例证券纠纷普通代表人诉讼案——飞乐音响案。法院裁决：被告赔偿315名原告共计1.23亿元。这是《最高人民法院关于证券纠纷代表人诉讼若干问题的规定》实施后首例普通代表人诉讼案，为推进证券群体性纠纷化解、加大中小投资者保护力度提供了有益的经验。上海金融法院还拟定了一系列格式化文本，为今后代表人诉讼实施提供了可供借鉴的示范文本，大大提高了诉讼效率。[1]

2021年9月，全国首例公司债券纠纷普通代表人诉讼案——五洋债案审结。五洋债案二审判决被告承担487名原告投资者合计7.4亿元赔偿责任。该案是首例公司债券欺诈发行适用普通代表人诉讼程序审理的案件。

3. 特别代表人诉讼：中国特色的集团诉讼

特别代表人诉讼是2019年《证券法》修订推出的具有中国特色的集团诉讼的另外一种特殊机制。2020年3月1日正式实施的新《证券法》第95条第3款在普通代表人诉讼制度基础上创造了具有中国特色的兼容并包国外团体诉讼和美式集团诉讼

---

[1] 吴晓璐：《投资者保护八大典型案例出炉》，载《证券日报》2022年5月16日，第A02版。

第九章　期货市场民事责任的追责路径、实施方式——多元纠纷解决机制

优点的特别代表人诉讼制度。它直接赋予了投资者保护机构代表人的诉讼地位，并在诉讼成员范围的确定上采用"默示加入，明示退出"的方式，开创了中国证券纠纷集体诉讼的新形式，补强了证券民事赔偿诉讼制度对违法行为的震慑功能。

2020年7月30日颁布的《最高人民法院关于证券纠纷代表人诉讼若干问题的规定》第32条结束了学界关于普通代表人诉讼与特别代表人诉讼之间是并列关系还是递进关系的争论，明确了普通代表人诉讼与特别代表人诉讼之间的递进关系，即投资者保护机构只能通过加入已受理的普通代表人诉讼的方式开启特别代表人诉讼程序。[1]

2021年11月，广州市中级人民法院审理完成全国首例证券纠纷特别代表人诉讼案——康美药业案。该案中康美药业公司连续三年财务造假，涉案金额巨大。2021年11月，广州市中级人民法院对该案作出判决，相关主体赔偿5.2万名投资者24.59亿元，标志着我国特别代表人诉讼制度成功落地实施。投资者按照"默示加入，明示退出"的原则参加诉讼，除明确向法院表示不参加该诉讼的，都默认成为案件原告，分享诉讼"成果"。同时，公益机构代表、专业力量支持以及诉讼费用减免等制度大幅降低了投资者的维权成本和诉讼风险，妥善快速化解群体性纠纷。这是落实新《证券法》和《关于依法从严打击证券违法活动的意见》的有力举措，是我国资本市场历史上具有开创意义的标志性事件。[2]

---

[1] 单素华：《证券纠纷特别代表人诉讼相关程序性法律问题分析》，载《投资者》第2020年第4期。

[2] 吴晓璐：《投资者保护八大典型案例出炉》，载《证券日报》2022年5月16日，第A02版。

（三）中国特色证券集团诉讼实践暴露出来的主要问题

中国特色证券集团诉讼目前仍然处于尝试探讨阶段，实践中暴露出的操作层面的一些问题，需要进一步探讨解决。

1. 案件适用范围不统一

上海金融法院出台的《上海金融法院关于证券纠纷代表人诉讼机制的规定（试行）》，仅列举了证券虚假陈述、内幕交易、操纵市场三类案件，而深圳市中级人民法院的程序指引，则包括欺诈发行，导致不同法院适用的范围不一。

2. 诉讼前置程序尾巴仍然未完全消除

2020年7月发布的《最高人民法院关于证券纠纷代表人诉讼若干问题的规定》第5条明确规定原告起诉需要提交有关"行政处罚决定、刑事裁判文书、被告自认材料、证券交易所和国务院批准的其他全国性证券交易场所等给予的纪律处分或者采取的自律管理措施等证明证券侵权事实的初步证据"，虽然降低了投资者进入法院诉讼的门槛，但仍然保留了"前置程序"要求，并且在特别代表人诉讼制度中仍将其作为案件筛选的标准。国内学者表示前置程序要求与立案登记制存在冲突。[1]不满足前置条件的当事人只能选择采用非代表人诉讼，而单独起诉明显会加大投资者的负担。符合前置条件的、可以提起诉讼的合格民事案件数量与实际提起诉讼的民事案件数量相比，只有25%左右，如此低的比例在一定程度上证明了前置条件的阻碍作用。[2]

---

〔1〕 李雪纯：《我国证券诉讼特别代表人制度的司法困境及解决对策》，载《中国证券期货》2021年第4期。

〔2〕 (Robin) Hui Huang, "Rethinking the Relationship Between Public Regulation and Private Litigation Evidence From Securities", 19 *Theoretical Inquiries in Law.*, 333 (2018).

3. 递进关系提高了投服中心启动代表人诉讼的门槛

投服中心只能在已有投资者提起普通代表人诉讼的情形下"参加"诉讼。若投服中心作为特别代表人参加诉讼需要满足以下条件：一是 10 名以上投资者向法院提起诉讼；二是当事人在起诉书中确认了代表人，且代表人需要满足一定的法定条件；三是投保机构在法院公告期内受 50 名以上投资者委托作为代表人参加诉讼。在递进关系下，投服中心并不具有主动发起代表人诉讼的权利，产生的显著问题就是如何在普通代表人环节"破冰"。[1]

（四）证券代表人诉讼经验对期货代表人诉讼的可移植性

尽管《期货和衍生品法》规定的代表人诉讼与《证券法》代表人诉讼适用的案件范围有些不同，前者适用操纵市场、内幕交易等期货民事赔偿诉讼，且没有特别代表人诉讼，后者适用虚假陈述民事赔偿诉讼，且规定了特别代表人诉讼，但就程序机制上来说，二者基本上大同小异。因此，证券代表人诉讼及判例积累起来的经验与做法都可用于期货代表人诉讼。当然，在诉讼实践中，可能也需要针对期货操纵市场、内幕交易具体特点进行创新，包括在举证责任、证据规则以及具体操作性等规则与机制上。综上，虽然《期货和衍生品法》没有规定特别代表人诉讼，而《证券法》也没有明确规定代表人诉讼适用于操纵市场与内幕交易，但这并不妨碍二者相互借鉴：扩大证券代表人诉讼适用范围，将其用于操纵市场和内幕交易等群体性侵权民事赔偿案件；扩大特别代表人诉讼适用范围，将其用于期货操纵市场、内幕交易民事赔偿案件，相辅相成，共同推动

---

[1] 李雪纯：《我国证券诉讼特别代表人制度的司法困境及解决对策》，载《中国证券期货》2021 年第 4 期。

中国特色集团诉讼的完善。

四、公益诉讼

关于资本市场公益诉讼制度,最高人民法院2019年在《关于为设立科创板并试点注册制改革提供司法保障的若干意见》中提出,要推动完善符合我国国情的证券民事诉讼体制机制,降低投资者诉讼成本,研究探索建立证券民事、行政公益诉讼制度。在上述意见指导下,上海金融法院出台了《上海金融法院关于服务保障设立科创板并试点注册制改革的实施意见》,规定将针对损害投资者合法权益的证券欺诈民事侵权行为,探索构建由依法设立的证券投资者保护机构、法律规定的机关和有关组织提起的证券民事公益诉讼机制。[1]

(一)域外民事公益诉讼的司法实践

从比较法的视角来看,民事公益诉讼多表现为团体诉讼或公民诉讼。其中,大陆法系国家如德国、法国等都是通过立法使一定团体具备原告资格,由该团体提起符合其章程、设立目的的诉讼,从而保护特定领域的公共利益。相比英美法系常见的以特殊的司法制度加上刺激当事人和律师的利益动机而推动的"私人检察官"诉讼而言,团体诉讼更接近我国的公益诉讼实践。团体诉讼的特殊优势还在于,一方面,其是典型的公益诉讼形式;另一方面,由于团体诉讼判决效力的扩张性,其还可以成为解决私益群体性纠纷的一种方式。从实践观察,其他国家和地区由团体提起的公益诉讼最初多以不作为之诉为限,但对于那些违法者从侵权行为中获取巨额利益的情况,仅提起

---

[1] 单素华:《证券民事公益诉讼机制的司法路径探索》,载《投资者》2019年第4期。

不作为之诉显然难以实现震慑违法行为、恢复市场秩序的目的。随着公益诉讼的不断发展，带有补偿性甚至惩罚性的给付之诉也以各种形式出现在公益诉讼中，公益与私益的融合达到了新的高度。其中，比较有代表性的是德国《反不正当竞争法》中的不法利益收缴之诉。[1]

(二) 我国民事公益诉讼的现状

从法律层面来看，2012年修正后的《民事诉讼法》第55条规定"对污染环境、侵害众多消费者合法权益等损害社会公共利益的行为"创设了公益诉讼制度。与之相适应，实体法方面的《中华人民共和国环境保护法》和《中华人民共和国消费者权益保护法》则进一步明确了环境民事公益诉讼制度和消费民事公益诉讼制度。环境民事公益诉讼的请求权类型包括赔偿损失，消费民事公益诉讼的请求权类型也仅包括为快速制止经营者不当经营行为而提出的停止侵害、消除妨碍、消除危险和赔礼道歉请求权。两种诉讼类型都规定了私益诉讼可搭公益诉讼的"便车"，即公益诉讼生效判决对被告是否存在不法行为、是否存在法律规定的不承担责任或者减轻责任的情形、行为与损害之间是否存在因果关系、被告承担责任的大小等所作的判定有利于私益诉讼原告的，其可以在私益诉讼中主张适用。[2]

(三) 中国特色证券期货公益诉讼制度的构建

在我国证券期货民事公益诉讼的构建路径上，重点是要处理好公益诉讼与私益诉讼的衔接，特别是公益诉讼能够提起的

---

[1] 德国《反不正当竞争法》中规定，就不正当竞争行为并且基于大量消费者的负担获益的行为人，消费者团体可以行使请求权，要求行为人将该收益上交联邦财政。

[2] 单素华：《证券民事公益诉讼机制的司法路径探索》，载《投资者》2019年第4期。

诉讼请求范围及其对私益诉讼的影响。与环境保护、消费者保护等对公益诉讼需求较强的领域不同，资本市场的证券期货侵权纠纷通常不会存在"侵害数额太小以至于不大可能有人起诉"的现象，特别是随着中小投资者维权意识的提高，加上行政处罚作为前置程序降低了投资者举证成本，以私益诉求为主的群体性纠纷涌入法院。因此，若要针对同一证券侵权行为提起公益诉讼，其与私益的群体诉讼之间将存在很大程度的交叉重叠。

可将公益诉讼作为一个示范性诉讼，审理证券期货违法行为的共通争点，并允许公益诉讼生效裁判的既判力向私益诉讼扩张。具体而言，在证券期货侵权纠纷中，虽然侵权行为存在的事实主张是共同的，但个别损害的存在、损害数额及损害与侵权行为的因果关系等需要每个投资者单独证明。因此，单独的私益诉讼不可或缺，而其中的共通争点则是公益诉讼可以发挥作用的空间，即由投资者保护机构率先提起一个公益诉讼，确认侵权行为是否成立、侵权行为与投资损失间是否存在因果关系及损失赔付原则等共通争点，若公益诉讼裁判作出对投资者有利认定的，则可直接作为投资者私益诉讼的裁判依据。[1]

五、案例测试

（一）中国特色的案例测试推出

2022年7月5日，上海金融法院召开新闻发布会，发布《关于金融市场案例测试机制的规定（试行）》，正式启动案例测试。金融市场案例测试机制是指金融机构、交易相对方等主体针对准备开展或正在开展的金融业务中具有前沿性、亟待法

---

[1] 单素华：《证券民事公益诉讼机制的司法路径探索》，载《投资者》2019年第4期。

律明确且对金融市场具有重大影响的典型事实与法律问题可能引发的纠纷,向上海金融法院申请案例测试,上海金融法院通过审理,向金融市场提供明确的规则指引。案例测试机制遵循充分协商、公开透明、诚实信用、广泛参与、禁止滥用的五大原则,稳定金融市场的规则预期,切实防范法律风险,促进"诉源治理"。[1]

根据该规定,金融机构等申请启动案例测试程序应同时具备四个条件:①案例类型为金融民商事纠纷;②当事人对基本事实无争议;③所涉法律争点具体明确;④所涉法律争议点具有重大性、典型性。该规定还对案例测试机制的定义、功能目的、基本原则、启动程序、审前程序、案例审理及配套机制等作出了规定。

测试案例审理庭由具有丰富金融审判经验的法官及金融、法律等领域的专家组成,规范当事人的实质辩论权及充分开示证据和资料义务,允许案外具有专门知识的个人或组织就案例所涉法律争议公开提交书面意见。

案例审理方面,该规定明确测试案例的庭审方式为争点审理模式,公开宣告测试案例司法意见书,明确案例测试结果的效力范围和应用范畴等。[2]

很明显,案例测试实际上是司法借助测试案例公开释法,不是定分止争,而是预防纠纷。它不适用于解决涉及普通交易者的民事赔偿纠纷。

(二) 案例测试的中国特色

上海金融法院尝试推出的案例测试与域外英国案例测试制

---

[1] 王可:《上海金融法院推出金融市场案例测试机制》,载《中国证券报》2022年7月6日,第A02版。

[2] 胡学军、罗楠:《中国金融案例测试机制生成的内在逻辑》,载《上海金融》2022年第9期。

度不同，具有中国特色，主要体现在以下三个方面。

1. 非正式性的探索性质

英国案例测试机制是由英国《民事诉讼规则》加以规定的诉讼程序，适用审级制度，最终会作出生效裁判。我国案例测试机制则为地方金融法院为化解金融市场创新中的突出问题而制订的测验性规则，并不属于《民事诉讼法》中的制度，并非其中的任何诉讼或非讼程序，且其具有极强的非正式性，目前仍处于探索实验阶段，不宜过早定性。

2. 我国案例测试机制形成的结果是司法意见书，而非正式判决

司法意见书显然区别于通常诉讼形成的判决、裁定与决定，其法律效果具有相对性。英国金融案例测试机制实际上类似于诉讼程序，产生的判决结果同诉讼判决结果一样具有判例的拘束力，因此成为之后的审判应当遵循的先例，不能够随意推翻。而我国案例测试机制产生的司法意见书既不同于诉讼中裁决具体纠纷的判决书或裁定书，也不同于权威司法解释，而是体现了金融法院针对具体市场行为模式而对该金融法律领域规则的理解与判断，其显然不具有裁判的既判力。

3. 我国案例测试机制中的当事人被限定为金融交易相对方等主体，不适用于普通民事赔偿纠纷案件

金融监管机构、金融行业自律组织可引导、协助上述主体申请启动案例测试程序，相当于起到民事诉讼法中"支持起诉"的作用。而英国案例测试机制允许启动的主体范围更广，其近年的首例测试案例就是由金融监管机构直接代替金融市场交易相对方提起的。[1]

---

[1] 胡学军、罗楠：《中国金融案例测试机制生成的内在逻辑》，载《上海金融》2022年第9期。

第九章　期货市场民事责任的追责路径、实施方式——多元纠纷解决机制

基于上述特征可以看出我国的案例测试制度与英国案例测试制度无论是本质上还是程序上都有诸多不同。相比于其制度建立起 5 年后才正式接受案件，我国案例测试制度于 2022 年 10 月 12 日便迎来首案，银行间市场清算所股份有限公司（以下简称"上海清算所"）作为申请人代表向上海金融法院递交启动申请书。该案例以中央对手清算业务违约处置为核心问题，由上海清算所联合交通银行、浦发银行、兴业银行、法国兴业银行（中国）共同筹备完成。这是自《上海金融法院关于金融市场案例测试机制的规定（试行）》发布以来上海金融法院收到的首个案例测试申请。

本章小结

1. 证券期货法民事赔偿责任制度已经得到了空前完善，投资者（交易者）民事赔偿制度功能也被重新定位（充分发挥民事责任制度对违法的震慑作用，健全交易者保护体系的重要机制），相应的实施机制，即多元民事赔偿纠纷解决机制也相应地进行了体系化以及具有中国特色的原创性再造。

2. 多元化纠纷解决在我国的证券期货市场已经取得了长足的发展，尤其是在证券市场领域积累的经验，能够为落实《期货和衍生品法》民事责任制度提供有益的经验与借鉴。其在示范判决、代表人诉讼、调解与仲裁多元解决纠纷机制协同推进、相互对接，在高效、高质量、便捷解决交易者民事赔偿纠纷上已经初见成效。

3. 与证券市场民事赔偿纠纷相比，期货市场的民事赔偿纠纷有其自身的特点。《期货和衍生品法》相关民事责任制度全面落实后，期货市场多元民事赔偿纠纷解决机制也将全面进入尝试实践阶段，实践中也会不断暴露出新的问题，这些问题需要

依靠机制创新来解决。正如证券市场一样,期货市场民事赔偿纠纷解决也会在创新中形成具有中国特色的多元化纠纷解决体系。

4. 中国特色的调解、仲裁与代表人诉讼(包括特别代表人诉讼)等将是我国民事赔偿纠纷解决的主要机制,三者之间搭配协同对于《期货和衍生品法》民事责任制度保证质量的实施起到决定性作用。

第十章
美欧期货市场民事责任法律制度比较研究

欧盟与美国作为资本市场发达经济体,在期货市场民事责任法律制度建设上有更悠久的历史、更丰富的经验与教训,选择它们进行比较研究,可更深入揭示民事责任制度构造背后的机理以及制度演变的历史逻辑,为我国期货市场民事责任制度落实与发展提供具有参考价值的素材。

一、美国期货经营机构欺诈交易者的民事赔偿责任

(一)美国《商品交易法》一般性反欺诈条款概述

通说认为,美国《商品交易法》一般性的反欺诈条款是第4节,即《美国法典》第7编第1章第6节(见附表10-1)[1],但对第6c条是否属于反欺诈条款是有争议的。第6c条是美国期货市场反操纵市场和内幕交易的条款,而操纵市场包括含有欺诈的欺诈性操纵市场,但交易型操纵等并不必然具有欺诈的内容,这是该条款不被视为反欺诈条款的主要原因。

(二)市场欺诈与行为欺诈:第6c、6b、6o条反欺诈条款比较

从监管角度而言,第6b条和6o条中的欺诈违反了期货经营

---

[1] 以下第6c、6b、6d、6o条和第4c、4b、4d、4o条交叉使用,不再一一注释。

机构与客户关系中的营业操守规则,是明显倾向于交易者的保护性条款,而第 6c 条是针对非特定对象的市场交易活动和交易行为,维护的是健康市场秩序,直接保护的是秩序法益,而非特定交易中的交易者,当然,它也间接起到了保护交易者的作用。因此,对操纵市场和内幕交易中受到损失的交易者,判例法发展出"欺诈市场"学说,允许遭受损失的交易者对操纵市场者和内幕交易者提出民事损害赔偿。故从广义而言,我们可以将涵盖在第 6c 条内的操纵市场行为和内幕交易行为称为"市场欺诈"行为,它是针对不特定交易者的欺诈,而第 6b 条和第 6o 条则是针对与期货经营机构存在相对性的特定交易者的欺诈。此两类欺诈引起的民事赔偿责任有很大的差异,尤其是在因果关系认定、赔偿范围及损失认定上(详见附表 10-2)。

(三)第 6b 条与第 6c 条欺诈构成要件上的差异

美国联邦期货法在反欺诈上对期货经纪商的经纪业务、期货交易咨询机构咨询业务与资管机构的资管业务采取差异化对待,主要体现在欺诈的构成要件上。期货经纪商经纪业务中的欺诈必须满足故意(scienter)主观要件,通说认为必须是主观故意或重大过失(reckless),而后两者则不需要。理由是期货交易咨询机构和资管机构对交易者负有信义义务,咨询服务和资管服务形成的法律关系是信赖关系(fiduciary relation),而期货经纪商对顾客没有信义义务(经纪商与客户之间不是信赖关系,详见附表 10-3)。

二、违反告知说明义务(风险揭示)的民事法律责任

美国《商品交易法》没有交易者适当性义务,对交易者(主要是针对普通交易者)的交易前保护完全依赖在销售终端(point of sale)环节的风险披露。按照我们的话来说,就是销售

第十章 美欧期货市场民事责任法律制度比较研究

服务环节期货经营机构的风险披露义务，交易者对服务涉及的风险享有知情权。其背后的理论假设是，期货交易属于高风险的投资（存在本金损失的风险），交易者对风险充分知情后自己就能够作出拟进行的期货交易是否适合自己的判断。

期交会成立前，商品期货行业对适当性概念一无所知。美国学者认为有以下几个原因：一是该行业对此一直采取自由放任的态度。二是按照证券法的适当性测试，许多个人交易者都会被排斥在市场之外，能够通过适当性测试的交易者非常少。因为期货市场的杠杆和内在波动，按照证交会适当性标准，没有自然人适合期货交易。因此，期货行业对采取类似证券市场的交易者适当性制度坚决反对。期交会在1977年尝试颁布适当性规则，但遭遇到行业强烈反对，最后期交会退却，宣布放弃，并宣布不会采取适当性规则。作为替代，期交会采取了折中的办法，要求期货经营机构在给顾客的风险披露报告中必须以简化的黑体形式警示商品期货交易的风险，由顾客自己决定该交易是否适当，并对风险披露报告内容作出了明确规定。[1]

《商品交易法》没有适当性义务的规定，期交会也没有适当性义务规则，判例法一样不承认存在适当性义务（参见附表10-4）。尽管没有适当性要求，但这并没有排除期交会和法院采取相当于适当性保护机制的其他替代机制。

期交会在1985年退出适当性争议后，发函要求期货业协会提供有关信息，该函表示："有兴趣了解期协在追求有关专业操守规则上的任何尝试，包括但不限于通常被称为适当性或'了解你的顾客'的做法。"期交会要求期货业协会在45天内提供

---

〔1〕 Jerry W. Markham, Rigers Gjyshi, *Commodities Regulation: Fraud, Manipulation & Other Claims*, 13 Commodities Reg. § 10: 3.

该信息。在该要求后，美国期货业协会采取了一个规则。该规则要求在顾客被允许开立期货账户之前，会员企业必须获得每个顾客有关的具体信息，如年收入、净值财富和以前的投资经验。基于该信息，期货专业人士必须作出适合该顾客有关期货交易风险的适当披露。这实质上与期交会有关期权披露要求采取的方法相同。但它并没有给会员课以适当性义务，或以适当性为由阻止顾客从事期货交易。但规则要求，如果交易风险太大，则会员企业应补充提供风险披露。期货业协会的立场就是，顾客处于更佳位置判断拟进行期货交易是否适合自己。[1]因此，美国期货市场实际上是以适当的风险披露义务取代了交易者适当性原则。

(一) 风险披露报告的监管要求

1. 披露义务主体

期交会的规则要求期货经纪商、商品交易顾问和商品池的运营者都必须向顾客提供《风险披露报告》。该报告包含了具体披露内容，必须用黑体字警示商品交易面临的显而易见的风险（obvious risk）。期交会将《风险披露报告》作为其顾客保护规则的一部分，也是保护交易者唯一的行为监管手段（无适当性义务）。期交会将风险揭示作为事前保护手段，是基于商品期货专业人士顾问委员会提供的报告中的建议。该委员会报告建议，期货经营机构在事前应当向顾客披露期货交易潜在的巨大损失风险，即《风险披露报告》，由顾客自己考虑拟进行的期货交易是否适合。基于此，期交会没有像证券市场那样采取投资者适当性义务，而是将交易者保护重心放到了风险披露上。《期监会

---

[1] Walter C. Greenough, "The Limits of the Suitability Doctrine in Commodity Futures Trading", 47 *Bus. Law.*, 3 (1992).

规章》第1.55节（17CFR §.1.55）提供了一个风险披露报告的样本。风险披露报告必须由顾客亲自签署。

2. 披露的形式

风险披露报告原则上必须是单独文件，并且必须以非常显著的方式披露风险。

第一，不能混杂在其他文件中，以降低其警示效果。没有单独披露，未与其他提供给顾客的文件分开，属于不达标。如其一，风险披露报告与其他账户信息没有分开，违反期交会风险披露报告规则要求，属于违规。其二，风险披露报告包含在14页的一个小册子中，字体相对较小，被认定为未达标。其三，没有单独的书面风险披露报告，属于不达标。

风险披露报告提供给顾客时不是单独文件，违反《期监会规章》第1.55节，后来期交会修改该规章第1.55节，允许风险披露报告出现在小册子或文件包的封面或首页（开户资料），如果没有出现在封面或首页，其后果与没有单独分开提供相同，不符合要求。[1]

第二，不够显著也不合规。风险披露没有在信息披露报告的第一页显示，属于不达标。如果风险披露报告包含在小册子或期货账户材料文件中，风险披露报告必须显示在封面或首页上。

第三，严格遵守期交会要求的格式。期货经纪商采取其认为比期交会格式更好的格式，也属于违规。[2]

3. 期权披露的特殊要求

《期监会规章》第33.7节（17CFR §33.7）特别强调了对

---

[1] Knight v. First Commercial Fin. Group, Inc., Comm. Fut. L. Rep. (CCH) 26, 942 (C. F. T. C. 1997).

[2] Jerry W. Markham, Rigers Gjyshi, *Commodities Regulation: Fraud, Manipulation & Other Claims*, 13 Commodities Reg. § 9: 5.

于期权的披露。除较长的风险披露报告外，还包含了一个针对顾客"个人情形"（personal circumstances）采取适当的披露以确保顾客被充分告知的义务。期交会指出："风险披露报告只是期货经纪商对期权顾客信息披露义务的一个要素。"期交会进一步预期期货经纪商作出竭尽一切合理的努力确保所有期权顾客和潜在期权顾客被告知涉及期权交易的风险。因此，期货经纪商必须充分熟悉每个期权顾客的个人情形以确定需要采取的进一步行为，作进一步的解释和披露以便期权顾客在是否进行期权交易的问题上在知情基础上作出审慎决定。对期权顾客个人情形的调查比期货交易更严格。这一要求并不是适当性规则，因为该规则是证券行业采取的。在开立账户之前，期货经纪商负有义务了解期权顾客的个人情形，该程序应该被所有谨慎的期货经纪商遵守。确定个人情形要求期货经纪商对期权顾客的财务状况、市场老练程度进行调查，以便确定上述风险披露到何种程度以及是否披露风险披露报告之外的其他信息。期交会将调查程度留给期货经纪商自己审慎判断。[1]

《期监会规章》第33.7（d）节要求劝诱或接受订单的人可在进入交易前告知顾客行权价和期权费。在一个判例中，联邦第十一巡回上诉法院认定一个商家违反了《期监会规章》第33.10节"商品期权反欺诈"。法院指出，期交会要指控违反该规章，必须证明三个要素：其一，商家作出了虚假陈述、误导性陈述或欺骗性遗漏；其二，存在主观故意或重大过失；其三，信息具有重大性。法院指出信息的重大性将根据所有信息和对传达信息的共同理解来确定。本案中，商家被认定过度强调潜在盈利，淡化了损失的风险。法院指出，如果整个信息客观上

---

[1] Comm. Fut. L. Rep.（CCH）21, 263, at 25, 295（Nov. 3, 1981）.

存在重大误导或欺骗性,商家有一般性的风险披露并不自动排除其《商品交易法》上的责任。否则,经纪人就"可随意支配巧妙地滥用其知识,操纵顾客相信有关商品市场能够提供安全的天堂,并侥幸只要没有作出实际保证,就能逃避欺诈的指控"。法院还指出,顾客必须"受到积极的保护,免受经纪商欺骗性报告的伤害,从事高度复杂和内在风险大的金融工具交易"。但有两个法官提出异议。[1]同样,通过虚假陈述、夸大盈利来掩盖或转移顾客对风险披露报告披露风险的关注,该行为就构成欺诈。

4. 商品交易顾问的披露义务

按照《期监会规章》,商品交易顾问必须履行风险披露报告提供义务。期交会的行政法官认定,顾问业务只是期货经纪商的附属业务,无须提供商品交易顾问披露文件和必须注册为商品交易顾问。[2]在一个案件中,期交会认定被告向公众散发的广告中欺诈性吹嘘期货和期权市场存在潜在巨大盈利完全超过了风险披露,被告作为商品交易顾问这样做是违法的。[3]在这些案件中,法院并没有考虑《商品交易法》是否暗含适当性义务,因为欺诈是如此恶劣,根本不需考虑适当性的微妙问题。

(二) 违反风险揭示义务的民事法律责任

缺失交易者适当性义务并不意味着美国期货市场降低了对交易者保护的标准和错误销售的法律责任,包括民事赔偿责任。在交易者因错误销售损失赔偿索赔案件中,监管机构和法院通

---

[1] CFTC v. R. J. Fitzgerald & Co., Inc., 310 F. 3d 1321 (11th Cir. 2002).

[2] Walker v. Robbins Futures, Inc., Comm. Fut. L. Rep. (CCH) 27, 600 (C. F. T. C. 1999).

[3] In the Matter of CTS Financial Publishing, Comm. Fut. L. Rep. (CCH) 28, 586 (C. F. T. C. 2001).

常会避免以销售给交易者产品或服务不适合或不适当作为认定期货经营机构担责的理由，但会以期货经营机构在履行风险揭示义务过程中存在欺诈或误导为由，认定期货经营机构对错误销售所导致的交易者的损失承担民事赔偿责任。在20世纪70年代早期，商品期权市场广泛扩散的高压房采取了高压欺诈性销售手段，导致许多普通交易者损失千万美元。期交会成立后，对从事商品期权交易的企业采取了大量执法行动。期交会执法指控通常都是违法者运营高压房，使用高压销售技巧，虚假宣称巨大盈利前景，淡化交易的风险，不考虑其出售的交易是否适合投资者。在给予期交会禁止令时，法院通常禁止企业在没有考虑到顾客适当性情况下作出不负责任的推荐，对顾客进行进一步的欺诈。[1]也就是说，监管执法机构和法院会从导致错误销售的源头——风险揭示过程上进行实质审查来认定责任，即对期货经营机构在对交易者的风险揭示中存在欺诈或误导作为认定其违法并担责的主要理由。这种策略在期交会赔偿程序和损失赔偿司法判例中普遍使用（详见附表10-5）。

三、赔偿范围及损失计算

（一）欺诈误导民事赔偿的范围及损失计算

美国《商品交易法》第22节是关于违反该法民事赔偿的一般性条款，它明确规定违反《商品交易法》或期交会的规章、规则、命令而承担的民事赔偿责任赔偿的是"实际损失"。它也规定了惩罚性赔偿，但惩罚性赔偿只限于执行顾客订单场内经纪人故意的违法行为，惩罚性赔偿不超过实际损失的两倍（no more

---

[1] Commodity Futures Trading Commission v. Crown Colony Commodity Options, Ltd., 434 F. Supp. 911 (S. D. N. Y. 1977).

than two times the amount of such actual damages)。如果该场内经纪人的期货经纪商具有故意并协助场内经纪商从事该违法行为,在场内经纪人不履行惩罚性赔偿责任的条件下,该期货经纪商要承担该惩罚性的赔偿责任。

1. 实际损失是基于欺诈误导而实际投入的资金所受到的损失

如何确定实际损失呢?司法判例认定:"作为一般规则,一个被欺诈伤害的人选择接受欺诈创造出的情景,寻求损害赔偿,可请求一个赔偿数额能够恢复其欺诈行为发生前的状态,尤其是如果可证明,如果没有欺诈陈述,整个行为就不会发生。"期交会提出另外一个替代性的解决案发,就是所谓的"直接经济损失"(out of pocket loss)。[1] 直接经济损失通常就是指从顾客手上获得的金钱数额。对于欺诈性诱导,通常救济措施就是返还受害人实际投入所受到的损失。

2. 交易者在知道欺诈误导事实后没有采取合理措施防止损失扩大,不能对损失扩大部分主张赔偿,但如果没有采取止损措施是因为再次受到欺诈误导的除外

在确定实际损失时,选择时点很重要。因为这涉及顾客账户发生损失是否与欺诈诱导直接相关。交易者只能就其实际受到欺诈误导到其知悉欺诈误导时止的期间内遭受的实际损失主张赔偿,因为在这个时间段,交易者处于被蒙骗状态却不知道自己被蒙骗。一旦交易者知道自己被欺诈误导,就有能力采取止损措施,防止损失继续扩大。因此,判例认定,如果顾客知悉其被欺诈诱导时账户是盈利的,就不能主张赔偿。对于不当

---

[1] Graves v. Futures Inv. Co., Comm. Fut. L. Rep. (CCH) 21, 457 (C.F.T.C. 1982).

保证损失的索赔，赔偿数额为保证时的账户价值和最终该账户关闭时的价值差额。[1]即便如此，如果交易者知悉被欺诈误导时因为再次被期货经营机构欺诈误导而没有采取适当止损措施，则交易者仍可对损失扩大部分主张损失赔偿，也就是说，扩大损失部分仍然是期货经营机构欺诈误导所导致的。在一个判例中，期交会拒绝将损害赔偿限制在顾客被告知其损失将受到限制的数额范围内，即该顾客被误导后错误认为其损失将限制在3万美元，其实际可主张的赔偿则不受此限。期交会认定，如果顾客被真实告知风险，就根本不会投资。对减轻损失的抗辩，期交会在一个案件中认定，顾客在意识到有关错误行为（虚假陈述）前无义务采取止损行为。本案中，顾客被告知可让其投资的钱翻倍，被告抗辩说顾客好几次都可清仓获利退出，但期交会基于上述理由驳回了被告该抗辩。[2]

3. 受到欺诈遭受的损失不能与欺诈无关的盈利相互抵消

期交会也拒绝将欺诈性活动导致的损失与其他与欺诈性活动无关的交易的盈利进行抵消的抗辩。但在过度交易（churning）中，期交会将损失限定在佣金范畴。期交会的看法是，只有欺诈性行为导致的损失才是可索赔的。如果存在重大遗漏，交易损失（亏损所导直接导致的经济损失）也要赔偿。在取得授权的交易中，损失赔偿限制在直接因为不法行为所导致的损失中。这种限制也适用于虚假陈述，期交会重点要审查虚假陈述与损失的直接因果关系。涉及欺诈性诱导、虚假陈述所导致的顾客的损失，赔偿就是顾客的亏损。期交会不认可比较过错，

---

[1] Villa v. Gerstenberg & Co., Comm. Fut. L. Rep. (CCH) 23, 472 (C. F. T. C. 1987).

[2] Ferriola v. Kearse-McNeill, Comm. Fut. L. Rep. (CCH) 28, 172 (C. F. T. C. 2000).

第十章 美欧期货市场民事责任法律制度比较研究

既要求以原告也存在过错而分摊损失,也拒绝外部干预行为排除被告的责任。该决定也被美国联邦第九巡回上诉法院认可。[1]

4. 实际损失不包括预期的盈利损失

对潜在盈利损失索赔是不被允许的,因为这种请求太过投机。损失范围只限于顾客的实际投资,即使在起诉时账户价值已经超过投资总额。[2]期交会指出,只有针对违反《商品交易法》的行为所带来的实际损失才可主张赔偿,损失的潜在盈利一般不可索赔,除非用合理具体事实来证明,损失的盈利是该违法直接导致的,如未收到盈利的客户账户被清仓。[3]

对于被告非法盈利预测,原告是否可对该未实现的盈利主张索赔,期交会行政法官拒绝了该索赔主张。案件中,原告在被告企业的账户已经盈利几千美元,但该账户被转让了,他几乎失去了所有盈利。行政法官认定原告不能对被告非法作出的盈利预测未实现部分请求赔偿。[4]

5. 与欺诈误导直接有关的佣金支出损失计入实际损失中

美国州法院判例中,基于有关佣金的虚假陈述的索赔,法院认定,投资损失赔偿请求只有在证明虚假陈述导致该损失时才能得到支持。这就意味着,顾客必须证明,如果知道佣金规模,就不会进行交易。上诉法院适用《1934年证券交易法》第10b-5条下的判例法,认定原告有权获得的赔偿数额是基于虚

---

[1] Ho v. Dohmen-Ramirez, Comm. Fut. L. Rep. (CCH) 23, 391 (C. F. T. C. 1986), aff Comm. Fut. L. Rep. (CCH) 24, 101 (9th Cir. 1988).

[2] Jerry W. Markham, Rigers Gjyshi, *Commodities Regulation: Fraud, Manipulation & Other Claims*, 13 Commodities Reg. § 8: 20.

[3] Los Angeles Trading Group Inc. v. Peregrine Financial Group Inc. , Comm. Fut. L. Rep. (CCH) 30, 805 (C. F. T. C. 2008).

[4] Medel v. First Investors Group of Palm Beaches, Inc. , Comm. Fut. L. Rep. (CCH) 29, 173 (C. F. T. C. 2002).

假陈述而支付的佣金。法院不支持惩罚性赔偿。[1]

(二) 过度交易的损失赔偿范围及计算

在过度交易损失赔偿中,是否存在过度交易通常是关键,也直接关系到哪些交易是过度的,相关佣金支出与损失是否属于赔偿的范围。美国联邦第八巡回上诉法院认为过度交易不仅创造不正当的佣金收入,还可能给顾客账户带来损失,而如果该账户没有被过度交易,这些损失将不会发生。上诉法院认为应当支持投资者直接损失赔偿请求,但直接经济损失不需要专家证据支持。法院也认为应当对涉及的每笔交易进行检查,看是不是过度交易的一部分,不能采取要么全有或要么全无的方法。法院进一步指出了许多可用于证明过度交易的数学比较,包括换手率和佣金与投资比等。[2]

过度交易情节恶劣的,判例法还给予交易者惩罚性赔偿。在一个判例中,美国联邦第八巡回上诉法院支持了惩罚性赔偿请求。专家证词表明,在32天内,顾客账户实际交易天数为24天,总共有84次交易执行,平均每天产生大约165美元的佣金。要支付该笔佣金,该账户每个月的盈利必须超过182%。而且,这些交易中的70%是日交易。专家证词还指出,该账户是经纪人控制的资管账户,日交易是证明过度交易存在的证据,因为过高的佣金成本,该交易很难盈利。[3]

---

[1] Martin v. Heinold Commodities, Inc., Comm. Fut. L. Rep. (CCH) 26, 224 (Ill. Sup. 1994).

[2] McGinn v. Merrill Lynch, Pierce, Fenner & Smith, Inc., 736 F. 2d 1254 (8th Cir. 1984).

[3] Jordan v. Clayton Brokerage Co., Comm. Fut. L. Rep. (CCH) 24, 346 (C. F. T. C. 1988).

四、欧盟期货市场民事责任制度

欧盟有关期货市场民事责任制度包含在欧盟有关资本市场的监管法的营业操守规则和信息披露制度中，欧盟层面并没有针对期货市场的专门立法。以下就从欧盟资本市场法有关投资者民事赔偿的规定以及各成员国具体落实相关规定的制度安排来阐释有关制度。

(一) 欧盟对民事责任制度功能的重新定位——私人执法

在欧盟，新近许多成员国开始追随美国的做法，把私人执法看作资本市场法实施的一个必不可少的部分。作为资本市场的一种监管手段，民事处罚（civil law sanctions，民事赔偿诉讼）相对于公共执法的制度而言是一种更有效的执法手段。而且他们还认识到，单通过给予投资者请求索赔的权利的实体法是不够的，因为民事请求权行使过高的成本无法有效克服"理性冷漠"（national apathy），必须伴随有效的程序规范，如美国集团诉讼，私人执法才能奏效。[1]

在欧盟，让经营机构对违反《金融工具市场指令》(MiFID)和《金融工具市场指令Ⅱ》(MiFID Ⅱ) 营业操守规则（conduct-of-business rules，行为监管规则）承担民事赔偿责任，有两条路径：一是违反不成文的注意义务而承担责任，二是基于违反制定法某些行为操守规则而承担责任。二者的区别就是，前者，欧盟监管法上的营业操守规则对民事赔偿责任的作用是间接的，后者则是直接适用。

2003 年和 2004 年欧盟颁布的四个有关资本市场法指令，

---

[1] Rüdiger Veil, *European Capital Markets Law*, 2nd ed., Hart Publishing, 2017, pp. 171—172.

《招股说明书指令》（PD）第25条、《市场滥用指令》（MAD）第28条、《透明度指令》（TD）第7条和《金融工具市场指令》第51条对各国落实责任制度提出如下要求："不损害各成员国课以刑事处罚的权利和不损害它们的民事责任制度，成员国应确保符合其国内法，对责任人可采取适当的行政措施或行政处罚，还没有制定落实指令的有关规定的成员国应确保这些措施是有效的（effective）、符合比例的（proportionate）和具有劝止效力的（dissuasive）。"对于成员国采取何种责任形式，以及责任力度，没有具体要求与规定。没有要求必须采取刑事处罚，甚至行政处罚。

欧盟上述指令中只有《招股说明书指令》明确规定了民事责任。该指令第6（1）条规定："成员国应确保招股说明书中信息的责任至少与发行人或其管理、经营团队或监督机构，管理人员和申请上市交易的人或担保者联系在一起。"但没有明确规定责任构成要件，包括是否需要故意或过失主观要件。

鉴于成员国在监管执法上，包括违法处罚上的巨大差异，欧盟高级专家组（the High Level Experts）认为，欧盟应该在违法处罚上更加协调一致，处罚应当足够严厉，产生震慑效果，而上述四个指令都没有明确要求成员国采取刑事处罚措施。为此，2008年金融危机后，欧盟启动了一揽子修法，新颁布的《市场滥用条例》（MAR）、《透明度指令》和《金融工具市场指令Ⅱ》一致要求成员国制定某些监管措施和处罚。《招股说明书指令》也要求在对违法的处罚上协调一致。修法的目标是欧盟范围内行政措施和处罚协调一致和提升实效。新的立法旨在采取更严厉的处罚和增加欧盟层面的协调以避免监管套利。经济处罚（罚金）是所有行政处罚的核心，因此要统一最低罚金水平。欧盟立法上明确规定了最低罚金水平，但允许超越。罚金水平考虑的因素就是违法者获得的盈利或避免的损失，最高可

第十章 美欧期货市场民事责任法律制度比较研究

处以盈利或避免损失的三倍。《市场滥用条例》规定，如果违反内幕交易和操纵市场规则，最高罚金的最低比例对于自然人为 500 万欧元；对于其他市场滥用条例的违法，最高罚金为 100 万或 50 万欧元；对于法人，同样的违法行为的罚金为 1500 万或 250 万欧元。法人的最高罚金的处罚比例是按照年度总收入（turnover）为基数来计算的，违反内幕交易和操纵市场，处以年度总收入的 15%。追缴非法获利是进一步的行政处罚措施，欧盟要求成员国必须给予监管当局采取该措施的权力。成员国必须确保监管当局具有处以最高经济处罚的权力，即至少为违法者获利或避免损失总额的三倍。[1]

尽管如此，欧盟新的第一层面（the first level）立法仍没有有关投资者损害赔偿的民事责任规则，但判例法认可投资者对违反欧盟条例和有关规则所导致的损害享有赔偿请求权。欧盟法院的判例裁定，有必要认可投资者该权利，与反竞争领域一样，并认为损害赔偿可提高内幕交易和操纵市场规则的规制实效。有关民事责任的主要争议是归责标准，即是采取故意归责还是过失归责。主流意见认为，重大过失归责才能确保民事责任发挥其吓阻效力（preventive effects）。实际上，欧盟 2013 年对信用评级引入民事责任时就采纳了主流看法。不过，欧盟目前没有统一的民事司法执法，强制要求成员国引入集团诉讼不可行，也不可取。但在过去 10 多年，欧盟成员国普遍认识到民事赔偿诉讼作为私人执法的重要性。但实施起来在许多成员国有难度，因为涉及修宪。[2]

---

[1] Rüdiger Veil, *European Capital Markets Law*, 2nd ed., Hart Publishing, 2017, p. 177.

[2] Rüdiger Veil, *European Capital Markets Law*, 2nd ed., Hart Publishing, 2017, p. 178.

涉及行政处罚，如没收和民事赔偿在执行的优先顺序上，欧盟竞争法领域已明确民事赔偿执行优先。不过，民事赔偿责任操作层面仍有诸多问题留给各成员国自己去解决，如获利或避免损失的计算方法，是毛利还是净利，是否允许估计等。[1]

（二）经营机构违反监管法上的营业操守规则致人损害的民事赔偿责任

经营机构损害投资者的民事赔偿责任有合同法和侵权法两条救济路径。欧盟大多数国家，将监管规定视为公法，投资企业不遵守监管法上的监管规则（包括监管规章）影响的是其与相关金融监管者之间关系。换句话说，违反监管法的法律责任主要是金融监管机构行政执法所采取的行政罚金。监管法上的行为监管规则，如《金融工具市场指令》和《金融工具市场指令Ⅱ》营业操守规则，对投资企业与客户的私法关系也会产生重大影响（major influence）。大多数欧盟成员国普遍接受，监管规则有助于定义投资企业和其他金融机构的私法下的缔约前和履约上的注意义务。而且，在许多成员国，违反该国落实欧盟法营业操守规则的国内法规定，不仅构成对民事注意义务的违反，也构成侵权（不法行为），因为其违反了制定法上的义务（statutory duty）。

除此之外，资管机构为养老金、保险公司等提供资管服务时，通常会把公法上的注意义务和其他监管规定上的注意义务明确包含在合约中，从而赋予监管法上的监管规则合同的效力。而且相关机构组合管理合同（institutional portfolio management contract）都包含一个条款，要求资管机构声明其获得了相关金融监管机

---

［1］ Rüdiger Veil, *European Capital Markets Law*, 2nd ed., Hart Publishing, 2017, p.177.

第十章 美欧期货市场民事责任法律制度比较研究

构的许可,并将遵守相关的监管法。[1]

在德国,有部分学者认为,《金融工具市场指令》的营业操守规则(对投资者而言,大多数是保护性规范保护)具有双重法律性质,既是监管规则(regulatory rules),也是私法规范(private law norm)。[2] 换句话说,其可作为主张民事赔偿权利的方便依据,但这种观点在德国仍然是少数派。

欧盟没有对成员国对违反欧盟监管法上的营业操守规则民事赔偿责任的执法作出硬性要求,但无论是采取公法的执法手段,还是采取私法的执法手段,都要求执法效果相当,即效果相同,这就是所谓的"效果原则(principle of effectiveness)"。它禁止民事法院对受《金融工具市场指令》调整的投资企业课以更宽松的义务。欧盟法院在赫尼尔(Genil)案中确立了该规则。它裁决,如果没有欧盟立法,成员国自己可确定不遵守《金融工具市场指令》下"了解你的顾客"规则的合同后果,但必须遵守同等和效果原则(the principle of equivalence and effectiveness)。这就意味着,如果投资者要对投资企业提起民事诉讼,胜诉并非不可能。《金融工具市场指令Ⅱ》第69(2)条最后一款更进一步明确规定:"成员国应确保机制的存在,成员国违反本指令或《金融工具市场法规》所导致经济损失或损害,投资者能够确保得到赔偿或可采取其他救济诉讼"。[3]

---

[1] Danny Busch, Guido Ferrarini, *Regulation of the EU Financial Markets: MiFID II and MiFIR*, Oxford University Press, 2017, p. 568.

[2] Danny Busch, Guido Ferrarini, *Regulation of the EU Financial Markets: MiFID II and MiFIR*, Oxford University Press, 2017, p. 567.

[3] Danny Busch, Guido Ferrarini, *Regulation of the EU Financial Markets: MiFID II and MiFIR*, Oxford University Press, 2017, pp. 579-570.

(三) 各成员国在民事赔偿责任制度安排上落实效果原则所遇到的一些问题

1. 合同当事人是否可在合同中采取比《金融工具市场指令》和《金融工具市场指令Ⅱ》更宽松的约定

按欧盟效果原则，违反欧盟法营业操守规则保护性规定的相关合同条款是不可接受的，按照合理、公平标准，如果违反保护规定的条款包含在一般性条款和条件中，则构成了不合理负担条款（unreasona-bly onerous clause）。[1]

另外一个问题就是，成员国法院是否有义务适用市场滥用条例于它们自己的动议（their motion）？欧盟法院判例认定，成员国法院必须基于欧盟效果原则决定它们自己的动议，企业和消费者之间不合理负担条款属于《关于消费者合同中不公平条款的指令》（Directive 93/13/EEC）中的"不公平"（unfair）。欧盟法院法官也只是在民事上诉法院上才自己决定欧盟立法是否适用。有学者认为，市场滥用规则可被作为消费者保护条款对待，在与私人投资者有关的法律关系中必须得到遵守。在违法者与私人投资者的争端中，法院有权自主决定是否违反了市场滥用规则。[2]

2. 欧盟《金融工具市场指令》和《金融工具市场指令Ⅱ》对相对性原则的影响

在一些欧盟国家，如果缺乏近因性（proximity）和相对性（relativity），如德国和荷兰，基于制定法的侵权请求权就可能无法胜诉，即相关义务不仅只服务于一般性的利益，而且必须服

---

[1] Danny Busch, Guido Ferrarini, *Regulation of the EU Financial Markets*：*MiFID II and MiFIR*, Oxford University Press, 2017, p. 577.

[2] Maro Ventoruzzo, Sebastian Mock, *Market Abuse Regulation*：*Commentary and Annotated Guide*, Oxford University, 2017, p. 106.

务于请求权人的切身利益（patrimonial interest）。对必须具有相对性要件的国家，违反《金融工具市场指令Ⅱ》是否满足相对性的要件呢？作者认为，欧盟法院赫尼尔判例和《金融工具市场指令Ⅱ》第69（2）条都明确了成员国自主确定不遵守《金融工具市场指令Ⅱ》规则的合同后果，但效果原则必须得到遵守。按照赫尼尔判例、《金融工具市场指令Ⅱ》和效果原则，基于违反《金融工具市场指令Ⅱ》规则的民事损害赔偿，尤其是营业操守规则，不能仅仅因为相对性要件缺失而败诉。[1]

3.《金融工具市场指令》和《金融工具市场指令Ⅱ》对因果关系的证明的影响

在欧盟许多成员国，民事索赔必须证明义务主体的违法与损失之间存在因果关系。荷兰最高法院在一家因特网公司（World Online）判例中对此作了阐释与说明。该案因为招股说明书存在误导而引发民事赔偿诉讼。荷兰最高法院认为：如果《金融工具市场指令》中的提供信息和警示义务被违反，基本规则应当是，推定损失与该违法存在因果关系，不然其保护投资者的目的将陷入虚幻。[2]

欧盟授权各成员国的法院按照各成员国相关法律裁决违反《金融工具市场指令》营业操守规则是否要承担民事责任，但要遵守欧盟效果原则和顾客与企业之间合同不公平条款（unreasonably onerous clauses）的有关规定。因此有学者认为，《金融工具市场指令》营业操守规则可被视为消费者保护条款，在保护私人投资者方面，必须遵守。但在投资企业和私人投资者之

---

[1] Danny Busch, Guido Ferrarini, *Regulation of the EU Financial Markets: MiFID II and MiFIR*, Oxford University Press, 2017, p. 580.

[2] Danny Busch, Guido Ferrarini, *Regulation of the EU Financial Markets: MiFID II and MiFIR*, Oxford University Press, 2017, p. 581.

间,欧盟成员国法院自行裁决是否违反《金融工具市场指令》营业操守规则。[1]

(四) 市场滥用的民事赔偿责任

意大利、法国、西班牙、瑞典、英国都有违反操纵市场禁止性规范的民事赔偿责任。但在德国,虽然私人执法吸引了越来越多的关注,但法院必须决定被违反的相关监管性规则是否可能被视为《德国民法典》第823条保护性条款,以决定投资者是否享有对操纵市场违法行为主张民事赔偿权利。法院认定禁止操纵市场不属于民法典保护性条款,该规则不是保护个人投资者的,对投资者仅仅是反射,禁止操纵市场是确保宏观层面的市场功能正常运行,不属于上述保护性条款,投资者对违反该条款不享有民事赔偿权利。奥地利与德国不同,主流看法是禁止操纵市场可利用私人执法,有关规定构成个人投资者的保护性规定。法国、希腊和意大利法律可被解释为允许民事赔偿诉讼,葡萄牙、爱尔兰和塞浦路斯有关立法则明确允许。[2]

欧盟《市场滥用条例》在2016年7月3日生效。在欧盟一些成员国,该条例被认定为公法,若违反,主要影响的是违法者与金融监管者之间的关系。换句话说,相关金融监管者按照行政法执行该法。[3]但《市场滥用条例》对违法者与投资大众(investing public)之间的民事法律关系也有重要影响。主要条款包括:①第14(a)条内幕交易,以及第8(1)条;②第14(b)条禁止违法推荐的第8(2)条和违法披露的第14(c)条

---

[1] Danny Busch, Guido Ferrarini, *Regulation of the EU Financial Markets: MiFID II and MiFIR*, Oxford University Press, 2017, p. 585.

[2] Rüdiger Veil, *European Capital Markets Law*, 2nd ed., Hart Publishing, 2017, pp. 258—259.

[3] Marco Ventoruzzo, Sbbastian Mock, *Market Abuse Regulation Commentary and Annotated Guide*, Oxford University Press, 2017, p. 85.

第十章 美欧期货市场民事责任法律制度比较研究

和第 10（1）（2）条；③禁止操纵市场的第 15 条和第 12 条；④要求公开披露内幕信息的第 17 条。[1]

在荷兰判例法和文献中，现在普遍接受的是，违反先前的《市场滥用指令》和荷兰落实该指令的《荷兰金融监管法》（Dutch Financial Supervision Act）的行为构成民事侵权（违法事实），违反了金融监管法法定义务（即《荷兰民法典》6：162（2）条，该条规定："侵权是指侵犯了某人权利和违反法律课以的义务的行为或疏忽"）。在荷兰，违反了内幕信息及时披露规定，不仅可对发行人，还可对董事提起诉讼。在违反欧盟资本市场监管法的民事赔偿责任方面，荷兰在欧盟处于领头地位。[2]

（五）行政执法与民事赔偿责任互动关系

在荷兰法律实践中，当针对发行人提起损害索赔时，投资者通常引用荷兰金融市场管理局（AFM）对违反信息披露义务已经处以行政罚金的事实支持其诉讼。他们可以引用：其一，在调查程序中企业上诉法院（the Enterprise Court）制作的调查报告；其二，企业上诉法院作出最终裁决所提供的事实描述，或对相关发行人沟通政策（信息披露政策）的最终裁决，如构成不当管理的认定。[3]

按照荷兰法，荷兰金融市场管理局享有广泛的民事当事人不享有的调查权力，投资者可请求荷兰金融市场管理局采取执法措施，课以罚金处罚。荷兰金融市场管理局必须将处罚公开，包括处罚决定的理由（按照《荷兰金融监管法》1：97 条）。在

---

[1] Marco Ventoruzzo, Sbbastian Mock, *Market Abuse Regulation Commentary and Annotated Guide*, Oxford University Press, 2017, p.86.

[2] Marco Ventoruzzo, Sbbastian Mock, *Market Abuse Regulation Commentary and Annotated Guide*, Oxford University Press, 2017, p.87.

[3] Marco Ventoruzzo, Sbbastian Mock, *Market Abuse Regulation Commentary and Annotated Guide*, Oxford University Press, 2017, p.107.

福尔蒂（Fortis）案中，荷兰金融市场管理局就对其违反操纵市场禁止性规定和没有及时披露内幕信息作出了罚金处罚，福尔蒂不服处罚，向法院提起诉讼，案件最终上诉至荷兰最高行政法院，但福尔蒂败诉。从理论上来说，民事法院不受荷兰金融市场管理局裁决的约束或行政法院已经进行司法审查裁决的约束，但二者在民事诉讼程序中都具有证据价值。[1]

五、美国民事赔偿多元纠纷解决机制

美国《商品交易法》规定了三种主张损害赔偿责任的救济渠道，即仲裁、联邦法院的民事诉讼和行政赔偿程序。

（一）美国多元民事赔偿纠纷解决机制的形成与发展

1. 行政赔偿程序

1974年10月23日，美国国会通过了《商品期货交易委员会法案》（The Commodity Future Trading Commission Act），该法案修订了《商品交易法》并设立期交会，赋予其对商品期权、杠杆合约、期货交易的专属管辖权。新增加的第14节创设了一个由期交会负责管理的赔偿程序，创设了受害顾客因为那些按照《商品交易法》在期交会注册的人违反商品交易法或规章而获得金钱赔偿的行政上诉法院。

《商品交易法》在规定期交会行政赔偿程序的同时，还规定了仲裁作为解决民事赔偿争端的纠纷解决机制。1974年《商品期货交易委员会法案》修订还增加了第5（a）（11）条，它要求合约市场"通过仲裁提供公平和平等程序，或其他解决顾客针对其会员或雇员的索赔和投诉"，与此同时，它对期货业协会

---

[1] Marco Ventoruzzo, Sbbastian Mock, Market Abuse Regulation Commentary and Annotated Guide, Oxford University Press, 2017, p. 108.

第十章 美欧期货市场民事责任法律制度比较研究

也提出了类似要求。

《商品期货交易委员会法案》同时引入了行政赔偿程序和仲裁程序，目的是让投资者能够有多种救济渠道可选择。初始，美国期交会的赔偿程序是补充合约市场和注册期货协会非正式解决争端程序的独立救济机制。美国国会强调，能够通过这些非正式程序解决的，尽量解决。《商品交易法》第 14 节也规定了一些期交会管理赔偿计划应遵循的程序，第 14（a）条还给予违反《商品期货交易委员会法案》和期交会规则规定的投诉两年时效期。[1]

行政赔偿程序实施后，经过短时间过渡，案件数量猛增。1977 年，案件数量达到 543 件，到 1978 年，等待处理的案件飙升，开始出现积压现象。其中，提交庭审和上诉，等待行政法官裁决的案件数量不断攀升。1979 年，有 903 起投诉，1980 年猛增到 1401 件，1981 年增加到 1417 件。按照美国联邦审计署的报告，1976 年初始提起的投诉，平均需要 5 年才能处理完成（包括上诉到期交会的）。1977 年到 1978 年的投诉案件平均需要 3 年才能走完程序。[2] 赔偿程序效率如此低下大大背离了其初衷，审计署报告认为，该程序比仲裁还要长，在解决争议耗时上与联邦法院的民事诉讼一样漫长。审计署建议将未注册实体的民事赔偿事项予以剥离调整（大多数纠纷是针对未注册的非法经营者）。期交会也请求国会授予期交会更多规则制定权力，改造赔偿程序，以便高效快捷地处理索赔案件。国会采纳了上述意见。

---

[1] Kenneth M. Raisler, Edward S. Geldermann, "The CFTC's New Reparation Rules: In Search of A Fair, Responsive, and Practical Forum for Resolving Commodity-Related Disputes", 40 *Bus. Law.*, 539 (1985).

[2] Kenneth M. Raisler, Edward S. Geldermann, "The CFTC's New Reparation Rules: In Search of A Fair, Responsive, and Practical Forum for Resolving Commodity-Related Disputes", 40 *Bus. Law.*, 539 (1985).

1982年，国会对《商品期货交易委员会法案》第14（a）条进行修订，规定："任何人按照本法或根据本法签发的规则、规章、命令投诉，针对按照本法注册的人的投诉，在其行为发生的两年内任何时间，可提出请求签发因该违法行为导致实际损害命令的申请。"废除了期交会对未注册者的赔偿管辖权。期交会重新制定了赔偿程序规则。新的赔偿程序规则规定了三个裁决程序，包括一个自愿程序和两个强制程序。

除了较小额度索赔的简易程序和较大索赔的正式程序，类似先前赔偿规则的调查形式，新规则创设了一个纯粹的自愿裁决程序（voluntary decisional procedure），它类似商事仲裁，旨在快捷和廉价运行。自愿程序适用于所有当事人，不管涉及索赔额度多少，只要当事人在投诉和答辩中选择该程序即可适用。如果选择，投诉者需要支付25美元的费用。

自愿程序的发现程序限制在双方提交的书面文件证据中，一旦所有证据被收到，期交会聘用的官员就会下达包含简要阐明的结论，就原告索赔请求和反诉请求当事人的责任作出裁决。裁决包含一个对原告请求和反诉请求的裁决，是最终的，不能申请复议和向联邦法院提起上诉。自愿裁决程序裁决的赔偿不包括诉讼费用。

如果不选择自愿程序，索赔额度小于1万美元的只能通过简易程序进行，诉讼费是100美元。当事人可请求进行发现程序，按照其要求，可通过电话或在华盛顿举行口头听证。所有证据提交后，裁决官员将作出包含简要的事实认定、适用法律的结论以及胜诉方获赔数额的初始裁决。该初始裁决可提请期交会复议，对复议裁决不服的可上诉到联邦上诉法院。

如果索赔额度超过1万美元，没有选择自愿程序，就适用较为正式的裁决程序，诉讼费为200美元。当事人享有获得行政法官裁决的权利，类似上诉法院庭审，通常限制在美国的 20 个主要城市。庭审完成后，行政法官必须签发包含事实认定、适用法律的结论以及判决赔偿数额的初审裁决，对裁决不服的可提请期交会复议，不服复议裁决的，可上诉到美国联邦上诉法院（详见附表 10-6）。

2. 交易者明示诉权的确立：民事诉讼

1982 年美国联邦国会增订了《商品期货交易委员会法案》第 22 节明示的民事赔偿诉权。第 22（a）条规定的民事赔偿诉讼针对的是期货市场的经营机构及其从业人员，包括杠杆交易、场外商品期权交易从业机构及人员。第 22（a）条适用于所有违反《商品期货交易委员会法案》的损害赔偿。

第 22（a）条适用于除指定的自律监管组织外的任何违法者或故意协助教唆或诱致该违法的人。对于协助教唆责任，主观故意是必要的构成要件。

第 22（a）条将救济限制在违法行为所涉及的一个或几个交易的实际损失。惩罚性赔偿只有在场内经纪人执行订单情形下可以提起。不过，按州法提起的索赔就可能适用惩罚性赔偿。第 22（a）条也没有规定律师费，一般都认为不包括律师费。按照一般性的美国程序规则，赔偿程序也遵从上述规则，只有存在恶意诉讼时，胜诉方才可获得律师费的赔偿。

第 22（a）条民事诉讼比赔偿程序适用范围广，后者限制在注册的人（即具有合法经营资质的期货经营机构）上，第 22（a）条则可针对任何人。除操纵市场的损失索赔，还可针对包括与原告存在相对性，除指定的自律组织外所有违法并给原告造成损失的人。

相对于仲裁与期交会的赔偿程序，第 22（a）条提供的民事诉讼救济是替代性的，更耗时且更昂贵（详见附表 10-7 对三种纠纷解决机制的利弊比较）。

（二）交易者享有选择最合适纠纷解决机制的权利

根据《商品期货交易委员会法案》第 14（a）条和《期监会规章》第 180.3 节，交易者要选择行政赔偿程序提起赔偿的请求权，为阻止争端发生前合同约定的仲裁条款的强制效力，必须在接到仲裁申请的 45 天内提出赔偿申请。一旦选择通过行政赔偿程序索赔，就不能选择仲裁。这实际上使交易者在纠纷发生时，有 45 天的期限在仲裁、行政赔偿程序和诉讼之间权衡利弊，以选择最适合的纠纷解决机制（三种纠纷解决机制的适当性分析详见附表 10-8）。

（三）美国期交会行政赔偿程序与证交会投资者赔偿解决机制的比较

在投资者赔偿上，证交会与期交会采取了不同进路（见附表 10-9）。证交会大规模偿还投资者的能力在《索克斯法案》创设公平基金（Federal Account for Investors Fair Fund）后得到极大提高，它让证交会能够将罚金分配给受伤害的投资者。证交会的执法部（Enforcement Division）作为受伤害投资者的"公共集团顾问（public class counsel）"取得赔付。相反，在期交会的赔偿计划（Reparation Program）中，期交会裁判官员和行政法官作为独立的第三方扮演了类似仲裁者或法官的角色。二者虽然路径有别，但目的相同，都让违法违规行为的受害者便捷地获得经济上的赔付。美国证券法和期货法上民事赔偿制度的公共执法机制与民事赔偿私人执法机制并行协同，构成了民事赔偿多元纠纷解决机制谱系，便利交易者在民事索赔中有更多样化的选择，找到最适合自己的救济渠道，不仅可便利地解决民事赔偿纠纷，更重要的是能够更有效地落实民事责任制度的双重功能，赔偿交易者因违法而受到的损失，同时充分发挥民事赔偿责任的震慑吓阻功能。

本章小结

1. 美国一直把民事责任制度及民事赔偿诉讼（私人执法）与公共执法并重，尤其是针对各种破坏公平市场秩序的欺诈行为和经营机构损害投资者（交易者）利益的各种欺诈行为，即使在立法没有明确规定民事赔偿诉权的情况下，法院也以暗含民事赔偿诉权受理并支持受害者民事索赔，在赔偿投资者损失的同时，有效发挥了民事索赔诉讼对各种欺诈违法行为的震慑功能。

2. 美国私人执法经验也启发和激励了欧盟及其成员国，民事责任制度与民事赔偿诉讼越来越多地被各成员国作为重要的满足欧盟《金融工具市场指令》和《金融工具市场指令Ⅱ》营业操守规则和市场滥用规则执法标准与要求的重要执法机制。欧盟对执法实效的要求，即效果原则促进并推动这种趋势的发展。

3. 在民事赔偿救济渠道上，美国期交会行政赔偿程序与仲裁、司法诉讼各有利弊，相得益彰。美国证交会的投资者赔偿机制与期交会的赔偿程序也颠覆了传统公共执法与私人执法的分野，即公共执法以行政处罚作为主要追责手段，而私人执法主要以民事损失赔偿作为主要制裁手段。但美国期货市场提供了期交会行政赔偿程序、仲裁与民事赔偿诉讼作为交易者任意选择的民事赔偿纠纷解决机制。同样，在欧盟，对同一规则体系，一些成员国依靠传统公共执法、行政处罚来落实欧盟资本市场营业操守规则，而另一些成员国则公私执法平行协同，民事赔偿私人执法与公共执法行政处罚平行展开，但按照效果原则，必须满足欧盟统一的执法标准。从观察来看，公私执法协同的国家通常都是比较发达的国家，如荷兰等。

# 附 录

第二章 违反交易者适当性义务的民事责任

附表 2-1 现行有关期货服务适当性义务的司法解释、监管规定及判例

服务类别	法律法规	相关案例
期货经纪业务	《期货公司监督管理办法》第六十四条：期货公司在为客户开立期货经纪账户前，应当向客户出示《期货交易风险说明书》，由客户签字确认，并签订期货经纪合同。 《〈期货经纪合同〉指引》和《期货交易风险说明书》由中国期货业协会制定。 2020年司法解释第十六条：期货公司在与客户订立期货经纪合同时，未提示客户注意《期货交易风险说明书》内容，并由客户签字或者盖章，对于客户在交易中的损失，应当依据民法典第五百条第三项的规定承担相应的赔偿责任。[1]但是，根据以往交易结果记载，证明客户已有交易经历的，应当免除期货公司的责任。	（2020）沪74民初834号，唐某春与福建万安盛科技有限公司等期货经纪合同纠纷民事一审案件民事判决书。该案中原被告双方签订了期货经纪合同，原告诉称被告未尽到适当性义务。

---

[1]《民法典》第500条规定：当事人在订立合同过程中有下列情形之一，造成对方损失的，应当承担赔偿责任：（一）假借订立合同，恶意进行磋商；（二）故意隐瞒与订立合同有关的重要事实或者提供虚假情况；（三）有其他违背诚信原则的行为。

续表

服务类别	法律法规	相关案例
	《证券期货经营机构参与股票期权交易试点指引》（2020修正）第六条：证券公司、期货公司从事股票期权经纪业务，应当制定并严格执行股票期权经纪业务投资者适当性管理制度，全面介绍股票期权产品特征，充分揭示股票期权交易风险，准确评估投资者的风险承受能力，不得向客户作获利保证，不得在经纪业务中与客户约定分享利益或者共担风险，不得虚假宣传、误导客户。 投资者应当在证券公司、期货公司营业场所现场办理股票期权交易开户手续，并书面签署风险揭示书。	
期货咨询业务/投资顾问业务	《期货公司期货交易咨询业务办法》（2022修正）第十四条：期货公司应当事前了解客户的身份、财务状况、交易经验等情况，认真评估客户的风险偏好、风险承受能力和服务需求，并以书面和电子形式保存客户相关信息。 期货公司应当针对客户期货交易咨询具体服务需求，揭示期货市场风险，明确告知客户独立承担期货市场风险。 第十九条：期货公司提供交易咨询服务时，应当向客户明示有无利益冲突，提示潜在的市场变化和交易风险。 期货公司提供的交易方案或者期货交易策略应当以本公司的研究报告、合法取得的研究报告、相关行业信息资料以及公开发布的相关信息等为主要依据。 期货公司应当告知客户自主做出期货交易决策，独立承担期货交易后果，并不得泄露客户的交易决策计划信息。	（2020）浙01民终4343号，李某、浙江大搜车融资租赁有限公司昆明分公司合同纠纷二审民事判决书。 （2021）粤0391民初8957号，陈某英、鸿燕融资租赁（深圳）有限公司等委托理财合同纠纷民事一审民事判决书。 两案中被告的经营范围均包含交易咨询服务，原告诉称被告未尽到适当性义务。

附表 2-2 需要了解的信息的监管规定及自律规则

法律法规	具体内容
《证券期货投资者适当性管理办法》	第六条：经营机构向投资者销售产品或者提供服务时，应当了解投资者的下列信息： （一）自然人的姓名、住址、职业、年龄、联系方式，法人或者其他组织的名称、注册地址、办公地址、性质、资质及经营范围等基本信息； （二）收入来源和数额、资产、债务等财务状况； （三）投资相关的学习、工作经历及投资经验； （四）投资期限、品种、期望收益等投资目标； （五）风险偏好及可承受的损失； （六）诚信记录； （七）实际控制投资者的自然人和交易的实际受益人； （八）法律法规、自律规则规定的投资者准入要求相关信息； （九）其他必要信息。
《期货公司监督管理办法》	第五十七条第一款：期货公司应当按照规定实行投资者适当性管理制度，建立执业规范和内部问责机制，了解客户的经济实力、专业知识、投资经历和风险偏好等情况，审慎评估客户的风险承受能力，提供与评估结果相适应的产品或者服务。
《理财公司理财产品销售管理暂行办法》	第四十七条：理财产品销售机构在销售产品过程中，应当对投资者身份信息的真实性进行验证。结合非机构投资者年龄、地区和行业背景，充分了解投资者基本信息、收入来源、财务状况、投资经验、投资目标和风险偏好等，严谨客观实施风险承受能力评估，审慎使用评估结果。根据投资者的风险承受能力销售不同风险等级的产品，把合适的理财产品销售给合适的投资者。

附表-2-3 相关案例

案件	法院观点
深圳德福基金管理有限公司、李某英等委托理财合同纠纷（2021）粤03民终3484号	该案为金融委托理财合同纠纷。关于案涉基金合同效力以及德福公司签订案涉基金合同时是否违反了适当性义务的问题。法院引用了《证券期货投资者适当性管理办法》第6条的规定来论证了解投资者义务。

附表2-4 相关了解顾客的监管规定及自律规则

法律法规	具体内容	要点汇总
《期货经营机构投资者适当性管理实施指引（试行）》	第二章 投资者分类 第五条：经营机构向投资者销售产品或者提供服务时，应当充分了解《办法》第六条规定的投资者信息，可以采用但不限于以下方式： （一）查询、收集投资者资料； （二）问卷调查； （三）知识测试； （四）其他现场或非现场沟通等。 第七条：经营机构应当按照《办法》要求，将投资者分为普通投资者和专业投资者，并实施差异化适当性管理。 第十条：经营机构应当将普通投资者按其风险承受能力至少划分为五类，由低至高分别为C1（含风险承受能力最低类别）、C2、C3、C4、C5类。 第十一条：经营机构可以制作投资者风险承受能力评估问卷以了解投资者风险承受能力情况；	了解投资者信息的方式；投资者分类，实施差异化适当性管理；评估问卷需满足的标准；评估数据库所需包含的信息，及时更新和风险调整。

续表

法律法规	具体内容	要点汇总
《期货经营机构投资者适当性管理实施指引（试行）》	（一）问卷内容应当至少包括收入来源和数额、资产状况、债务、投资知识和经验、风险偏好、诚信状况等因素； （二）问卷问题不少于10个； （三）问卷应当根据评估选项与风险承受能力的相关性，合理设定选项的分值和权重，建立评估得分与风险承受能力等级的对应关系。 经营机构应当根据了解的投资者信息，结合问卷评估结果，对其风险承受能力进行综合评估。 经营机构在投资者填写风险承受能力评估问卷时，不得进行诱导、误导、欺骗投资者，影响填写结果。 第十五条：经营机构应当建立投资者适当性评估数据库，收录投资者信息并及时更新。数据库中应至少包含以下信息： （一）《办法》第六条所规定的投资者信息； （二）投资者在本经营机构从事投资活动所产生的失信行为记录； （三）投资者历次风险承受能力评估问卷内容、评级时间、评级结果等； （四）投资者申请成为专业投资者或者不同类别投资者转化的申请及审核记录等； （五）中国证监会、协会及经营机构认为必要的其它信息。 第十六条：经营机构应当保障投资者评估数据库正常运行，有效满足投资者适当性管理需求。 投资者评估数据库应纳入经营机构信息技术系统运维管理体系—管理。 第十七条：经营机构应当利用投资者评估	

附 录

续表

法律法规	具体内容	要点汇总
《期货经营机构投资者适当性管理实施指引（试行）》	数据库及交易行为记录等信息，持续跟踪和评估投资者风险承受能力，必要时调整其风险承受能力等级。经营机构调整投资者风险承受能力等级的，应当将风险承受能力评估结果交投资者签署确认，并以书面方式记载留存。	
	此外，该指引还附了以下10个附件作为期货经营机构履行了解投资者义务的模板：《产品或服务风险等级名录》《投资者基本信息表》（自然人、机构）、《专业投资者申请书》《专业投资者告知及确认书》《普通投资者转化为专业投资者申请书》《专业投资者转化为普通投资者确认书》《普通投资者风险承受能力评估问卷说明及参考问题》（自然人、机构）、《普通投资者适当性匹配意见告知书》《普通投资者购买高于自身风险承受能力产品或服务风险警示书》《普通投资者购买高风险等级产品或服务风险警示书》。	

附表 2-5　法院对监管规定及自律规则有关"了解"标准的案例

序号	相关案例	基本案情和法院观点	认定标准
1	（2021）沪74民终2044号	监管部门尚未要求联储证券及其代销机构建立销售过程保存制度，在此前提下，若张某在《联储证券集合资产管理计划客户风险承受能力调查问卷（个人版）》和《联储证券聚诚5号集合资产管理计划资产管理合同》上签名，则可以推定联储证券尽到了解客户、告知说明的义务。	《风险承受能力调查问卷（个人版）》

— 265 —

续表

序号	相关案例	基本案情和法院观点	认定标准
2	（2021）京74民终478号	首先，中融信托公司在信托合同签订前对崔某坚进行了风险适应性调查，崔某坚作为完全民事行为能力人，应如实填写风险适应性调查问卷。崔某坚为成功购买信托份额，在调查问卷中作出与基本事实不符的陈述应当自行承担相应责任，此时再对信托公司课以核实风险问卷信息是否真实的义务，对信托公司显失公平。	《风险适应性调查问卷》
3	（2021）粤03民终3484号	原告李某英在被告德福公司提供的《风险揭示书》上签字，并填写了《德福歆悦诚一号私募证券投资基金问卷》《深圳德福基金管理有限公司投资者风险承受能力评估问卷（适用于自然人投资者）》。该问卷测试结果与其本人风险等级相匹配，但内容与《基金募集机构投资者适当性管理实施指引（试行）》附件中所附的《基金投资者风险测评问卷》模板不同。法院认为，上述风险承受能力评估问卷所测试题目已实质性地达到了风险测评目的，"参考模板"并非强制使用。在李某英的风险承受能力与案涉基金的风险匹配的情况下，应认定被告已履行了案涉适当性义务。	《投资基金问卷》（与实施指引提供的模板不同）
4	（2020）浙01民终5779号	原告张某喜在购买案涉理财产品前接受了风险测评，与其风险承受能力相互匹配，从张某喜在被告农业银行的多次测评记录来看，其在历次风险测评中均显示为激进型的投资者。在2012年所做的《个人投资者风险承受能力评估问卷》中，张某喜亦明确认	1.《风险承受能力评估问卷》

续表

序号	相关案例	基本案情和法院观点	认定标准
		可其曾投资于非保本理财产品及非保本结构性理财产品,且累计投资期限在两年以上。张某喜虽抗辩称该问卷的有效期仅为一年,但本院认为,上述内容系张某喜对自身投资情况的表述,客观反映了其既往的投资经验,故根据张某喜过往投资经验及其风险偏好,并综合其通过网银购买案涉基金产品、对基金产品分红进行转支、操作赎回等情节,本院认为,张某喜对于案涉基金产品的风险及分红情况应当知晓,其在本案中购买案涉基金产品的行为应为其自主作出的决定,相应的投资风险亦应由其自行承担,故原审法院认定张某喜的损失非农业银行延安路支行的行为所造成,对其诉讼请求未予支持,并无不当。	2. 原告过往投资经验及其风险偏好,并综合其通过网银购买案涉基金产品、对基金产品分红进行转支、操作赎回等情节
5	(2021)京民终288号〔1〕	对于首创期货公司,其提供了张某红的风险评测结果、《普通投资者适当性匹配意见告知书》《期货委托理财特别风险提示及居间义务明示》《期货交易风险说明书》以及工作人员对张某红的开户验证视频等证据。前述证据显示在首创期货公司向张某红提供期货经纪服务时,已了解张某红的投资者资格,并向张某红说明了期货交易的风险,首创期货公司已履行了适当性义务。	1. 风险评测结果 2. 工作人员对张某红的开户验证视频等证据

---

〔1〕 这个案件对责任主体的论证具有参考性。

续表

序号	相关案例	基本案情和法院观点	认定标准
6	（2020）沪0115民初22704号	原告认为，适当性义务是被告的法定义务和合同约定义务，被告在涉案产品的推广过程中，通过众多第三方销售机构变相向社会公众募集资金，原告本人并未签署《资管合同》和《调查问卷》，并未了解涉案资管产品的结构特点和投资风险等。被告则认为，其仅能对5处签名进行形式上的审查，其有合理理由相信检材上的签字均为原告本人签署，故被告的做法已经尽到勤勉尽责义务，根据产品认购或者签署时的监管要求，尚不存在对适当性义务的具体落实要求，也并未要求管理人对产品销售过程进行双录的规定，被告已经完成了适当性义务，且不论资管合同上的签字是否为原告所签，均不影响资管合同及相关文件的合法有效性。	《调查问卷》
7	（2020）粤0391民初1111号	本案中，销售机构为深圳宜投公司，其具备基金销售资质，且将本案基金产品销售给本案原告时，对原告进行了适当性评估，包括要求原告提供个人职业及收入确认书，对原告进行了投资者风险调查，并于2017年10月10日将投资者风险承受能力为专业投资者，风险承受能力与产品、服务风险等级匹配结果告知了原告。原告亦明确表示，其已充分知晓并理解其自身风险承受能力评估和产品、服务风险匹配结果，其对该告知书内容无异议，并予以签字确认。因此，销售方已完全履行了投资者适当性义	1. 投资者风险调查 2. 对投资者分类为专业投资者

续表

序号	相关案例	基本案情和法院观点	认定标准
		务，根据"卖者尽责、买者自负"的基本原则，原告的投资损失理应由原告自行承担。	
8	（2020）沪0115民初4150号	是否妥善履行适当性义务可从如下几方面进行考量：首先，被告是否了解投资者并对其进行分类。被告在推销产品的过程中，对作为投资者的原告进行了调查，根据被告在推销涉案私募基金时对原告进行的《投资者调查问卷》调查的结果，原告属于"普通/合格投资者I类"，同时根据被告对原告进行的《风险问卷》调查的结果，原告的风险承受能力等级为平衡型，平衡型投资者可选择风险中及以下等级的产品/服务。被告在销售产品过程中已经通过适当的形式了解了投资者的身份、财产与收入状况、证券投资经验、投资需求、风险偏好等信息，并在此基础上进行了适当分类。	1.《投资者调查问卷》 2. 对投资者评级为平衡型
9	（2020）粤0303民初2061号	本案中，被告德福公司制作了案涉基金的风险评估标准、程序性信息且有对案涉基金划分风险的制度。 原告李某英在被告提供的《风险揭示书》上签字，并填写了《德福歆悦诚一号私募证券投资基金问卷》和《深圳德福基金管理有限公司投资者风险承受能力评估问卷（适用于自然人投资者）》。上述风险承受能力评估问卷已实质性地达到了风险测评目的。因此，本院认为，案涉基金的风险与原告李某英的风险承受能力相匹配，被告德福公司已履行了案涉适当性义务。	《德福歆悦诚一号私募证券投资基金问卷》

续表

序号	相关案例	基本案情和法院观点	认定标准
10	（2021）粤0304民初29009号	本案中，没有证据显示被告国投资本公司向原告推介私募基金之前，已采取问卷调查等方式履行特定对象确定程序，违反了《私募投资基金监督管理暂行办法》《私募投资基金募集行为管理办法》的相关规定。在签订《风险揭示书》《合格投资者承诺书》《投资者风险识别能力和承受能力调查问卷》等文件时，原告未对相关选项进行勾选，被告亦未提交证据显示在原告决定购买涉案基金前投资者对基金合同中投资者权益相关重要条款逐项进行过确认。综上，被告国投资本公司作为私募基金募集机构，在向原告提供金融委托理财服务时未履行适当的推介义务，应承担相应的赔偿责任。	1. 问卷调查 2. 原告未对《合格投资者承诺书》《投资者风险识别能力和承受能力调查问卷》等文件的相关选项进行勾选

附表2-6 告知说明义务标准的监管规定

	具体规定
《证券期货投资者适当性管理办法》	第十九条：经营机构告知投资者不适合购买相关产品或者接受相关服务后，投资者主动要求购买风险等级高于其风险承受能力的产品或者接受相关服务的，经营机构在确认其不属于风险承受能力最低类别的投资者后，应当就产品或者服务风险高于其承受能力进行特别的书面风险警示，投资者仍坚持购买的，可以向其销售相关产品或者提供相关服务。 第二十条：经营机构向普通投资者销售高风险产品或者提供相关服务，应当履行特别的注意义务，包括制定专门的工作程序，追加了解相关信息，告知特别的风险点，给予普通投资者更多的考虑时间，或者增加回访频次等。 第二十一条：经营机构应当根据投资者和产品或者服务的

续表

	具体规定
	信息变化情况，主动调整投资者分类、产品或者服务分级以及适当性匹配意见，并告知投资者上述情况。 第二十二条：禁止经营机构进行下列销售产品或者提供服务的活动： （一）向不符合准入要求的投资者销售产品或者提供服务； （二）向投资者就不确定事项提供确定性的判断，或者告知投资者有可能使其误认为具有确定性的意见； （三）向普通投资者主动推介风险等级高于其风险承受能力的产品或者服务； （四）向普通投资者主动推介不符合其投资目标的产品或者服务； （五）向风险承受能力最低类别的投资者销售或者提供风险等级高于其风险承受能力的产品或者服务； （六）其他违背适当性要求，损害投资者合法权益的行为。 第二十三条：经营机构向普通投资者销售产品或者提供服务前，应当告知下列信息： （一）可能直接导致本金亏损的事项； （二）可能直接导致超过原始本金损失的事项； （三）因经营机构的业务或者财产状况变化，可能导致本金或者原始本金亏损的事项； （四）因经营机构的业务或者财产状况变化，影响客户判断的重要事由； （五）限制销售对象权利行使期限或者可解除合同期限等全部限制内容； （六）本办法第二十九条规定的适当性匹配意见。 第二十四条：经营机构对投资者进行告知、警示，内容应当真实、准确、完整，不存在虚假记载、误导性陈述或者重大遗漏，语言应当通俗易懂；告知、警示应当采用书面形式送达投资者，并由其确认已充分理解和接受。

续表

	具体规定
《期货经营机构投资者适当性管理实施指引（试行）》	第二十六条：经营机构向普通投资者销售产品或者提供服务前，应当按照《办法》第二十三条的规定告知可能的风险事项及明确的适当性匹配意见。 第二十七条：经营机构应当告知投资者，应综合考虑自身风险承受能力与经营机构的适当性匹配意见，独立做出投资决策并承担投资风险；经营机构提出的适当性匹配意见不表明其对产品或服务的风险和收益做出实质性判断或者保证，其履行投资者适当性职责不能取代投资者的投资判断，不会降低产品或服务的固有风险，也不会影响其依法应当承担的投资风险、履约责任以及费用。 第二十八条：经营机构向普通投资者销售或者提供高风险等级的产品或服务时，应当履行以下适当性义务： （一）追加了解投资者的相关信息； （二）向投资者提供特别风险警示书，揭示该产品或服务的高风险特征，由投资者签字确认； （三）给予投资者至少24小时的冷静期或至少增加一次回访告知特别风险。 第二十九条：经营机构应当根据投资者和产品或服务的信息变化情况，主动调整投资者分类、产品或服务分级以及适当性匹配意见，并告知投资者。
《股票期权交易试点管理办法》	第十二条：经营机构应当按照证券交易所投资者适当性管理要求对投资者的身份和风险承受能力进行审慎评估，根据投资者的风险承受和风险识别能力决定是否推荐其参与股票期权交易，并应当事先对产品、服务以及可能影响投资者权利义务的信息进行恰当说明，充分揭示风险，经投资者签署风险揭示书后，与投资者签订经纪合同，不得误导、欺诈投资者。 经纪合同中应当包括经营机构对投资者采取的风险管理措施、投资者出现交收违约或者保证金不足情形的处理方式以及强行平仓和行权操作等事项。 经营机构应当对投资者与其发生纠纷时的处理规则和程序、投资者投诉的方式和渠道以及投资者权益保障等事项进行说明和公示。

附表 2-7 形式审查，只要原告签字确认即视为尽到告知说明义务

案号	法院观点
（2021）沪 74 民终 1377 号	关于财通公司的风险揭示义务，一审法院认为，仲某娟在涉案合同的"产品风险提示书"中手写（经审慎考虑后，本人）坚持投资该产品，（并）愿意承担（该项投资可能引起的损失和其他后果；投资该项产品的决定，系本人独立、自主、真实的意思表示，与贵公司及相关从业人员无关），并在上述合同的"风险承诺函"中签字确认。仲某娟的上述行为可以认定其在签署案涉《资管合同》的同时，已经对该合同可能存在的投资风险完全清楚了解，财通公司已经尽到了应尽的风险揭示义务。
（2021）沪 01 民终 12526 号	王某阳在购买涉案基金产品时，已经签署《合格投资者承诺书》，确认其为符合规定的合格投资者，具备相应风险识别能力和风险承担能力，在该产品的销售过程中，已尽产品的适售性义务。王某阳已经签署《风险揭示书》，了解了投资私募基金的风险，根据买者自负的原则，王某阳不应将其投资的损失归咎于宸瀚公司、中投公司。
（2021）粤 01 民终 16546 号	兴业银行北滘支行、兴业银行广州分行主张与梁某红签订了《代理协议书》及《风险揭示书》，对此提交了《梁某红贵金属账户升级操作核心日志》予以证明。一审法院认为，根据兴业银行北滘支行、兴业银行广州分行方在该日志中的注释说明，该操作核心日志仅反映梁某红于当日进行了重置贵金属交易密码、贵金属客户信息查询、客户信息变更请求，客户类型从现货变成通用（即该客户的交易权限从现货交易变更为现货和延期合约交易），该操作核心日志中并未体现梁某红、兴业银行北滘支行、兴业银行广州分行之间签订了案涉《代理协议书》及《风险揭示书》，更未体现出《代理协议书》及《风险揭示书》的具体文本内容。综上，兴业银行北滘支行、兴业银行广州分行应对其该项主张承担举证不能的法律后果。

附表 2-8 风险揭示必须针对特定产品与服务，否则即使
投资者确认也不能证明履行了告知说明义务

案号	法院观点
（2018）京01民终8761号	建行恩济支行上诉称王某在《须知》和《确认书》上签字，表明其履行了充分告知义务。对此本院认为，《须知》和《确认书》上载明的内容均是建行恩济支行提供的通用一般性条款，未能体现涉诉基金的类型及风险等具体内容，即不能体现建行恩济支行向王某告知说明的具体内容，故虽然王某在上述文件上签字，但不能就此认定建行恩济支行履行了告知说明和文件交付等适当性义务，不能因此而减轻建行恩济支行未向王某尽到告知说明等义务的过错，故本院对建行恩济支行该项上诉意见不予采信。
（2020）辽01民终14338号	关于被告是否存在未向原告充分披露信息和揭示风险的行为。从被告举证的《风险揭示书》《客户风险承受能力调查表》及《个人理财产品销售流程尽职调查表》来看，虽均有原告签字，但均仅为最后一页签名，对于其他内容的填写及勾选被告并无证据证明为原告操作，且内容均是一般性条款，未有所对应金融产品的具体说明和相关内容，仅有结构性理财产品的《风险揭示书》落款处设置有客户确认栏并抄录"本人已经阅读上述风险提示，愿意承担相关风险"，其他两项产品均无该项内容。综上，本院认为，在此种情况下，原告签字同意购买、接受风险的行为与被告之间仅形成一种形式化的合意，不能仅仅依据此种形式上的合意就认定被告已充分履行了风险揭示义务。且根据查明的事实，相关的投资说明书被告亦未交付原告。被告亦未提供证据证明其曾经向原告出示过投资说明书以供原告查阅、了解，也没有按照金融监管的要求由原告书面确认是客户主动要求了解和购买产品，并妥善保存顾问服务的记录。故被告在履行信息披露和风险揭示环节存在瑕疵，未尽到以充分、必要、显著的方式向原告揭示案涉金融产品本身所具有的高风险特征的适当性义务。
（2017）苏0106民初3304号	关于被告的推介行为是否符合适当性要求的问题，本院认为，被告作为案涉产品的代销人，与案涉产品管理人、投资人存在两重关系，除了积极寻找合适的投资人，应当秉持投资人利益优先原则，根据投资人的具体情况善尽适当性义务，即衡

续表

案号	法院观点
	量被告是否尽到适当告知义务的标准并非仅仅考量其是否形式上履行了给予客户告知文件、要求客户签名、填写风险测评表等程序,而是是否通过前述程序真实地核对客户的风险承受能力并依照客户的实际情况善意作出适当告知。本案中,可以看出,被告的销售人员出于自己对市场行情的误判,在推介活动中一味放大产品的盈利可能,强调市场继续上涨的趋势,对原告盈利冲动有助长作用,对于原告的损失产生也具有一定作用。衡量双方各自的过错,被告也应对原告的损失承担一定的过错责任,以不超过总损失的30%为宜,即89 157.37元。
(2019)京0105民初67449号	告知说明义务的履行是金融消费者能够真正了解各类高风险等级金融产品或者高风险等级投资活动的投资风险和收益的关键,人民法院应当根据产品、投资活动的风险和金融消费者的实际情况,综合理性人能够理解的客观标准和金融消费者能够理解的主观标准来确定卖方机构是否已经履行了告知说明义务。卖方机构简单地以金融消费者手写了诸如"本人明确知悉可能存在本金损失风险"等内容主张其已经履行了告知说明义务,不能提供其他相关证据的,人民法院对其抗辩理由不予支持。即是说由于普通的金融消费者与产品的销售方在金融专业知识方面的差距以及信息的不对称,告知说明义务不仅限于基金合同的风险提示条款等格式内容,还应以投资者能够理解的方式向投资者告知产品的运作方式以及可能产生的最大风险。具体到本案中,本案产品为高风险产品,但除合同里签署的风险告知书及合同条款中的风险条款外,九州公司未提交任何证据证明其向姜某晶推介案涉基金时将投资本金和收益可能发生的最大损失风险作出了特别说明,故本院认定其并未尽到风险告知义务。
(2019)京0105民初66372号	关于信文资产公司是否尽到告知说明义务。告知说明义务的履行是金融消费者能够真正了解各类高风险等级金融产品或者高风险等级投资活动的投资风险和收益的关键,人民法院应当根据产品、投资活动的风险和金融消费者的实际情况,综合理性人能够理解的客观标准和金融消费者能够理解的主

续表

案号	法院观点
	观标准来确定卖方机构是否已经履行了告知说明义务。卖方机构简单地以金融消费者手写了诸如"本人明确知悉可能存在本金损失风险"等内容主张其已经履行了告知说明义务，不能提供其他相关证据的，人民法院对其抗辩理由不予支持。即是说由于普通的金融消费者与产品的销售方在金融专业知识方面的差距以及信息的不对称，告知说明义务不仅限于基金合同的风险提示条款等格式内容，还应以投资者能够理解的方式向投资者告知产品的运作方式以及可能产生的最大风险。具体到本案中，刘某某作为当时向肖某燕销售涉案产品的人员到庭陈述未对肖某燕进行风险提示，而除了风险告知书及合同条款中的风险条款，信文资产公司也未提交任何证据证明在肖某燕购买涉案产品时曾将投资本金和收益可能发生的最大损失风险向其作出了特别说明，故本院认定其并未尽到风险告知义务。 综上，信文资产公司未了解客户、未向客户推荐适当的产品、未进行回访、未尽到审慎尽职调查义务、未尽到风险告知义务，而上述行为均为影响投资人决定是否将资金投入涉案产品的重要因素，因此信文资产公司未尽到适当性义务。
（2018）鲁02民终3417号	法院认为，青岛平安银行未能提供充分证据证明其以金融消费者能够充分了解的方式向梁某玮说明涉案基金产品的运作方式和将最大损失风险以显著、必要的方式向梁某玮作出特别说明。青岛平安银行举证的申请表中虽有"基金有风险，投资须谨慎"字样，但结合其举证的其他证据，仅能证明青岛平安银行系泛泛说明风险。而青岛平安银行未提供证据有效证明其在梁某玮购买产品前向梁某玮出示《平安汇通理成转子13号特定客户资产管理计划资产管理合同》供梁某玮查阅、了解，也未尽到明确的提示说明义务，更未按照金融监管的要求由梁某玮书面确认是客户主动要求了解和购买产品，并妥善保存顾问服务的记录。综上，青岛平安银行提供的证据不足以证明其在梁某玮购买涉案基金产品前已履行了适当义务，应认定其具有侵权过错。

续表

案号	法院观点
（2019）京02民终15312号	本案中，双方诉争的案涉理财产品系名为"海通海蓝宝银"的集合资产管理计划产品。虽然在当事人提交的《案涉产品申请书》上载明了中国工商银行龙潭支行作为代理推广机构的一定提示内容，但本案中的银协发〔2009〕134号通知、中国工商银行客户风险承受能力评估问卷、中国工商银行基金产品风险等级和基金投资人风险承受能力匹配方法、中国工商银行基金风险等级评价办法、案涉产品和华安媒体互联网混合基金的《资产管理合同》及《风险揭示书》等均系工商银行龙潭支行所依循的规范性文件或自身制定的格式合同，以及单方在交易文件中提供的内容，不足以作为其与王某兰双方就案涉金融产品相关情况充分沟通的凭证。中国工商银行龙潭支行未能向一审、二审法院提供其客服人员向王某兰推荐案涉金融产品时的监控录像或其他充分有效证据证实该行已充分了解投资者的基本情况、财产状况、金融资产状况、投资知识和经验、专业能力等相关信息并以言辞或书面以及其他信息化的方式详尽合理地向王某兰如实说明了金融产品和服务的重要内容，特别是对投资风险进行充分揭示并得到王某兰本人对上述认知的确认。
（2021）豫09民终926号	被告中行濮阳分行在向舒某华推介并代购理财产品时，并未向舒某华明确说明其所购买的产品系风险较高的基金型理财产品，也未向舒某出示《基金合同》及《招募说明书》等资料供舒某华查阅、了解，并由其本人签字确认，中行濮阳分行对此显然未尽到合理的风险告知义务，舒某华的购买行为主要是基于中行濮阳分行的不当推介所导致，且该行为与舒某华遭受经济损失之间具有因果关系。中行濮阳分行二审中仅提供案涉理财产品介绍，未能进一步举证证明在向舒某华推介购买案涉产品时已通过书面形式全面、准确地披露、揭示产品风险，因此未尽到适当性义务。
（2016）苏01民终1563号	工行下关支行在本案中有如下过错：首先，工行下关支行主动向林某推介了经评估不适合林某购买的案涉基金产品。林某购买案涉基金产品之前的评估结果为稳健型投资者，风险承受能力较弱，一般仅希望在保证本金安全的基础上能有增值收入。而案涉基金产品为进取型投资产品，存在净值下跌

续表

案号	法院观点
	的可能性，显然并不适宜林某，但工行下关支行仍主动向林某推介此种产品。其次，工行下关支行未能提供充分的证据证明其以金融消费者能够充分了解的方式向林某说明案涉基金产品的运作方式和将最大损失风险以显著、必要的方式向林某作出特别说明。工行下关支行提供的银行自助设备购买操作截图是一审诉讼期间银行工作人员模拟购买而拍摄，并不足以证明林某购买案涉基金时系统是否有自动提示。且从工行下关支行工作人员的当庭陈述看，其仅是泛泛说明风险，未出示《基金合同》及《招募说明书》供林某查阅、了解，没有尽到明确的提示说明义务，也没有按照金融监管的要求由林某书面确认是客户主动要求了解和购买产品，并妥善保存顾问服务的记录。因此，工行下关支行提供的证据不足以证明其在林某购买案涉基金产品前已经履行了适当推介义务，应认定其具有侵权过错。
（2021）京0108民初28844号[1]	本案中，根据民生银行木樨地支行提供的录像，其在介绍涉诉产品时，未就涉诉产品的性质属于私募基金产品予以明示，仅就《天弘博道债券多利6号资产管理计划资产管理合同》中主要关于投资范围、投资策略、风险揭示的相关标题及个别条款进行阅读；民生银行木樨地支行亦曾在手机银行中将涉诉产品置于"公募基金投资"项下；民生银行木樨地支行就涉诉项目向张某出具的客户风险承担能力评估问卷中并未体现出关于张某是否为私募基金合格投资者的相关标准和内容，且未能提供有张某签字确认的风险揭示书；张某签署的《基金/集合资产管理计划业务申请单》中并未明示涉诉产品性质。因此，本院认为，民生银行木樨地支行在推介销售涉诉产品的过程中未就产品性质充分说明，且存在误导行为，同时亦未履行私募基金代销中合格投资者审查及签订风险揭示书的义务，故民生银行木樨地支行在推介销售涉诉产品过程中未履行适当性义务。

[1] 这个案件还讲了金融机构不能主动推介市场风险较大的投资产品，特别是与衍生交易相关的投资产品。

续表

案号	法院观点
（2021）黑0403民初429号	本案的保险产品属于投资类的分红保险，且购买数额较大，在被告向原告推介、销售此类产品时，仅依据原告自行填写的收入并不能作为销售者充分了解客户的依据，而应该对原告的收入状况进行更细致的了解、评估，并对原告的风险认知、风险偏好及风险承受能力进行测试。保险公司应当用通俗易懂的形式向原告充分告知将来合同解除时将发生的巨大的本金损失。而本案中，（1）被告未提供足够证据证实被告的工作人员在推荐保险产品的过程中没有为了自身利益而故意夸大该产品的预期收益率，从而达到使原告购买多份保险产品的目的；（2）被告未提供足够证据证实其在销售保险产品时充分了解了投保人的经济状况和收入情况，以确定该投保人适合该保险产品，不存在诱导投保人夸大收入的情况；（3）被告未提供足够证据证实在向原告销售保险产品时，采用了能够让原告充分了解的方式向其真实、准确、完整、及时地披露保险产品费用构成及去向、实际收益的计算方法、售后服务以及各方的权利义务与责任等；（4）被告没有提供证据证实针对本案涉及的保险产品"建立了金融产品（或者服务）的风险评估及相应管理制度，对金融消费者的风险认知、风险偏好和风险承受能力进行了测试等"。鉴于被告方未能提供足够证据证实其履行了上述义务，因此，被告对其是否履行适当性义务应承担举证不能的法律后果。 综上，在签订保险合同时，保险公司将可能面临的各种风险写在风险提示函中，而交易文件多为格式合同，保险的购买者无法变更，在有限的时间内，购买者很难完全阅读和理解交易文件的全部内容，其对理财产品的判断更多是基于保险金融机构工作人员的介绍。因此，不能单凭风险提示就排除保险公司适当性义务审查。保险活动当事人行使权利、履行义务均应当遵循诚实信用原则，才能依法有效保护各方利益，促进保险业健康发展。保险本身具有较强的技术性，保险消费者与保险公司相比在经济与技术方面处于劣势地位，因此要注重加强对保险消费者合法权益的保护。保险公司应首先遵循最大诚信原则，加强内部监管，保护消费者权益，向消费者如实告知保险责任、保险产品收益和风险等情况，不得

续表

案号	法院观点
	误导消费。本案中，被告公司存在制度缺陷、监管疏漏、误导消费，有较大过错；原告保险专业知识缺乏，在不完全了解产品的情况下未如实填报收入，虽有一定过错，但过错相对较小。双方当事人应根据各自过错大小分别承担相应的责任，被告公司应负主要责任。虽然被告在保险合同中明确了保单的现金价值，约定了合同解除后的责任，但如被告公司在合同解除后仅退还保单的现金价值，与其应承担的主要过错责任不相符，亦有失公平。本案应结合案件的具体情况和当事人双方的过错程度，进行审查判断。故合同解除后，被告应当返还原告已经交纳的保险费317 070元，但应当从中扣除已经领取、偿还贷款的生存金共计29 214.84元，剩余的保险费被告应当返还原告。因原告在本案中亦应承担相应的过错，故对原告主张利息损失的诉讼请求不予支持。

附表2-9 对普通投资者告知说明义务上负有特别注意义务

案号	法院观点
（2021）鲁05民初35号	本案中虽然招商银行胜利支行向王某坤告知了"招财金"延期交收交易业务的相关信息，并且进行了风险警示，但招商银行胜利支行在涉案金融产品的风险超出王某坤投资风险承受能力而王某坤仍坚持购买的情况下，没有根据《证券期货投资者适当性管理办法》第19条的规定，就产品风险高于王某坤承受能力进行特别的书面风险警示。同时，因涉案金融产品为风险等级最高的R5产品，招商银行胜利支行亦未提交证据证明其已根据《证券期货投资者适当性管理办法》第20条，向购买高风险产品的普通投资者履行特别的注意义务，包括制定专门的工作程序，追加了解相关信息，告知特别的风险点等。因此，招商银行胜利支行并未全面履行法律规定的适当性义务，进而导致王某坤对案涉金融产品的高风险认知不全面并进行了购买，极大地增加了王某坤经济损失发生的客观可能性。故招商银行胜利支行未全面履行适当性义务与王某坤的经济损失之间构成法律上的因果关系。

续表

案号	法院观点
（2022）鲁民终404号	根据案涉基金合同第五节第一条第一项的约定，案涉基金存在投资冷静期的约定。恒信公司应当按照合同约定的方式，履行其冷静期回访的义务。恒信公司未进行冷静期回访，违反了案涉基金合同的约定，亦应就此承担未履行适当性义务的责任。《九民纪要》第74条规定，金融产品发行人、销售者未尽适当性义务，导致金融消费者在购买金融产品过程中遭受损失的，金融消费者可以请求金融产品的发行人承担赔偿责任。恒信公司在案涉基金销售过程中，未履行风险识别能力和风险承担能力评估、风险揭示、冷静期回访等义务，过错程度较大，应当对李某良的损失承担赔偿责任。关于案涉基金的实际损失，虽然恒信公司就案涉基金投资权益向相关主体提起民事诉讼，且相关案件并未生效，但恒信公司应承担的赔偿责任，属于因其在案涉基金合同缔约过程中的自身行为导致，并不受案涉基金投资回款的影响。

附表2-10　告知说明义务并非仅存在于销售过程，基于产品性质，
应当存在于整个投资过程

案号	法院观点
（2021）京74民终482号	本案中，虽然在中融鼎新公司募集基金产品时，尚无法律或者相关政策明确规定适当性义务的履行时点，但是本院认为，中融鼎新公司至迟亦应当在"白羊1号"基金产品正式成立之前向投资者充分告知投资风险并完成投资者风险承受能力评估，否则基金财产按照计划转入托管账户进行投资后，再发现不符合合格投资者要求的情况，相应资金即存在难以全部退出的风险。本案基金产品成立于2015年4月3日，同日中融鼎新公司从基金募集清算账户向托管账户划款2.04亿元，中信建投证券向中科招商定增预交款项缴款账户划款2.007亿元。而根据本院认定的事实，中融鼎新公司于2015年4月15日才对董某远进行风险承受能力评估并确定其属于高风险承受能力投资者，明显晚于

续表

案号	法院观点
	基金成立的时间。虽然经过评估,董某远在评估时点符合案涉基金产品的合格投资者要求,但是中融鼎新公司未及时进行投资者适当性评估的过失无法通过事后补充提供来弥补,其销售产品过程中的不当行为难以嗣后治愈。即使投资者后续评估符合要求,或者充分认识风险并同意继续申购,都无法抵消中融鼎新公司未及时履行自身义务的过错。一审法院仅考察了进行风险承受能力评估时投资者是否已签署《基金合同》并知晓相应风险,并认为投资者可以拒绝签署合同而退出认购,但未考虑此时《基金合同》已经成立且基金产品已经开始运作的实际情况,有失片面,本院予以纠正。
(2021)豫09民终926号	本案中,中国银行濮阳分行系案涉理财产品的代销机构,舒某华通过中国银行濮阳分行购买案涉理财产品。中国银行濮阳分行上诉主张舒某华在购买案涉产品前已对其风险偏好、风险认知能力和承受能力进行书面测评,其推荐基金均未超过客户风险等级,并在二审中提供证据予以证明。其中第一组证据显示,舒某华在2016年购买"日积月累"产品时签有理财产品风险揭示书及客户交易信息确认单;在2017年购买"中银智富理财计划2017-273-SH"产品时签有理财产品风险揭示书及客户交易信息申请单,并有该理财产品介绍和风险提示的录音录像报告。但是,在舒某华主张中国银行濮阳分行没有向其告知案涉理财产品存在的风险性,其在亏损到17万时才得知购买的是基金型理财产品,与其购买保本型产品的理财观念不符的情况下,中国银行濮阳分行在二审中仅提供案涉理财产品介绍,未能进一步举证证明在向舒某华推介购买案涉产品时已通过书面形式全面、准确地披露、揭示产品风险。且根据舒某华于一审中提供的微信聊天记录及录像资料,在舒某华发现无法承受亏损要求赎回产品时,中国银行濮阳分行亦未能适时告知风险,而是建议舒某华继续持有或者补仓,以等待市场出现反弹,导致舒某华遭受更大经济损失。中国银行濮阳分行对舒某华购买案涉理财产品并出现亏损存在过

续表

案号	法院观点
	错,应对舒某华因此遭受的经济损失承担赔偿责任。中国银行濮阳分行主张舒某华有投资股票和基金的经验,并经营有多家公司,并不能当然免除或减轻其在本案中的过错。

附表 2-11　专业投资者告知说明义务完全采取形式审查标准的判例

案号	法院观点
(2021)沪 74 民终 148 号	嘉实财富公司在销售产品的过程中,已经将涉案私募基金优先级中风险的等级与卢某作为平衡型投资者的风险承受能力进行了匹配,并告知了投资者,同时在产品回访的时候再次询问了卢某是否知晓产品的风险等级以及与自身风险承受能力的匹配性,卢某均予以肯定性回答。对于嘉实财富公司业务员是否存在误导销售的问题,虽然卢某称其是在业务员告知下尽量把风险承受能力填高一点,所以才得出平衡型投资者的结果,且在嘉实财富公司进行回访时的回答也是业务员的要求,但卢某的陈述并无相应证据予以佐证,且卢某作为投资者,对自身投资也应当具有审慎的注意义务,即使是业务员告知其尽量把风险承受能力填高一点。卢某作为具有一定投资经验的投资者,在投资过程中对此缺乏理性人应有的基本注意义务,其对嘉实财富公司就其投资者信息进行不实陈述的后果应由其自行承担。综上,卢某的诉讼请求缺乏事实和法律依据,依法不予支持。
(2020)沪民终 288 号、(2020)最高法民申 4729 号	关于被告国投安信期货有限公司是否履行了风险告知说明义务。法院认为,首先,梅某群签署的《期货交易风险说明书》对于期货交易采取保证金交易方式以及最大财产损失风险进行了明确的提示;《期货委托理财及居间业务特别风险揭示》对从事期货交易的风险再次进行了提示。梅某群阅看上述文件并均签字确认,应认定其对风险提示内容已知悉。电话回访中,原告再次确认在签署合同之前国投安信期货有限公司工作人员已向其揭示期货交易风险。梅某群虽主张其系根据国投安信期货有限公司的指示,按照国投安信期货有限公司事先告知的"答案"进行了虚假回答,但对此梅某群

续表

案号	法院观点
	并未提供证据予以佐证，且梅某群作为具有完全民事行为能力的成年人，应保证所作回答的真实性并对回答的内容承担相应法律后果，故梅某群事后否定其回答的真实性，对此一审法院亦不予采信。其次，鉴于梅某群开户之时的法律法规及监管规则对于期货经营机构应如何就商品期货交易进行风险告知说明并无特别规定，梅某群主张国投安信期货有限公司应对其进行模拟实操培训，缺乏合同及法律依据，一审法院不予采信。最后，梅某群在《开户申请表（自然人）》上勾选职业为私营业主、家庭年收入100万元以上、投资风险偏好为高风险，结合梅某群教育背景及上述个人信息，应认定梅某群对于《期货交易风险说明书》《期货委托理财及居间业务特别风险揭示》中商品期货的基本交易规则及风险具有理解、认知能力，且具备一定的风险承受能力。因此，梅某群在风险提示文本上签字确认并在电话回访中再次确认国投安信期货有限公司已向其揭示风险，结合梅某群个人情况，一审法院认为国投安信期货有限公司已履行风险告知说明义务。
（2020）甘0102民初3754号	双方所签《资产管理合同》对募集资金的用途走向作了明确说明，对可能面临的风险也作了详细介绍，并向被告充分披露资产管理计划的交易结构、杠杆水平、资金投向、费用安排、收益分配、投资风险、利益冲突情况以及影响客户合法权益的其他重要信息，投资者已明确表示对华龙期货的前述投资运作行为及风险表示认可。由此，被告实质上已履行适当性管理义务。原告作为具有超过12年证券、基金、融资融券交易等投资经历的金融从业人员，其签署《专业投资者申请书》表明其符合专业投资者认定条件，应当对所投资的金融理财产品将面临的风险有足够、清晰的认识。
（2022）京0101民初3044号	在案证据显示，在程某玉认购案涉资产管理计划时，案涉资产管理合同既揭示了投资该资产管理计划的相关风险，同时对资产管理计划再投资的风险也进行了告知，尤其对所投信托计划的特定风险，包括信托计划"投资退出的不确定性风险"进行了明确告知。德邦证券公司在向程某玉销售案涉理财产品过程中对程某玉进行了风险测试，德邦证券公司根据

续表

案号	法院观点
	程某玉所选择的问题的答案，得出程某玉风险偏好为激进型，与作为中高风险等级的案涉理财产品相匹配，并经程某玉申请确认其为专业投资者，并无不当。程某玉亦签署确认已认真阅读了关于产品的风险揭示书，已充分了解产品或服务的特征和风险，确认自身风险承受能力等级与该金融产品或服务风险等级相匹配。程某玉作为具有完全民事行为能力的成年人，其出于投资获利目的购买案涉理财产品，是其衡量风险和收益后作出的选择。应当认定，中州星升公司、德邦证券公司已履行了相应的适当性义务。
（2020）辽02民终2903号	上诉人在中国工商银行股份有限公司大连水师营支行自助网银机上输入密码登录其个人网上银行账户，并通过上诉人操作网银密码完成案涉产品购买，在案涉产品电子合同的首页，显示上诉人所购产品合同名称等信息，亦对购买产品客户以风险提示函进行了风险提示。在该页中，资产委托人/投资者声明部分均为加粗黑体字，内容为"本人已经阅读上述风险提示，能够识别、判断和承担相应投资风险，资产管理人无法保证资产管理计划一定盈利……"说明被上诉人已向上诉人告知其所购产品及购买该产品的风险。同时根据上诉人多次通过中国工商银行股份有限公司大连水师营支行柜面和网上银行购买理财产品、基金、资产管理计划的行为，可证明上诉人对其所购买的产品具有认知基础并充分了解。上诉人主张被上诉人未对产品信息等进行如实告知缺乏事实依据。

附表2-12 专业投资者应自担风险，金融机构无须对其履行适当性义务

案号	法院观点
（2021）粤0304民初46324号	2020年11月23日，被告向原告提交《专业投资者申请》。在被告向原告提交的申请资料当中，明确注明了被告的投资经验为2年以上，个人年收入为50万元以上，且被告开户当日净资产为1000万元以上。被告承诺其提交的材料真实、准确、完整。原告遂依据被告的申请将其划分为专业投资者。

续表

案号	法院观点
(2016)最高法民终215号	《深圳证券交易所融资融券交易实施细则》规定，专业机构投资者参与融资、融券，可不受前款从事证券交易时间、证券类资产条件的限制。据此，原告为被告开通融资融券业务，并不违反上述规定。鉴于被告并非金融消费者，其以原告未履行适当性为由进行抗辩，缺乏依据，本院不予采纳。原告与被告之间签订的《融资融券业务合同》系双方当事人的真实意思表示，合法有效，具有法律效力，各方均应按照合同约定诚实全面地履行各自的义务。 关于"合格投资者"制度，本案中，南昌农商行虽然未在深圳证券交易所办理私募债券合格投资者认证，但根据《深圳证券交易所中小企业私募债券业务试点办法》，其具备中小企业私募债券合格投资者条件，在经过申请备案后可以成为私募债券合格投资者。而且，南昌农商行作为金融机构，属于《证券期货投资者适当性管理办法》（2017年）第8条规定的专业投资者，对于私募债券交易的利益和风险均有充分的认知，如果因此交易受到损失，应当承担相应的风险。

附表 2-13　对金融机构对专业投资者具有适当性义务，但是无须对专业投资者进行风险测评

案号	法院观点
(2021)沪0109民初7347号[1]	从本案事实分析，原告在申购涉案资管计划时申请成为专业投资者，且根据原告的资产情况和投资经历，完全符合专业投资者条件，故长安财富公司认定原告为专业投资者。根据《基金募集机构投资者适当性管理实施指引（试行）》的相关规定，长安财富公司无须对专业投资者进行风险测评。长安财富公司审核认定了原告专业投资者身份，但未进行风险测

---

[1] 这个案件明确说了是缔约过失责任，在讨论民事责任类型的时候，值得借鉴。

续表

案号	法院观点
	评,因此不能认定长安财富公司未尽投资者适当性义务。〔1〕综上,原告主张长安财富公司未尽投资者适当性义务的意见,本院不予采信。

附表 2-14 金融机构对专业投资者具有适当性义务,
但是无须对风险揭示过程录音录像

案号	法院观点
(2020)粤0391民初1111号	基金销售机构的适当性义务应当由以下两个部分构成:一是应当向消费者充分说明投资风险和产品内容的告知说明义务;二是应当了解客户风险承担能力,按照所了解的客户情况推荐适当的产品的适当推荐义务。首先关于第一个问题,基金销售机构应当对其是否履行了告知说明义务承担举证责任。根据《证券期货投资者适当性管理办法》第25条,经营机构通过营业网点向普通投资者进行本办法第12条、第20条、第21条和第23条规定的告知、警示,应当全过程录音或者录像;通过互联网等非现场方式进行的,经营机构应当完善配套留痕安排,由普通投资者通过符合法律、行政法规要求的电子方式进行确认。本案中,根据被告对原告投资能力的充分了解,原告已被分级为专业投资者,被告深圳宜投公司基于原告为专业投资者的判定结果,并无原告所主张的提供针对普通投资者办理业务时才有的录音录像资料的举证责任,被告未提供录音录像资料不能说明其在履行告知说明义务时存在过错。此外,原告签署的《私募基金风险揭示书》印有加粗文本提示案涉基金产品为[高(R5)]风险的投资品种,原告应对申请认购的案涉基金产品的风险有所预期,签署即应视为其已对被告提供的合同文本的风险揭示内容进行阅读并知晓,应当自负投资风险。因此,从理性人

---

〔1〕《基金募集机构投资者适当性管理实施指引(试行)》第25条:"基金募集机构对专业投资者进行细化分类的,要向投资者提供风险测评问卷,对专业投资者的投资知识、投资经验、风险偏好进行评估,并得出相对应的风险等级。"

续表

案号	法院观点
	能够理解的客观标准及原告作为专业投资者能够理解的主观标准来看，被告已经履行了告知说明义务。对于原告关于被告深圳宜投公司没有充分提示可能存在的投资风险的主张，本院不予支持。

附表 2-15　对专业投资者或具有一定投资者经验的投资者采取形式审查

案号	法院观点
（2021）甘01民终148号	《资产管理合同》对募集资金的用途走向作了明确说明，对可能面临的风险也作了详细介绍，并充分披露了资产管理计划的交易结构、杠杆水平、资金投向、费用安排、收益分配、投资风险、利益冲突情况以及影响客户合法权益的其他重要信息，投资者已明确表示对华龙公司的前述投资运作行为及风险表示认可。由此，华龙公司实质上已履行适当性管理义务。文某作为具有超过12年证券、基金、融资融券交易等投资经历的金融从业人员，其签署《专业投资者申请书》表明其符合专业投资者认定条件，应当对所投资的金融理财产品即将面临的风险有足够、清晰的认识。
（2019）粤0105民初13624号、（2020）粤01民终8875号	关于梁某均主张江南大道营业部未尽适当性义务的问题。梁某均是具有完全民事行为能力的自然人，其从事深沪证券交易10多年，对证券交易的风险应当清楚明了，梁某均在《全国中小企业股份转让系统挂牌公司股票公开转让特别风险揭示书》上签字并手写"本人确认已阅读并理解相关规则和上述风险揭示内容，具备相应的风险承受能力，自愿参与挂牌公司股票公开转让，并愿意承担相关风险和损失"，表明梁某均已清楚理解全国中小企业股份转让系统挂牌公司股票公开转让相关规则及风险。梁某均在《资金来源承诺书》《专业投资者申请书》《专业投资者告知及确认书》上的签字以及对《专业投资者申请书》中选项的勾选，表明梁某均是自愿申请成为专业投资者及参与全国中小企业股份转让系统挂牌公司股票公开转让交易业务的。本院认为，江南大道营业部在与梁某均签订涉案《证券交易委托代理协议》的过程中，已履行适当性义务。

续表

案号	法院观点
（2020）京0102民初26854号	陈某闪本身作为证券交易人员，在向银河证券公司申请融资融券之前已经拥有多年的证券交易经验，较一般投资者对于证券交易市场有更多的理解和认识。本案中，根据银河证券公司提交的证据，银河证券公司在与陈某闪签订《融资融券合同》时，其对陈某闪进行了讲解证券交易规章制度、讲解业务规则和流程、讲解《融资融券合同》、宣读《融资融券交易风险揭示书》、讲座、培训、仿真交易等教育。《融资融券合同》和《融资融券交易风险揭示书》中均就证券交易风险可能造成投资者经济损失向陈某闪进行了提示，《融资融券合同》中对于陈某闪的担保物被全部平仓后，仍不足以偿还陈某闪对银河证券公司所负融资融券债务，银河证券公司有权向陈某闪继续追索进行了明确约定，陈某闪签字确认充分了解交易风险，熟悉交易规则，已经知晓、理解并愿意自行承担参与交易的风险及造成的后果。银河证券公司已经履行了投资者适当性义务和说明义务。对于陈某闪的答辩意见，本院不予采纳。
（2020）粤2071民初7401号	首先，原告作为一名完全民事行为能力人，其多次购买理财基金，理应具有风险认知能力和风险承受能力。其次，原告在购买涉案基金前已进行宝珠支行客户风险承受能力的评估，而工行网上银行有涉案基金的招募说明书、基金合同供客户阅读和下载；在网上银行基金申购界面，工行电会提示客户认真阅读招募说明书、基金合同，招募说明书中明确提示"……不保证本基金一定盈利，也不保证最低收益"等风险。最后，对于原告这种客户风险评估结果与基金风险等级不匹配的情况，宝珠支行网银会自动强制弹出窗口，向投资者出具《风险不匹配警示函》，提示其属于超风险购买，投资者如决定继续购买，则需要通过确认阅读并同意《投资者确认书》。本院认定宝珠支行在原告购买涉案基金前履行了相关的告知、提示风险的义务。
（2020）豫0191民初11012号	原告之前曾两次在被告处购买理财产品，均有盈利，原告作为成熟的投资人，在购买案涉资产管理计划时，应仔细阅读并审慎签订相关协议，对于自己签名确认的评估内容应视为

续表

案号	法院观点
	其已接受认可,并承担签名确认后的相关法律后果。根据原告以往的投资经验,其应当对涉案的资产管理计划的风险和收益有合理的预期。本院认为,《私募投资基金募集行为管理办法》第30条规定,募集机构应在投资冷静期满后,指令其公司从事基金销售推介业务以外的人员以录音电话、电邮、信函等适当方式对原告进行投资回访,并确认下列事项;……被告未提交证据证明其已进行投资回访,系被告在履行适当性义务时的瑕疵,但该瑕疵并不能影响原告作为成熟投资者在投资时作出的自主决定。本院认为,投资行为的风险和收益本身就是并存的,在同种情形下,在取得收益时,将收益归己所有,在发生损失时,要求他人赔偿损失,也违背了民法中的公平以及诚实信用原则。此外无限制地扩大金融机构的告知和提示义务,任由投资人以未充分告知而转嫁投资风险,对金融交易的稳定也是一种破坏。在本案中,本院认为,被告已尽到适当性义务和告知说明义务。

附表2-16 适当性义务履行可视化:全过程录音或者录像监管规定

法律法规	具体要求
《证券期货投资者适当性管理办法》	第二十五条:经营机构通过营业网点向普通投资者进行本办法第十二条、第二十条、第二十一条和第二十三条规定的告知、警示,应当全过程录音或者录像;通过互联网等非现场方式进行的,经营机构应当完善配套留痕安排,由普通投资者通过符合法律、行政法规要求的电子方式进行确认。 第四十一条:经营机构有下列情形之一的,给予警告,并处以3万元以下罚款……: …… (六)违反本办法第二十五条,未按规定录音录像或者采取配套留痕安排的; 第三十二条:经营机构应当按照相关规定妥善保存其履行适当性义务的相关信息资料,防止泄露或者被不当利用,接受中国证监会及其派出机构和自律组织的检查。对匹配

续表

法律法规	具体要求
	方案、告知警示资料、录音录像资料、自查报告等的保存期限不得少于20年。
《证券公司合规管理有效性评估指引》	附件2合规管理有效性评估表5-9：经纪业务评估底稿，"客户适当性管理"评估项目中："是否按照监管要求将投资者分类为专业投资者和普通投资者，并对投资者提供的申请材料进行核验和审慎评估。对普通投资者转化为专业投资者的，是否向其说明对不同类别投资者履行适当性义务的差别，警示可能承担的投资风险，书面告知其审查结果和理由，并对审查结果告知和警示进行全过程录音或者录像或电子确认。对专业投资者申请成为普通投资者的，是否对投资者风险承受能力进行综合评估，确定其风险承受能力等级，履行相应适当性义务。"

附表2-17 法院对监管规定、自律规则可视化要求认可的判例

案号	法院观点
（2019）粤0104民初4973号	被告未对所荐产品信息进行任何释明，也未交付任何书面资料供原告审核，虽进行了录音录像，但以较快语速对该产品不保本且属中高风险进行揭示。法院最终判定被告未尽到卖方机构适当性义务。
（2021）沪74民终1258号	法院认为，被告广发银行金山支行未能举证证明在代销案涉私募基金产品前已对原告曹某军的风险承受能力进行了测评，且其风险承受能力与案涉产品相匹配，亦未能提供曹某军办理业务时的录音录像资料以证明其落实了监管要求。结合监管部门出具的相关《答复书》及《回复函》中的内容，法院认定，广发银行金山支行未对投资人进行风险承受能力评估且未妥善保管业务资料，负有过错。

附表 2-18　可视化要求的实质重在能够证明金融机构尽到告知说明义务

案号	法院观点
（2019）苏民终 4641 号	法院没有机械地理解《商业银行信用卡业务监督管理办法》中有关必须抄录的规定，而是从银行对金融消费者应尽的适当性义务出发，目的性地解释了抄录的意义，并指出针对李某鹏等特殊金融消费者履行适当性义务时，可以通过录音、录像等方式来达到相关规定的目的，实现对残障人士作为金融消费者合法权益的特别保护。

附表 2-19　无可视化证据证明履行适当性义务过程，只有投资者书面确认

案号	案情概要和法院观点	分析
（2021）新 01 民终 6229 号	本案被告浦发银行克拉玛依东路支行作为案涉基金的代销机构向孙某良介绍案涉基金，被告录音录像发生在购买案涉基金后，但是法院认为，因为在购买过程中原告未提出异议，且抄录了"本人已阅读本业务相关的权益须知及业务提示，充分了解并清楚知晓本产品的风险，愿意承担相关风险"的内容，因此被告即使存在程序瑕疵，也视为履行了适当性义务。	该案法院的观点表明，"录音录像"这一要件并非必要的程序要件，如果原告已经抄录风险说明条款，且未提出异议，则仍然认定被告已经履行适当性义务。
（2020）粤 03 民终 27204 号	原告诉称被告风险揭示等过程未有书面记录如录音或者录像，但被告久久益资产、招财猫资产称其已经对原告李某进行风险提示且原告已经手写"本人已认真阅读并准确理解所有基金文件，承诺符合基金合同中关于投资人资格的要求，并愿意依法承担相应的基金投资风险"，其已经尽到了自己的提示义务。 一审法院认为，涉案基金风险较大，李某手书上述内容只能证明久久益资产、招	本案中被告对风险揭示等过程未有书面记录如录音或者录像，但是该案法院的观点与前一案不同，其认为原告手写抄录风险告知条款，并不能免除被告的适当推介义务，酌定被告对损

附　录

续表

案号	案情概要和法院观点	分析
	财猫资产在推荐过程中提到了基金的风险，但并未提交证据证实其已详细介绍讼争基金的运作方式等相关信息并揭示特别的风险点，故未履行正确评估及适当推介的义务，李某虽在缔约过程中签字确认知晓相关风险，但据此并不能免除久久益资产、招财猫资产在缔约前的适当推介义务。根据久久益资产、招财猫资产的过错程度，一审法院酌定久久益资产、招财猫资产对李某的损失承担六成责任。	失承担六成责任。
根据以上两个案例可以看到，司法实践中，对于录音录像是否为风险揭示过程的必要程序要件，法院存在不同观点，在原告抄录了风险说明条款的情况下，是否能够免除被告的适当性义务，法院的裁判也并不统一，对于责任承担比例，也无统一标准。		

附表 2-20　《九民纪要》后法院关于违反适当性义务的
缔约过失责任的判例

案号	法院观点
（2021）沪0109民初7347号	从法律程序上说，投资者适当性义务属于先合同义务，违反适当性义务应当承担的是缔约过失责任，而原告提起本案诉讼的请求权基础是违约损害赔偿责任，两者显然存在矛盾。
（2020）京01民终8093号	关于金融机构等卖方机构违反适当性义务所应承担的责任类型和规范基础。卖方机构在推荐、销售高风险理财产品时应该履行适当性义务的要求，该适当性义务明显属于法定义务。《中华人民共和国合同法》第42条规定："当事人在订立合同过程中有下列情形之一，给对方造成损失的，应当承担损害赔偿责任：……"在金融消费领域，如果金融机构等卖方机构未履行上述法定义务，在缔约阶段违反适当性要求，使金融消费者基于对专业金融机构的信赖而购买不适当

续表

案号	法院观点
	的产品从而造成损失时，金融机构等卖方机构明显违反了诚实信用的要求，理应按照上述规定承担赔偿责任，但该责任的基础是上述规范所确定的缔约过失责任。 本案中，肖某以合同纠纷为由提起诉讼，一审法院以《中华人民共和国民法总则》第120条以及《中华人民共和国侵权责任法》第2条等侵权责任规范为基础裁判，在适用法律上显属不当，本院予以纠正。
（2022）鲁民申6268号	被告作为案涉理财产品的销售机构，所违反的适当性义务属先合同义务，与案涉《资管合同》所约定的管理人与托管行的合同义务不同。故，原审判令恒丰银行南京分行对时某科的损失承担缔约过失赔偿责任，并无不当。
（2021）湘01民终12882号[1]	一审法院认为：本案原定案由为侵权责任纠纷，在本案的审理过程中，王某辉申请将本案案由变更为金融委托理财合同纠纷，从本案案件事实显示，本案定金融委托理财合同纠纷更为适合。本案中，原被告均存在缔约过失责任。
（2020）晋02民终1723号	从适当性义务的内容看，卖方机构适当性义务的本质为诚信义务在金融产品销售领域的具体化，主要体现为先合同阶段的诚信义务，即《中华人民共和国合同法》第42条规定的先合同义务。

[1] 这个案件对责任承担比例的分析也值得借鉴。王某辉作为完全民事行为能力人，其在签订委托认购合同时应当知道受托人并非农业银行湘江新区，而是博洋公司，其在委托博洋公司购买理财产品时，应当了解受托人博洋公司是否具有相应的资格和资质、是否具有相应的行为能力、是否能承受相应的民事责任，但其并未履行相应注意义务，因此自身亦应承担一定的责任。王某辉的实际损失应为本金及相应的孳息，对于责任的大小，如前所述，一审法院认为农业银行应对王某辉的损失承担主要责任，即农业银行应赔偿王某辉的投资本金损失200 000元，对利息损失由王某辉自行承担，故对王某辉主张要求农业银行赔偿王某辉本金损失200 000元的诉请，一审法院予以支持。对王某辉诉请的律师费，因系王某辉为追偿损失所产生的合理开支，对此，一审法院予以支持。

附表 2-21 同案不同判

案号	法院观点	分析
（2020）浙01民终10296号	关于适当性义务。具体到本案中，根据在案证据显示，陈某系主动要求购买案涉基金4号信托计划，并在签订合同前即主动支付投资款项，在收到中建投信托股份有限公司（以下简称"中建设"）邮寄的信托合同后亦注意到合同有关于受托人不承诺保本和最低收益的约定，之后并未要求退出信托计划而是对信托计划的投资方向和盈亏情况持续关注，即陈某购买案涉信托计划并非基于"保底8%"的错误认知，而是对该信托计划的性质和风险有了充分了解后愿意购买并继续履行信托合同。陈某上诉主张未在风险测评报告中签字，故中建投未对其进行风险承受测试，但结合陈某的受教育程度、工作经历以及在微信中陈述的自己的投资经验，即使中建投的确未对其进行风险评估亦并不影响陈某对购买案涉信托产品作出自主决定，故本院对于陈某要求对案涉信托项目中的认购风险申明书、风险测评报告题目上陈某的签名进行笔迹鉴定的申请不予准许。陈某以中建投未履行投资前期订立合同过程中应尽之适当性义务，来要求中建投承担合同订立后因合同履行而产生的违约责任，缺乏法律依据，本院对此不予采纳。	经营机构过错：未对投资者风险评估。投资者过错：主动要求购买案涉基金，在签订合同前即主动支付投资款项，在充分了解产品风险后仍坚持购买案涉产品。再结合陈某的受教育程度、工作经历以及在微信中陈述的自己的投资经验，即使中建投的确未对其进行风险评估亦并不影响陈某对购买案涉信托产品作出自主决定。最终责任承担：投资者自行承担所有损失。
（2019）粤0104民初4973号	原告签署拾贝优粤31号8期基金产品确认函，表示已认真阅读该产品风险提示函和电子合同文本，了解产品在投资运作过程中可能面临的各种风险，同意自行承担投资风险，接受该产品	经营机构过错：风险告知时语速过快，未将产品资料打印后详细讲解，未尽到告知说明义务。投

续表

案号	法院观点	分析
	同条款等。但是根据录音录像，被告工作人员刘某潇向原告进行风险告知时以较快语速提示风险，且关于涉案基金的书面资料，被告销售人员直接将它介绍给了原告，没有将该产品的资料打印给原告看，存在工作上的疏忽，没有履行相应的职责。本院认为，原、被告之间成立委托理财合同关系。原告作为完全民事行为能力人，在对涉案基金未进行完全了解、第一次风险评估风险等级低于涉案基金风险等级的前提下，仍坚持作出第二次风险评估并认购涉案基金，视为其对自己民事权利的自由处分，因此产生的法律后果与投资风险应由原告自负。鉴于被告工作人员在未考虑原告风险承受能力、未对所推荐产品信息尽调情况下向原告作出推介，未尽到勤勉尽职义务的行为，存在信息披露不充分的过错，本院酌定被告对原告投资款的本金损失承担三成的赔偿责任。原告主张被告赔偿其余投资款本金及利息损失的诉请依据不足，本院不予支持。	资者过错：签署产品风险确认函，第一次风险评估风险等级低于产品风险等级的前提下坚持做第二次风险评估并认购基金。 最终责任承担比例（经营机构与投资者）为3∶7。 赔偿范围：投资款本金，不包括利息。

附表 2-22　投资者既往投资经验较丰富、受教育程度较高等事实

案号	法院观点	分析
（2019）苏 0106 民初 4842 号、（2019）苏 01 民终 7576 号	投资者在一审法院提出的损失赔偿诉请为赔偿理财产品的亏损及相应利息（按照中国人民银行同期贷款利率计算）。该案中投资者 1997 年本科毕业后一直从事财务工作，且所学专业为财政金融，担任公司的财务总	一审： 经营机构过错：未尽告知说明、风险揭示义务。未将案涉基金的运作方式和最大损失风险以显著、必要的

续表

案号	法院观点	分析
	监一职,从 2000 年后开始进行长期股票投资及多次购买理财产品。一审法院认定投资者具有较高的文化知识水平,其作为大额资金的控制者,多次进行理财投资,具有一定的投资理财经验,购买案涉的两支基金系其自行决定、选择的结果,对其损失应当承担主要责任。而投资者的理财投资经验并不能免除金融机构的风险揭示义务,案涉金融机构未将案涉基金的运作方式和最大损失风险以显著、必要的方式向投资者作出特别说明,没有适当履行风险揭示义务,应承担次要责任。对于投资者主张的损失,一审法院酌定金融机构承担 30% 的责任。 江苏省南京市中级人民法院认为一审法院关于赔偿责任的认定不妥,案涉金融机构违反适当性义务,导致投资者在购买案涉基金产品过程中遭受损失,投资者并非证券公司、基金公司的从业人员,也没有相关的从业经历,其之前购买其他基金产品的投资经验和学历水平并不足以使其充分了解案涉基金的相关风险,不能据此减轻或者免除机构的告知说明义务,且金融机构并未举证证明其适当性义务的违反没有影响投资者购买产品的自主决定,应当对投资者的全部损失(本金加利息)承担赔偿责任。	方式向投资者作出特别说明。 投资者:具有较高的文化知识水平,其作为大额资金的控制者,多次进行理财投资,具有一定的投资理财经验。 最终责任承担比例(经营机构与投资者)3:7。 损失赔偿范围:本金加利息。 二审: 经营机构过错:未尽告知说明、风险揭示义务。未将案涉基金的运作方式和最大损失风险以显著、必要的方式向投资者作出特别说明。 投资者:并非证券公司、基金公司的从业人员,之前其他基金产品的投资经验不代表对案涉产品充分了解。 最终责任承担:经营机构全责。 损失赔偿范围:本金加利息。

续表

案号	法院观点	分析
（2017）苏0106民初3304号	被告辩称，"原告长期从事基金投资，学历较高，有国外留学背景，2013年就多次购买平安银行代销的各类投资理财产品，其中也包括资产管理计划这种私募基金，是一名经验丰富的投资者，对投资基金的风险是明知的"。法院认定，"被告的销售人员出于自己对市场行情的误判，在推介活动中一味放大产品的盈利可能、强调市场继续上涨的趋势，对原告盈利冲动有助长作用，对于原告的损失产生也具有一定作用，衡量双方各自的过错，被告也应对原告的损失承担一定的过错责任，以不超过总损失的30%为宜"。	经营机构过错：对市场行情误判，对产品的盈利和风险错误告知。 投资者：从事基金投资，学历较高，有国外留学背景，多次购买平安银行代销的各类相关投资理财产品，经验丰富。 最终责任承担比例（经营机构与投资者）3∶7。 赔偿范围：总损失=赎回时市值和本金的差值
（2020）晋01民终2816号	本案第三人曾代理被告在光大银行投资了九笔理财业务，并取得了相关投资收益。本案是以侵权责任起诉，法院论述完毕侵权责任后，分析了适当性义务的问题，并指出：本案即便要审查适当性义务，也应当适用《九民纪要》第78条免责事由，因亢某忠、张某国有着相当的投资经验，是否违反适当性义务并未影响其作出自主决定，应当由张某国自己承担投资风险。	法院认为原告有相当的投资经验，因此被告违反适当性义务不影响其自主作出判断。但是该案判决书事实查明和法院观点部分没有对原告投资经验的说明，只是提及原告在《认购风险申明书》上签字表明自己是承受能力较强的合格投资者。

— 298 —

附表 2-23 投资者投资过程具有一定过错

案号	法院观点	分析
(2020)鲁09民终817号	本案中，被告的过错包括：（1）推介理财产品前未对原告朱某成的具体情况进行正确评估；（2）原告系稳健型投资者，但被告仍主动推介了不符合其风险承受能力的非保本型理财产品；（3）违反了《个人理财业务风险管理指引》第23条规定，对于市场风险较大的投资产品，特别是与衍生交易相关的投资产品，其进行了主动推介，且不仅未对原告说明购买该私募基金存在的相应投资风险，还向原告承诺该产品有抵押无风险，进行虚假和夸大的宣传。 涉案《合伙协议书》中虽有风险申明，但原告朱某成的签字行为发生在其购买之后，且该申明实际上未详细阐述该产品的具体风险，故签字不免除被告适当性义务。 应依照《中华人民共和国侵权责任法》第15条规定要求被告建行泰安分行承担赔偿损失的责任。但该法第26条同时规定：被侵权人对损害的发生也有过错的，可以减轻侵权人的责任。本案中，原告朱某成对自身的财务状况、投资能力及风险承受能力亦应有相应的认识，但原告朱某成未依照自身状况进行合理投资，而是选择购买系争理财产品，对相应损失的发生亦具有相应过错，依照上述法律规定，被告建行泰安分行的赔偿责任可相应减低。	经营机构过错：（1）未对投资者具体情况进行评估；（2）产品风险等级与投资者风险承受能力不匹配；（3）主动推介市场风险较大的产品，且进行虚假夸大宣传。 投资者过错：一审法院认为投资者具有的过错为未依照自身状况进行合理投资，而是选择购买系争理财产品；二审法院认为投资者具有的过错为在未见到涉案合伙协议书的情况下，即支付购买基金款项，未尽到相应的注意义务。 最终责任承担比例（经营机构与投资者）8:2。 损失赔偿范围：投资款本金50万元，不支持利息诉求。

续表

案号	法院观点	分析
	依据损失填补原则、公平原则及诚实信用原则,综合考虑合同的实际履行情况、当事人的过错程度及预期利益等方面因素,酌定被告建行泰安分行赔偿原告朱某成经济损失40万元(50万元的80%),原告朱某成在未见到涉案合伙协议书的情况下,即支付购买基金款项,未尽到相应的注意义务,自身存在一定过错,对所造成的损失自行承担10万元(50万元的20%)。其中50万元系投资本金。对原告要求被告建行泰安分行赔偿其利息损失的诉讼请求,于法无据,法院不予支持。	
(2020)辽01民终4184号	关于承担责任比例认定问题。工商银行市府大路支行向70岁的于某坤推介并引导购买的案涉理财业务和产品并非银行自有的理财产品,事后生效的法律文书亦确认被投资人已经犯罪。工商银行市府大路支行亦没有提供有效证据证明其履行了如实告知、对于某坤进行风险提示和投资者教育、对于某坤进行风险承受能力进行评估、对理财产品销售进行管理、对销售人员齐某进行管理等义务,其应承担举证不能的不利后果。工商银行市府大路支行存在不履行其适当性义务,向于某坤推介并引导购买非银行自有理财产品等过错。另,于某坤主张其没有收到U盾,案涉款项并非其本	经营机构过错:未举证对投资者进行了风险承受能力的评估以及履行了告知说明和风险解释义务,推介了非银行自有理财产品。投资者:有理财产品经验,领取U盾过程中缺乏审慎意识,不安全管理个人银行账户交易密码,使被告掌握了案涉账户的交易。最终责任承担比例(经营机构与投资者)7∶3。

续表

案号	法院观点	分析
	人汇入北京德洋宏隆投资管理中心,而是由工作人员掌握于某坤案涉账户的交易。故工商银行市府大路支行应承担主要责任。 于某坤作为具有完全民事行为能力的自然人,且既往办理过理财产品,单方听信齐某的言辞,在开通网上银行、领取U盾过程中,缺乏审慎意识,不安全管理个人银行账户交易密码,未尽到相应的、合理的、谨慎的注意义务,亦具有一定过错,应当承担一定的责任。综合考虑双方过错程度,法院认定于某坤自行承担资金损失人民币190万元的30%即57万元,工商银行市府大路支行应承担资金损失人民币190万元的70%即133万元的赔偿责任。 针对赔偿范围,一审法院认为,原告主张投资款项190万元及相应利息,其前提应以其理财款项最终剩余本息数额为基础。于某坤无法向一审法院提供充分证据证明该理财款项是否全部赎回以及该理财款项剩余本金的数额;且北京博创兴业投资管理有限公司负责人王某等因非法吸收公众存款罪已经被法院判处有期徒刑,于某坤被确定为受害人之一,是否返赃以及返赃的数额本院无法确认,故一审法院无法确认于某坤是否存在损失以及损失的具体数额,因此于某坤应当承担不利的后果。一审法院无法支持于某	损失赔偿范围:一审法院认为原告只能证明投资款项,但是并未证明最终剩余的本息数额,进而无法明确实际损失,因此不支持原告的诉请,但是二审法院判定应以投资款项190万元及其利息为损失数额。

— 301 —

续表

案号	法院观点	分析
	坤主张 190 万元投资款以及利息损失的诉讼请求。而二审法院则直接判定，工商银行沈河支行未尽适当性义务导致金融消费者于某坤产生损失，应当赔偿于某坤所受的实际损失。实际损失为损失的本金和利息，利息按照中国人民银行发布的同期同类存款基准利率计算。	

附表 2-24　法院对损失赔偿范围的判例

案号	法院观点
（2019）粤 0104 民初 4973 号	投资款本金，不包括利息
（2019）苏 01 民终 7576 号	投资款本金加利息
（2020）鲁 09 民终 817 号	投资款本金，不包括利息
（2020）辽 01 民终 4184 号	一审认为原告只能证明投资款项，但是并未证明最终剩余的本息数额，进而无法明确实际损失，因此不支持原告的诉请，但是二审判定损失数额为投资款本金加利息
（2017）苏 0106 民初 3304 号	损失 = 基金赎回时市值和本金的差值
（2021）京 74 民终 482 号	法院强调应赔偿实际损失，而非本金和利息

第三章 操纵期货市场的民事责任

附表 3-1 1999 年条例与 1999 年《证券法》反操纵条款对比

1999 年条例	1999 年《证券法》
第六十二条 任何单位或者个人有下列行为之一，操纵期货交易价格的，责令改正，没收违法所得，并处违法所得 1 倍以上 5 倍以下的罚款；没有违法所得或者违法所得不满 20 万元的，处 20 万元以上 100 万元以下的罚款；构成犯罪的，依法追究刑事责任： （一）单独或者合谋，集中资金优势、持仓优势或者利用信息优势联合或者连续买卖期货合约，操纵期货交易价格的； （二）蓄意串通，按事先约定的时间、价格和方式相互进行期货交易，影响期货交易价格或者期货交易量的； （三）以自己为交易对象，自买自卖，影响期货交易价格或者期货交易量的； （四）为影响期货市场行情囤积实物的； （五）有中国证监会规定的其他操纵期货交易价格的行为的。 单位有前款所列行为之一的，对直接负责的主管人员和其他直接责任人员给予纪律处分，并处 1 万元以上 10 万元以下的罚款。	第七十一条 禁止任何人以下列手段获取不正当利益或者转嫁风险： （一）通过单独或者合谋，集中资金优势、持股优势或者利用信息优势联合或者连续买卖，操纵证券交易价格； （二）与他人串通，以事先约定的时间、价格和方式相互进行证券交易或者相互买卖并不持有的证券，影响证券交易价格或者证券交易量； （三）以自己为交易对象，进行不转移所有权的自买自卖，影响证券交易价格或者证券交易量； （四）以其他方法操纵证券交易价格。

附表 3-2 《证券法》与《期货和衍生品法》反操纵条款对比

《期货和衍生品法》	2019 年《证券法》
第十二条 任何单位和个人不得操纵期货市场或者衍生品市场。 禁止以下列手段操纵期货市场，影响	第五十五条 禁止任何人以下列手段操纵证券市场，影响或者意图影响证券交易价格或者证

— 303 —

续表

《期货和衍生品法》	2019年《证券法》
或者意图影响期货交易价格或者期货交易量： (一) 单独或者合谋，集中资金优势、持仓优势或者利用信息优势联合或者连续买卖合约； (二) 与他人串通，以事先约定的时间、价格和方式相互进行期货交易； (三) 在自己实际控制的账户之间进行期货交易； (四) 利用虚假或者不确定的重大信息，诱导交易者进行期货交易； (五) 不以成交为目的，频繁或者大量申报并撤销申报； (六) 对相关期货交易或者合约标的物的交易作出公开评价、预测或者投资建议，并进行反向操作或者相关操作； (七) 为影响期货市场行情囤积现货； (八) 在交割月或者临近交割月，利用不正当手段规避持仓限额，形成持仓优势； (九) 利用在相关市场的活动操纵期货市场； (十) 操纵期货市场的其他手段。 第一百二十五条第二款 操纵市场行为给交易者造成损失的，应当依法承担赔偿责任。	券交易量： (一) 单独或者通过合谋，集中资金优势、持股优势或者利用信息优势联合或者连续买卖； (二) 与他人串通，以事先约定的时间、价格和方式相互进行证券交易； (三) 在自己实际控制的账户之间进行证券交易； (四) 不以成交为目的，频繁或者大量申报并撤销申报； (五) 利用虚假或者不确定的重大信息，诱导投资者进行证券交易； (六) 对证券、发行人公开作出评价、预测或者投资建议，并进行反向证券交易； (七) 利用在其他相关市场的活动操纵证券市场； (八) 操纵证券市场的其他手段。 操纵证券市场行为给投资者造成损失的，应当依法承担赔偿责任。

附表 3-3 行政处罚判例对持仓优势操纵期货价格的认定标准

行政处罚	要件	认定标准
黄某、蒋某、徐某操纵纤维板 1910 合约价格案[1]	持仓优势	行为人所控制并使用的期货账户合计持有头寸显著大于涉案合约可交割仓单数量。
姜某操纵"甲醇 1501"期货合约价格案[2]	资金优势	行为人集中资金 41 544 万元。
	持仓优势	买持仓占市场总买持仓比从 30.75%升至最高的 76.04%，最高持仓多达 27 517 手。
	对现货的支配性地位	姜某实际控制的欣华欣作为国内最大的甲醇贸易商，对甲醇现货价格有直接影响力。欣华欣甲醇现货增长 247%，库存增长量明显高于往年同期、同年之前月份。

附表 3-4 行政处罚判例关于期货合约交易型操纵的认定标准

行政处罚	要件	认定标准
陶某、傅某南操纵"1502"合约价格案[3]	连续交易	行为人以自己为交易对象大量自买自卖，实际控制和利用的期货账户之间的相互交易占涉案期间总成交量比例最低为 15%，最高为 65%，平均为 44%。

[1] 中国证券监督管理委员会〔2021〕100 号行政处罚决定书。
[2] 中国证券监督管理委员会〔2015〕31 号行政处罚决定书。
[3] 中国证券监督管理委员会〔2016〕5 号行政处罚决定书。

附表 3-5　行政处罚判例关于证券交易型操纵的认定标准

行政处罚	要件	认定标准
鲜某操纵"多伦股份"一案[1]	连续买卖	账户组在操纵期间买入量/卖出量排名分别居前五的交易日总数；账户组买入/卖出量占该股比例超过 10%/20%/30%/40% 的交易日总数。
	洗售	操纵期间账户组之间交易数量占市场成交量比例的峰值及超 5%/10% 的交易日总数。
	虚假申报	实际买入量为零；涨停价申买量占同期市场申买的比例；涨停价买申报量占前 10 天日均成交量的比例；撤单数量占买单数量的比例。

附表 3-6　有关信息型操纵认定标准的行政处罚判例和司法判例

案件	认定机关	要件	认定标准
蝶彩资产、谢某华、阙某彬操纵"恒康医疗"股价一案	证监会[2]	抢帽子交易	行为人合谋利用作为上市公司控股股东及实际控制人具有的信息优势，控制恒康医疗密集发布利好信息，人为操纵信息披露的内容和时点，未及时、真实、准确、完整披露对恒康医疗不利的信息，夸大恒康医疗研发能力，选择时点披露恒康医疗已有的重大利好信息。
	四川省成都市中级人民法院[3]	信息重大性	涉案期间，恒康医疗公司的股价涨幅明显优于同期中小板综指和周期深证医药行业指数。
		信息误导性	恒康医疗未完整披露收购医院价款，对《补充协议》及 3000 万元补偿款未予披露；未及时披露"DYW101"项目，并用误导性陈述影响投资者预期

---

[1] 中国证券监督管理委员会〔2017〕29 号行政处罚决定书。
[2] 中国证券监督管理委员会〔2017〕80 号行政处罚决定书。
[3] 四川省成都市中级人民法院（2018）川 01 民初 2728 号民事判决书。

续表

案件	认定机关	要件	认定标准
	四川省成都市中级人民法院	信息散布时点	在操纵期间选择时点披露"独一味牙膏"研发及生产进展,增加操纵期间"利好"信息披露密度,影响投资者预期。
	四川省高级人民法院[1]	抢帽子交易	恒康医疗公司于2013年6月起连续实施的三则信息披露行为,无论就信息披露的内容还是从信息披露的时点来看,都存在异常现象。
		操纵期间	"操纵期间"为从2013年5月9日(即按照《研究顾问协议》和《资产管理合同》的相关约定确定蝶彩资产管理公司开始履行顾问服务义务的时间)起至7月4日阙某彬完成减持"恒康医疗"的期间。
		举证责任	蝶彩资产管理公司在本案中不能提供充分的证据否认《研究顾问协议》以及《市值管理备忘录》等与恒康医疗公司密集发布信息之间的联系的情形下,应当承担举证不能的法律责任。
鲜某操纵"多伦股份"一案[2]	证监会	信息重大性	多伦股份更名事项涉及名称变更和经营范围变更,根据《证券法》第67条第2款第1项,属于需要立即公告的重大事件。
		信息误导性	多伦股份公告称"通过本次授权,可以使公司在互联网金融行业处于领先的优势地位。该特别授权对公司的转型是具有突破性意义的,必将给公司

---

[1] 四川省高级人民法院(2020)川民终1532号民事判决书。
[2] 中国证券监督管理委员会[2017]29号行政处罚决定书。

续表

案件	认定机关	要件	认定标准
			带来深远影响"。从多伦股份公告内容看，www.p2p.com 网站正在筹备中，并无任何业务运营，且香港多伦只免费授权该网站域名使用1年，后续存在不确定性。而互联网金融为当时股票炒作热点题材，上述公告内容足以对投资者产生误导。

附表3-7　行政处罚和司法判例关于主观故意的认定标准

行政处罚	认定机关	要件	认定标准
蝶彩资产、谢某华、阙某彬操纵"恒康医疗"股价一案	证监会[1]	合谋操纵的主观故意	《研究顾问协议》的签订确立了谢某华、蝶彩资产与阙某彬在不低于20元/股减持股票事项上的合作关系。
		共同动机	协议中约定蝶彩资产研究顾问费按减持成交金额的12.5%计提，绑定了双方的共同利益，蝶彩资产、谢某华和阙某彬存在利用"市值管理"拉抬"恒康医疗"股价并减持获利的共同动机。
		主观故意	谢某华在询问笔录中承认希望恒康医疗能够落实"市值管理"建议，相互配合共同实现"市值管理"目标，说明谢某华存在实现上述"市值管理"目标的主观意愿。
	四川省成都市中级人民法	操纵证券交易价格或者证券交易量的	需结合有关证据和行为来予以考量。中国证监会提供了询问笔录、《研究顾问协议》《资产管理合同》等证据材料。

---

[1] 中国证券监督管理委员会〔2017〕80号行政处罚决定书。

附 录

续表

行政处罚	认定机关	要件	认定标准
院[1]		意图	综合上述证据可知,阙某彬因投资产生了资金需求,需要在短期内通过减持股票获得资金,最终选择了蝶彩资产管理公司提供的研究顾问服务,以此来实现在较高价位上减持股票的目标。在行为上,其操纵意图主要体现在信息披露的内容与时点两个方面,即通过控制信息披露的内容与时点来误导投资者形成错误的市场判断。恒康医疗公司的信息披露行为在内容与时点上存在违法性、异常性,即人为操纵信息披露的内容和时点,密集发布利好信息,未真实、准确、完整披露对恒康医疗公司不利的信息,从而影响投资者的预期,提升恒康医疗公司股价,据此可以推定上述信息披露行为背后具有操纵意图。
姜某操纵"甲醇1501"期货合约价格案[2]	证监会	存在维持期货交易价格以保护多头持仓进入交割月的主观故意	实际建仓过程中,姜某大量建仓,形成持仓优势后,先是通过连续交易的方式稳住价格,保证交易活跃及买入氛围。2014年12月12日至16日,价格下跌后,姜某又通过分仓买入的形式来稳定建仓价格,实现其对"甲醇1501"合约价格的控制和影响。

[1] 四川省成都市中级人民法院(2018)川01民初2728号民事判决书。
[2] 中国证券监督管理委员会[2015]31号行政处罚决定书。

附表 3-8 关于人为价格的认定标准

行政处罚	要件	认定标准
黄某、蒋某、徐某操纵纤维板 1910 合约价格一案[1]	人为价格	1. 合约结算价从 62.5 元/手上涨至 111.85 元/手，涨幅为 78.96%。 2. 纤维板 1910 合约与纤维板 1911 合约结算价偏离度为 40.01%，与现货价格最高偏离为 45.26%。
阮某、嘉和投资操纵白糖 1801 期货合约一案[2]	人为价格	1. 随涉案账户组持仓占比不断上升，白糖 1801 合约结算价由 6063 元/吨上涨到 6529 元/吨，上涨 466 元/吨，涨幅 7.69%。 2. 同期，白糖现货价格上涨 1.86%，期现涨幅偏差达 5.83%。 3. 可比远月白糖 1805 合约和 1809 合约分别上涨 4.74% 和 4.47%，涨幅偏差分别达 2.95% 和 3.22%。 4. 2018 年 1 月份，白糖 1801 合约进入交割月，2018 年 1 月 15 日，白糖 1801 合约结算价为 6058 元/吨，较 2017 年 12 月 11 日下跌 7.21%，与 10 月 9 日价格基本持平。
陶某、傅某南操纵"1502"合约价格案[3]	人为价格	1. 相关期货合约与现货价格的偏离。涉案"胶合板 1502"合约上涨幅度为 13.35%，与胶合板现货价格的偏离度达 7.3%。 2. 相关期货合约与邻近期货合约价格的偏离。涉案"胶合板 1502"合约上涨幅度为 13.35%，同期"胶合板 1503"合约价格仅上涨 6.05%。

---

[1] 中国证券监督管理委员会〔2021〕100 号行政处罚决定书。
[2] 中国证券监督管理委员会〔2021〕117 号行政处罚决定书。
[3] 中国证券监督管理委员会〔2016〕5 号行政处罚决定书。

附表 3-9 关于损失的认定

案件	损害结果
阙某彬、蝶彩资产管理（上海）有限公司证券纠纷案[1]	杨某辉诉请阙某彬、蝶彩资产管理（上海）有限公司、谢某荣承担操纵证券市场民事赔偿责任，需要同时满足以下三个要件：第一，阙某彬、蝶彩资产管理（上海）有限公司、谢某荣存在操纵证券市场的行为；第二，杨某辉投资了被操纵的证券并遭受了投资损失；第三，阙某彬、蝶彩资产管理（上海）有限公司、谢某荣操纵市场的行为和杨某辉的损失之间存在因果关系。

附表 3-10 期货案例中关于损害后果的认定

案件	要件	认定标准
姜某操纵"甲醇1501"期货合约价格案[2]	造成了其他参与者的损失后果	12月19日，"甲醇1501"合约价格大幅下跌，导致86个客户穿仓，穿仓金额高达1.77亿元。截至2015年7月22日结算，"甲醇1501"合约未结清欠款的穿仓客户共34个，穿仓金额共1.47亿元，涉及13家期货公司。
	破坏了期货市场秩序	大批强行平仓行为致使该期货合约价格大幅下跌，进而引发市场恐慌性抛盘，开盘后仅10分钟，该合约价格达到跌停板。17日至19日，"甲醇1501"合约出现连续3个跌停板单边市，3个交易日合约价格跌幅高达19.1%。22日闭市，期货交易所依照规则执行强制减仓，共减仓25 500手（双边），涉及客户506个，其中买方强制减仓客户数量167个，卖方强制减仓客户364个。

---

[1] 四川省成都市中级人民法院（2018）川01民初2728号民事判决书。
[2] 中国证券监督管理委员会〔2015〕31号行政处罚决定书。

附表 3-11 关于损失因果关系的认定

行政处罚	要件	认定标准
蝶彩资产管理（上海）有限公司、谢某华、阙某彬操纵"恒康医疗"股价案〔1〕	损失因果关系	采纳欺诈市场理论，只要杨某辉在操纵期间购买了恒康医疗公司股票，就足以认定其损失与阙某彬、蝶彩资产管理（上海）有限公司、谢某荣的操纵行为之间存在因果关系。

附表 3-12 关于实际账户控制人的认定标准

行政处罚	认定标准
阮某、嘉和投资操纵白糖 1801 期货合约一案〔2〕	一是 8 个账户由嘉和投资实际控制，而非深嘉投或陈某控制。二是账户主要资金来源存在一致性。三是阮某实际控制 25 个账户。阮某及相关账户名义持有人均认同阮某是上述账户实际控制人，25 个账户均由阮某下达交易指令。25 个期货账户的资金主要来源于阮某及其控制的公司。阮某、嘉和投资客观上存在利用上述 72 个账户组集中资金优势、持仓优势连续买卖白糖 1801 期货合约的行为，构成共同操纵，依法应当对涉案 72 个账户整体认定。
陶某、傅某南操纵"1502"合约价格案〔3〕	账户由陶某控制，由陶某作出交易决策并安排交易员下单。陶某能实时查到账户交易情况，交易后果由其承担。

---

〔1〕 四川省高级人民法院（2020）川民终 1532 号民事判决书。
〔2〕 中国证券监督管理委员会〔2021〕117 号行政处罚决定书。
〔3〕 中国证券监督管理委员会〔2016〕5 号行政处罚决定书。

附表 3-13 司法裁判标准

案件	要件	计算方法
蝶彩资产管理（上海）有限公司、谢某华、阙某彬操纵"恒康医疗"股价案[1]	操纵市场	证券交易欺诈行为可以分为操纵市场、虚假陈述、内幕交易三大类型，三者之间往往是相互联系的。虚假陈述只是表象，而内幕交易和操纵市场是问题的核心和根本。杨某辉的损失可以参照《最高人民法院法院关于审理证券市场因虚假陈述引发的民事赔偿案件的若干规定》予以认定，即杨某辉的损失包括投资差额损失及佣金、资金利息。杨某辉的投资差额损失以买入证券平均价格与实际卖出证券平均价格之差，乘以杨某辉所持证券数量计算。
鲜某操纵"多伦股份"一案[2]		1. 界定人为价格存在时间。要界定其操纵行为侵权赔偿责任的范围，必须准确界定人为价格存在的时间，也即标的股票价格受操纵行为影响的起止时间，包含三个关键时点：操纵行为开始日、操纵行为结束日和操纵行为影响消除日。本案中，操纵行为开始日为 2014 年 1 月 17 日，结束日为 2015 年 6 月 12 日。操纵行为影响消除日，是指因操纵行为而产生的人为价格回归至真实市场价格所需的合理时间，需结合个案具体情形酌定。信息型操纵结束后影响何时消除取决于其发布信息的影响何时消除。鲜某控制标的公司信息披露的节奏与内容，同时构成证券虚假陈述并被行政处罚。为衔接操纵与虚假陈述民事责任，考虑到虚假陈述的司法解释已经对虚假信息的影响消除时间作出明确规定，故可在本案中予以参照。确认 2016 年 11 月 14 日作为信息型操纵影响消除之日，该日距整个操纵行为结束超过一年，其间标的股票多次累计换手率超过 100%，应当能够涵盖交易型操纵的影响消除合理期间，可以作为整个操纵行为影响消除之日。 2. 证券操纵民事赔偿责任的损失计算宜采用净损差额法，将实际成交价格与真实市场价格同步对比，即以投资者的

---

[1] 四川省高级人民法院（2020）川民终 1532 号民事判决书。

[2] 上海金融法院于 2022 年 9 月 29 日对原告投资者诉被告鲜言操纵证券交易市场责任纠纷一案作出一审判决并公开宣判。

续表

案件	要件	计算方法
		实际成交价格与股票的真实市场价格之差计算损失金额。 3. 确定真实市场价格。本案中,由专业机构出具《损失核定意见书》,所采用的多因子模型法和重大事件分析法,已在多个证券侵权案件的损失核定中采用并为司法实践认可。本案中基于上述两个方法模拟标的股票日收益率,进一步模拟标的股票真实市场价格,具有科学性与合理性。
原告投资者诉被告A公司及其实际控制人邵某操纵证券交易市场责任纠纷一案[1]	操纵市场	1. 选择净损差额法,通过比较原告投资A公司股票的实际价格与公允的基准价格之间的差值计算原告的投资差额损失。 2. 认定股权价值。该案最终采信资产评估机构出具的《股权价值追溯评估鉴证报告》,该评估依照相关资产评估行业准则,采用资产基础法和市场法两种评估方法,充分考虑A公司在当年的盈利能力、行业前景、管理水平、竞争优势等综合情况,最终选用市场法的结果作为评估结论。在市场法评估中,该报告将A公司与同行业同类A股企业进行对比,并对财务指标和非财务指标上的差异进行数据纠正,同时以期权定价模型计算新三板市场挂牌公司与A股上市公司的折扣率,最终还原A公司合理的股权价值为17.88元/股。法院认为该评估逻辑完整,分析较为全面,专业可信,予以采纳。

附表3-14 证券操纵市场民事赔偿案

时间	案件	诉讼结果	主要裁判理由
2001年6月	亿安科技案	不予受理	缺乏法律依据及相关规定
2011年12月	中核钛白案	驳回诉讼请求	没有证据表明涉案操纵行为直接造成投资损失

---

[1] 该案系全国首例新三板操纵市场证券交易市场责任纠纷,也是首例涉交易型操纵证券交易市场行为的民事赔偿责任案。

续表

时间	案件	诉讼结果	主要裁判理由
2011年12月	汪某中操纵证券市场案	败诉	现行法律、法规中没有详细的明文规定
2017年9月	鲜某案	中止诉讼	须以刑事案件的审理结果为依据,而刑事案件尚未审结
2019年4月	安徽省凤形耐磨材料股份有限公司操纵证券市场案	败诉	1、缺少行政处罚决定书,没有证据证明被告有操纵行为; 2、没有证据证明因果关系
2020年1月	阙某彬、蝶彩资产管理(上海)有限公司证券纠纷案[1]	胜诉	被告操纵股价行为成立,因果关系成立
2021年5月	全某政诉山东隆基机械股份有限公司案[2]	移交山东省济南市中级人民法院	依据2003年《虚假陈述若干规定》,移交山东省济南市中级人民法院
2021年7月	冉某宇诉浙江天成自控股份有限公司操纵证券市场案[3]	败诉	不能证明天成公司存在操纵证券交易市场的行为

[1] 四川省高级人民法院(2020)川民终1532号民事判决书。
[2] 山东省济南市槐荫区人民法院(2021)鲁0104民初2830号民事裁定书。
[3] 浙江省天台县人民法院(2021)浙1023民初2346号民事判决书。

附表 3-15　司法判例对损失赔偿的裁判依据

案件	认定事实	主观过错	损害认定	因果关系认定
中核钛白案	1. 程某水、刘某利用多方优势、通过连续买卖和自我交易等方式操纵市场；2. 有行政处罚决定书	未单独分析	亏损情况及损失计算表由原告提供，但法院以不能类推适用《虚假陈述若干规定》为由，对该证据不予确认	不能认定原告损失是由操纵行为直接引起：1. 虚假陈述与操纵证券市场间的因果关系不能类推适用；2. 买卖股票是投资行为，本身存在风险，不能认定直接因果
汪某中操纵证券市场案	1. 汪某中先利用个人控制的多个账户预先买入标的证券，然后通过网络、散布虚假信息以推荐投资人买入证券，其后反向操作，从而赚取短线差价的收益；2. 有行政处罚决定书	未单独分析	亏损情况及损失计算表由原告提供；本案中法院对该证据不予确认	因果关系不存在；原告承担举证责任，但其没有拿出充分的证据证明操纵行为与损失间因果关系的存在
安徽省凤形耐磨材料股份有	1. 史某华在开设账户后，购	未单独分析	由原告提供买卖凤形股份股票的交	因果关系不存在；法院认为本案系侵权案件，董某勤对

续表

案件	认定事实	主观过错	损害认定	因果关系认定
限公司操纵证券市场案	人并出售"凤形股份",虽可以证实案外人与被告之间的资金往来,但无法证实被告是以安徽省凤形耐磨材料股份有限公司名义对外进行资金往来的; 2. 没有证监会行政处罚决定书佐证,操纵行为不存在		易记录和亏损情况。证明亏损的事实,提供损失计算表、损失数额,但本案中法院对损失不予确认	其损失是由操纵证券交易市场的行为造成的因果关系应承担举证责任。董某勤对此无证据证明,应承担举证不能的法律后果
阙某彬、蝶彩资产管理(上海)有限公司证券纠纷案[1]	1. 行为人客观上实施了可能影响股票市场价量的行为; 2. 有行政处罚决定书 3. 行为人利用控制信息披露的内容和时点来误	通过操纵行为的存在来直接推知行为人的主观因素	由原告提供证据证明亏损; 法院以价差法计算投资差额	构成因果关系: 参考《虚假陈述若干规定》,只需证券落人行为实行期间,就推定因果关系存在

[1] 四川省高级人民法院(2020)川民终1532号民事判决书。

续表

案件	认定事实	主观过错	损害认定	因果关系认定
	导投资人，其存在主观恶意			

第四章　期货市场内幕交易的民事责任

附表 4-1　条文演变对比

2017 年条例	《期货和衍生品法》
第八十一条 …… (十一) 内幕信息，是指可能对期货交易价格产生重大影响的尚未公开的信息，包括：国务院期货监督管理机构以及其他相关部门制定的对期货交易价格可能发生重大影响的政策，期货交易所作出的可能对期货交易价格发生重大影响的决定，期货交易所会员、客户的资金和交易动向以及国务院期货监督管理机构认定的对期货交易价格有显著影响的其他重要信息。 (十二) 内幕信息的知情人员，是指由于其管理地位、监督地位或者职业地位，或者作为雇员、专业顾问履行职务，能够接触或者获得内幕信息的人员，包括：期货交易所的管理人员以及其他由于任职可获取内幕信息的从业人员，国务院期货监督管理机构和其他有关部门的工作人员以及国务院期	第十四条　本法所称内幕信息，是指可能对期货交易或者衍生品交易的交易价格产生重大影响的尚未公开的信息。 期货交易的内幕信息包括： (一) 国务院期货监督管理机构以及其他相关部门正在制定或者尚未发布的对期货交易价格可能产生重大影响的政策、信息或者数据； (二) 期货交易场所、期货结算机构作出的可能对期货交易价格产生重大影响的决定； (三) 期货交易场所会员、交易者的资金和交易动向； (四) 相关市场中的重大异常交易信息； (五) 国务院期货监督管理机构规定的对期货交易价格有重大影响的其他信息。 第十五条　本法所称内幕信息的知情人，是指由于经营地位、管理地位、监督地位或者职务便利等，能够接触或者获得内幕信息的单位和个人。

续表

2017年条例	《期货和衍生品法》
货监督管理机构规定的其他人员。 第六十九条　期货交易内幕信息的知情人或者非法获取期货交易内幕信息的人，在对期货交易价格有重大影响的信息尚未公开前，利用内幕信息从事期货交易，或者向他人泄露内幕信息，使他人利用内幕信息进行期货交易的，没收违法所得，并处违法所得1倍以上5倍以下的罚款；没有违法所得或者违法所得不满10万元的，处10万元以上50万元以下的罚款。单位从事内幕交易的，还应当对直接负责的主管人员和其他直接责任人员给予警告，并处3万元以上30万元以下的罚款。 国务院期货监督管理机构、期货交易所和期货保证金安全存管监控机构的工作人员进行内幕交易的，从重处罚。	期货交易的内幕信息的知情人包括： （一）期货经营机构、期货交易场所、期货结算机构、期货服务机构的有关人员； （二）国务院期货监督管理机构和其他有关部门的工作人员； （三）国务院期货监督管理机构规定的可以获取内幕信息的其他单位和个人。 第十三条　期货交易和衍生品交易的内幕信息的知情人和非法获取内幕信息的人，在内幕信息公开前不得从事相关期货交易或者衍生品交易，明示、暗示他人从事与内幕信息有关的期货交易或者衍生品交易，或者泄露内幕信息。 第一百二十六条　违反本法第十三条的规定从事内幕交易的，责令改正，没收违法所得，并处以违法所得一倍以上十倍以下的罚款；没有违法所得或者违法所得不足五十万元的，处以五十万元以上五百万元以下的罚款。单位从事内幕交易的，还应当对直接负责的主管人员和其他直接责任人员给予警告，并处以二十万元以上二百万元以下的罚款。 国务院期货监督管理机构、国务院授权的部门、期货交易场所、期货结算机构的工作人员从事内幕交易的，从重处罚。 内幕交易行为给交易者造成损失的，应当依法承担赔偿责任。

附表 4-2 光大内幕交易索赔案

案件	徐某阳与光大证券股份有限公司期货内幕交易责任纠纷案（简称"徐某阳案"）[1]、光大证券股份有限公司与卢某香证券内幕交易责任纠纷案（简称"卢某香案"）[2]、光大证券股份有限公司与李某晖证券内幕交易责任纠纷案[3]、光大证券股份有限公司与秦某章期货内幕交易责任纠纷上诉案[4]、郭某兰诉光大证券股份有限公司期货内幕交易责任纠纷案[5]。
要件	对冲交易策略本身是中性的，但是公司决策层在了解相关事件的重大性之后，在没有披露之前就决定进行交易，并非针对可能遇到的风险进行一般对冲交易的安排，而是利用内幕信息进行的违法交易。
内幕交易行为	中国证监会的行政处罚以及相关行政诉讼生效判决已认定光大证券股份有限公司在内幕信息公开前将所持股票转换为ETF卖出和卖出股指期货空头合约的行为构成内幕交易行为，可以作为本案定案依据。
主观过错	其一，"立即披露"在技术上无任何障碍。考虑到目前传播沟通技术的便捷性，光大证券股份有限公司有足够的时间在13时开市前在监管部门指定媒体以及其他媒体平台广而告之，比如光大证券股份有限公司因重要事项未公开向上海证券交易所申请临时停牌，上海证券交易所也在当日13时发布了盘中停牌提示性信息 其二，当日11时40分，光大证券股份有限公司已经开会准备进行对冲，这说明光大证券股份有限公司此时完全知晓其上午的交易属于错单交易。光大证券股份有限公司作为上市公司，又系专业的证券、期货经营单位，理应知道并充分理解我国证券、期货法律法规关于禁止内幕交易的规定，其对于错单交易可能影响投资者的判断，对相关证券、期货品种

---

[1] 上海市高级人民法院（2015）沪高民五（商）终字第61号民事判决书。
[2] 上海市高级人民法院（2016）沪民终158号民事判决书。
[3] 上海市高级人民法院（2015）沪高民五（商）终字第58号民事判决书。
[4] 上海市高级人民法院（2015）沪高民五（商）终字第62号民事判决书。
[5] 上海市第一中级人民法院（2013）沪一中民六（商）初字第30号民事判决书。

续表

因果关系	可能产生重大影响应属明知证券市场中因果关系不同于传统的民事因果关系。其一，证券市场主体人数众多、交易迅速、成交量大。作为一个以计算机网络技术为基础的市场，大多数证券交易是通过集合竞价和连续竞价，采取交易所主机撮合方式而完成的，内幕交易行为人与受害人并不直接对应或接触。因此，投资者交易的股票无法与内幕交易行为人交易的股票完全一一对应。其二，在证券市场中，投资者受到损害主要是因为证券价格的下降或上升，但是影响证券价格的因素非常多，往往是多种原因相互交织引起证券价格波动。在这种情况下，由投资者通过证据去证明其与内幕交易的因果关系几乎不可能，相当于架空了内幕交易惩罚制度，不符合立法的本意。参照《虚假陈述若干规定》，采用推定因果关系。基于有效市场理论，假定证券及期货市场的价格受所有投资公众可获知的公开信息的影响，交易时不披露内幕信息，会在极大程度上影响市场价格的真实性。因此，存在内幕交易行为应当推定为会影响投资者所投资的交易品种价格，进而造成投资者的损失。具体而言，在内幕信息具有价格敏感性的情况下，在光大证券股份有限公司实施内幕交易行为的期间，如果投资者从事了与内幕交易行为主要交易方向相反的证券交易行为，而且投资者买卖的是与内幕信息直接关联的证券、证券衍生产品或期货合约，最终遭受损失，则应认定内幕交易与投资者损失具有因果关系。至于内幕交易人进行内幕交易的数量多少和时间长短，内幕交易人是否因内幕交易获得实际的利益，其内幕交易行为是否对相关证券、期货品种的交易价格产生实质性影响，都不影响对内幕交易侵权因果关系的认定。对于徐某阳案，交易方向也是应考虑的问题，需要结合投资者的交易记录来判断。如果投资者主要交易方向与内幕交易行为人的交易方向相同，则应当认定投资者的损失与内幕交易行为之间不存在因果关系。 对于卢某香案，光大证券股份有限公司在内幕交易时间段交易的50ETF为6.89亿份，与当日50ETF全天市场总交易量17.64亿份相比所占比例为39.06%，180ETF为2.63亿份，与当日180ETF全天市场总交易量16.49亿份相比所占比例为15.95%。上述数据说明，光大证券股份有限公司内幕时间段的交易量即便与全天市场总交易量相比，也占据了相当

续表

要件	否定因素	具体分析
		大的比例,更何况单独对内幕交易时间段内的成交量进行比较。在如此大的交易量的情况下,足以引起成份股的价格变动。基于以上原因,本案卢某香交易的股票,系 ETF 的成份股,与光大证券股份有限公司内幕交易所涉及的 50ETF、180ETF 具有直接关联性,因此本案卢某香交易股票受到损失与光大证券股份有限公司的内幕交易行为之间具备法律上可以认定的因果关系。

附表 4-3　因交易方向相同而判定因果关系不成立的判例

要件	否定因素	具体分析
因果关系	交易方向	交易方向需要结合投资者的交易记录来判断,如果投资者主要交易方向与内幕交易行为人的交易方向相同,则应当认定投资者的损失与内幕交易行为之间不存在因果关系。 内幕交易行为人之所以需要对其他投资者进行赔偿,乃因其利用内幕信息,进行了最大利益可能的证券、期货交易。如该笔交易的成交对手当时同样知晓该内幕信息,通常就不会再进行相同交易,进而损失就不会发生。因此,《证券法》(2014 修正)第 76 条所指的"内幕交易行为给投资者造成损失的"应当限于与内幕交易行为有直接因果关系、相反方向交易的投资者。在李某与光大证券股份有限公司期货内幕交易责任纠纷上诉案中,光大证券公司在当日内幕交易时间段的交易行为是卖出股指期货合约 IF1309、IF1312 以及卖出 50ETF 以及 180ETF。李某当日内幕交易时间段内的交易记录表明,其多次买入和卖出 IF1309 合约,卖出总手数远远大于买入总手数,一审法院据此认定李某的主要交易方向与光大证券股份有限公司交易方向相同,进而认定李某的损失与光大证券股份有限公司的内幕交易行为之间不存在因果关系,尚属合理,二审法院予以认可。[1]

――――――――
〔1〕　上海市高级人民法院 (2016) 沪民终 210 号民事判决书。

附表 4-4　与交易品种关联性的认定

因果关系	与因果关系密切相关的一个问题是交易品种直接关联性问题。在李某与光大证券股份有限公司期货内幕交易责任纠纷上诉案中，上诉人所交易的宏源证券系沪深 300 指数成份股，与光大证券股份有限公司所交易的股指期货空头合约 IF1309、IF1312、50ETF 以及 180ETF 并不相同……内幕交易民事责任中，只有当投资者交易的投资品种与内幕交易的品种之间具有直接关联时，投资者才可能获得赔偿。本案中，上诉人交易的"宏源证券"股票与光大证券股份有限公司内幕交易的股指期货合约 IF1309、IF1312 并不相同。股票交易与股指期货交易分属不同的市场，两者在价格形成机制上存在重大区别。上诉人亦未能举证证明股指期货与股指期货成份股之间在价格变化上存在直接关联性。

附表 4-5　因交易时间段而认定因果关系不成立

要件	认定因素	具体分析
因果关系	内幕交易时间段、交易品种、交易方向	1. 关于上诉人在 2013 年 8 月 16 日 11 时 05 分至当日上午交易结束从事的投资交易是否属于能够获得赔偿的内幕交易时间段的问题，法院认为，相关监管部门对于光大证券股份有限公司 2013 年 8 月 16 日全天的交易行为进行了全面的调查，在此基础上认定光大证券股份有限公司当日 13 时开市后，至 14 时 22 分的交易行为构成内幕交易行为。没有证据表明光大证券股份有限公司上午时段的交易行为也属于违法违规行为。只要该交易行为没有违法违规之处，即使引起了市场的波动，或者产生了巨额盈利，也不具有可责难性。因此，光大证券股份有限公司对于投资者于当日上午从事的交易行为造成的损失，无须承担内幕交易赔偿责任。上诉人的此节上诉理由不能成立，法院不予支持。 2. 关于上诉人交易的 IF1308 合约是否属于系争内幕交易中能够获得赔偿的交易品种的问题，法院认为，内幕交易民事责任中，只有当投资者交易的投资品种与内幕交易的品种之间具有直接关联时，投资者才可能获得赔偿。案件中，上诉人交易的 IF1308 合约与光大证券股份有限公司内幕交易的 IF1309 合约

续表

要件	认定因素	具体分析
		系不同的交易品种。上诉人并未举证证明该两个交易品种之间存在直接关联性。一审法院据此认定上诉人交易的 IF1308 合约不属于可以获赔的范围，并无不当。上诉人的此节上诉理由不能成立，法院不予支持。 3. 关于在系争内幕交易时间段内，上诉人从事的交易方向是否与光大证券股份有限公司相反的问题，法院认为，期货交易方向的判断，应视其交易为做多还是做空而定。开多头合约，或平空头合约，均为做多；开空头合约，或平多头合约，均为做空。从上诉人的交易记录来看，其在系争内幕交易时间段内进行的两次交易均为做空。上诉人在内幕交易时间段之前的持仓情况以及内幕交易时间段之后的交易情况，均不影响其在内幕交易时间段内的交易方向。据此，上诉人在系争内幕交易时间段之内的交易方向与被上诉人相同，无权请求损失赔偿。上诉人的此项上诉理由亦不能成立，法院不予支持。

附表 4-6 交易必要费用支出与内幕交易无关

要件	具体分析
因果关系	……此外，交易证券或期货产生的手续费、经手费、管理费、过户费和印花税等费用，属于投资者进行交易所必然产生的成本。内幕交易并非引诱性交易，这些费用的支付并非因内幕交易而导致，原审判决未将其计入赔偿范围并无不当。

附表 4-7 证券市场内幕交易索赔胜诉与败诉判例对比

案件	因果关系
陈某灵与潘某深证券内幕交易	潘某深作为大唐公司的董事应当掌握大唐公司内幕信息，他于 2007 年 4 月 16 日卖出大唐电信股票的行为，受到了证监会的处罚。但本案有效证据表明潘某深与陈某灵在本案诉讼前并不相识，陈某灵买卖大唐电信股票并非受到潘某深的引导，并且

续表

案件	因果关系
赔偿纠纷案[1]	距离潘某深卖出股票已经两个多月。陈某灵作为理性投资者,在大唐公司因涉嫌虚假陈述被北京监管局决定立案调查后,仍多次买卖大唐电信股票。该行为或属于应当预见大唐公司涉嫌存在虚假信息披露行为可能被定性为虚假陈述行为的结果会给自己带来投资风险而没有预见,或属于已经预见大唐公司存在虚假信息披露行为会给自己带来投资风险但抱有不必然给自己带来投资风险之侥幸心理,显属缺乏足够的证券市场风险防范意识。在此情况下,陈某灵诉讼请求之经济损失,属证券市场中正常的投资交易风险,不应归责于潘某深。故不存在因果关系。
李某与黄某裕、杜某证券内幕交易责任[2]	黄某裕、杜某在中关村科技控股公司拟收购鹏润地产公司股权的内幕信息公布前,累计购入中关村股票、进行内幕交易的违法行为,应当赔偿其他投资者由此所致的损失。但本案中,第一,李某主张的系交易的佣金、印花税的费用,此为进行股票交易必然产生的费用,并不是黄某裕、杜某的内幕交易行为所致的损失。第二,李某还主张了其从 2008 年 5 月 7 日至 10 月 20 日期间的损失,但该期间已不是黄某裕、杜某实施内幕交易行为的时间,且买卖股票存在盈亏风险,股票的涨跌会受到经济环境及股市大盘指数因素的影响。其损失性质属于因公司经营状况发生变化而对公司股票价格产生的作用,已不属本案内幕交易行为所致损失的民事责任范围,二者之间缺乏因果关系。

附表 4-8 损失计算方法

案件	违法类型	计算方法
徐某阳因与光大证券股	内幕交易	关于损失范围的确定:应区分不同情况计算损失金额。考虑到不同品种的交易规则区别较大(比如保证金交易、T+1 还是 T+0 等),对适格投资者的标准亦不相同,投资者的交易频率也有所差别,故应根据实际情况确定基准价及损失计算方法。

---

[1] 北京市第一中级人民法院(2009)一中初字第 8217 号民事判决书。
[2] 北京市第二中级人民法院(2011)二中初字第 20524 号民事判决书。

续表

案件	违法类型	计算方法
份有限公司期货内幕交易责任纠纷案[1]		1. 冲抵同向交易：如果原告在内幕交易时间段内还存在同向交易的，则应将反向交易与同向交易在同等交易量基础上先行结算，冲抵计算交易盈亏额，剩余的反向交易计算差价，然后两项交易盈亏额相加，以此作为损失额。 2. 基准价格：对于50ETF、180ETF期权及其成份股，应以内幕信息公开后的十个交易日平均收盘价作为基准价格。对于股指期货品种，则以三个交易日平均结算价作为基准价格。 3. 差价计算：计算损失时，原告内幕交易时间段内的所有反向交易价格减去基准价格形成的差额，乘以交易的具体数量，以此作为损失额。[2]总成交额以股数×交易价格计算，多次买入的累计计算。如果原告有库存股票，则应根据先进先出的原则计算差价。
卢某香与光大证券股份有限公司证券内幕交易责任纠纷案判决书[3]	内幕交易	关于损失范围的确定：应区分不同情况计算损失金额。考虑到不同品种的交易规则区别较大（比如保证金交易、T+1还是T+0等），对适格投资者的标准亦不相同，投资者的交易频率也有所差别，故应根据实际情况确定基准价及损失计算方法。 1. 冲抵同向交易：如果原告在内幕交易时间段内还存在同向交易的，则应将反向交易与同向交易在同等交易量基础上先行结算，冲抵计算交易盈亏额，剩余的反向交易计算差价，然后两项交易盈亏额相加，以此作为损失额。 2. 基准价格：对于50ETF、180ETF期权及其成份

[1] 上海市高级人民法院（2015）沪高民五（商）终字第61号民事判决书。

[2] 即如果原告在基准日及以前卖出证券，其损失为买入证券总成交额与实际卖出证券总成交额之差；如果原告投资人在基准日之后卖出或者仍持有证券，其损失为买入证券总成交额与以基准价格计算的卖出证券总成交额之差。

[3] 上海市高级人民法院（2016）沪民终158号民事判决书。

续表

案件	违法类型	计算方法
		股,应以内幕信息公开后的十个交易日平均收盘价作为基准价格。对于股指期货品种,则以三个交易日平均结算价作为基准价格。 3. 差价计算:计算损失时,原告内幕交易时间段内的所有反向交易价格减去基准价格形成的差额,乘以交易的具体数量,以此作为损失额。即如果原告在基准日及以前卖出证券,其损失为买入证券总成交额与实际卖出证券总成交额之差;如果原告投资人在基准日之后卖出或者仍持有证券,其损失为买入证券总成交额与以基准价格计算的卖出证券总成交额之差。总成交额以股数×交易价格计算,多次买入的累计计算。如果原告有库存股票,则应根据先进先出的原则计算差价。 4. 至于交易的税费损失等各项成本费用,内幕交易与虚假陈述行为有所不同。虚假陈述行为会直接影响投资者对于是否进行投资的判断,故应赔偿投资者的交易成本费用。而内幕交易则具有秘密性,投资者无法对他人的内幕交易行为产生信赖,因此内幕交易行为对交易品种的价格存在影响,但并不完全和必然影响投资者作出是否交易的决定,故法院对卢某香的交易税费损失请求不予支持。

第五章 扰乱期货市场的民事责任

附表 5-1 《证券法》和《期货和衍生品法》相关条款的比较

《期货和衍生品法》	2019 年《证券法》
第十六条 禁止任何单位和个人编造、传播虚假信息或者误导性信息,扰乱期货市场和衍生品市场。	第五十六条 禁止任何单位和个人编造、传播虚假信息或者误导性信息,扰乱证券市场。 禁止证券交易场所、证券公司、证券登记结算机构、证券服务机构及

— 327 —

续表

《期货和衍生品法》	2019年《证券法》
禁止期货经营机构、期货交易场所、期货结算机构、期货服务机构及其从业人员，组织、开展衍生品交易的场所、机构及其从业人员，期货和衍生品行业协会、国务院期货监督管理机构、国务院授权的部门及其工作人员，在期货交易和衍生品交易及相关活动中作出虚假陈述或信息误导。 各种传播媒介传播期货市场和衍生品市场信息应当真实、客观，禁止误导。传播媒介及其从事期货市场和衍生品市场信息报道的工作人员不得从事与其工作职责发生利益冲突的期货交易和衍生品交易及相关活动。 第一百二十七条第四款　编造、传播有关期货交易、衍生品交易的虚假信息，或者在期货交易、衍生品交易中作出信息误导，给交易者造成损失的，应当依法承担赔偿责任。	其从业人员，证券业协会、证券监督管理机构及其工作人员，在证券交易活动中作出虚假陈述或者信息误导。 各种传播媒介传播证券市场信息必须真实、客观，禁止误导。传播媒介及其从事证券市场信息报道的工作人员不得从事与其工作职责发生利益冲突的证券买卖。 编造、传播虚假信息或者误导性信息，扰乱证券市场，给投资者造成损失的，应当依法承担赔偿责任。

附表5-2　证监会与法院对扰乱市场行为构成要件的认定

认定机关	要件	认定标准
证监会[1]	编造并传播虚假消息	曾某雄编写《转交给大商所领导的一封信——中国蛋品流通协会联名上书》（以下简称"联名信"），在中国蛋鸡信息网论坛上用"蛋品流通

---

[1] 中国证券监督管理委员会大连监管局行政处罚决定书。

续表

认定机关	要件	认定标准
		协会"账号发布,并发布到微信群中,"中国蛋品流通协会"未经民政部门登记注册,无章程无财产,属于非法社会团体组织。信中表述属于虚假信息。
	传播效果	"联名信"经曾某雄在中国蛋鸡信息网、微信发布以后,又经农产品期货网、新浪财经转载。考虑到自媒体时代网络信息传播的快速性、发散性特点,以及"联名信"客观上造成的JD1609合约交易量与价格的异动,足以认定产生了传播效果。
	借助编造并传播虚假信息交易期货获利	在编造并传播虚假信息前,曾某雄使用其个人期货交易账户分两次卖开1手、2手JD1609合约空单,6月15日虚假信息发布后,于当日买入3手JD1609合约平仓,获利1260元,扣除交易手续费36.18元,违法所得1223.82元。
北京市西城区人民法院[1]	编造虚假信息并予以传播	因"中国蛋品流通协会"未经批准设立,并非真实存在,曾某雄以"中国蛋品流通协会"名义发表"联名信"即属于虚构事实。且"联名信"中关于协会虽然做了大量工作但已经实在是力不从心,甚至有的套保养殖场,被逼迫到借高利贷,即将家破人亡的境界的描述并非事实依据,亦属于虚构事实。
	危害后果	"联名信"发布当日,JD1609合约成交28.98万手,成交量为近5个月新高。收盘结束合约价格下跌152点,跌幅3.87%,盘中最大下跌160点,跌幅4.1%。

---

[1] 北京市西城区人民法院(2018)京0102行初687号行政判决书。

续表

认定机关	要件	认定标准
北京市第二中级人民法院[1]	编造虚假信息	"编造",既可指向行为人"无中生有"、凭空捏造不实信息,亦可指向行为人对已经存在的信息进行加工、修改,使其构成新的独立信息,或是对传闻信息进行改编或作出肯定性陈述,且与客观事实不符。
	传播虚假信息	所谓"传播",意指将信息传达至不特定多数人。传播行为的完成,不要求传播范围、传播速度等达到传播者预想的效果,只要使虚假信息处于不特定人或者多数人知悉或可能知悉的状态,即可认定传播行为已完成。
	因果关系	"联名信"发布当天,JD1609合约的成交量和交易价格发生异常波动。且市场异常波动状况与"联名信"的实质内容存在紧密关联。
	主观动机	是否具有扰乱期货市场的主观动机并非编造和传播虚假信息这一违法行为的构成要件。对于编造和传播虚假信息的行为,仅要求行为人对编造和传播的行为持故意态度即可,不需要当事人对传播范围、扰乱后果具有认识或持有希望、放任的态度。

第六章 强行平仓致人损失的民事责任

附表 6-1 条文沿革

1999年条例	2007年条例	2012年条例	《期货和衍生品法》
第四章 期货交易基本规则	第四章 期货交易基本规则	第四章 期货交易基本规则	第三章 期货结算与交割

---

[1] 北京市第二中级人民法院(2019)京02行终514号行政判决书。

续表

1999 年条例	2007 年条例	2012 年条例	《期货和衍生品法》
第四十一条第二款 期货经纪公司在客户保证金不足而客户未能在期货经纪公司统一规定的时间内及时追加时，应当将该客户的期货合约强行平仓，强行平仓的有关费用和发生的损失由该客户承担。	第三十八条第二款 客户保证金不足时，应当及时追加保证金或者自行平仓。客户未在期货公司规定的时间内及时追加保证金或者自行平仓的，期货公司应当将该客户的合约强行平仓，强行平仓的有关费用和发生的损失由该客户承担。	第三十五条第二款 客户保证金不足时，应当及时追加保证金或者自行平仓。客户未在期货公司规定的时间内及时追加保证金或者自行平仓的，期货公司应当将该客户的合约强行平仓，强行平仓的有关费用和发生的损失由该客户承担。	第四十一条第二款和第三款 交易者的保证金不符合结算参与人与交易者约定标准的，结算参与人应当按照约定通知交易者在约定时间内追加保证金或者自行平仓；交易者未在约定时间内追加保证金或者自行平仓的，按照约定强行平仓。以有价证券等作为保证金，期货结算机构、结算参与人按照前两款规定强行平仓的，可以对有价证券等进行处置。

第七章 期货经营机构损害交易者的民事责任

附表 7-1 条文沿革

1999 年条例	2007 年条例	2017 年条例	《期货和衍生品法》
第六十条 期货经纪公司有下列欺诈客户行为之一的，责令改正，给予警告，没收违法所得，并	第七十一条 期货公司有下列欺诈客户行为之一的，责令改正，给予警告，没收违法所得，并处违法所得 1 倍以	第六十七条 期货公司有下列欺诈客户行为之一的，责令改正，给予警告，没收违法所得，并处违法所得 1 倍以	第七十八条 禁止期货经营机构从事下列损害交易者利益的行为： （一）向交易者作出保证其资产本金不受损失或者取得

续表

1999年条例	2007年条例	2017年条例	《期货和衍生品法》
处违法所得1倍以上5倍以下的罚款；没有违法所得或者违法所得不满10万元的，处10万元以上50万元以下的罚款；情节严重的，责令停业整顿或者吊销期货经纪业务许可证。 (一) 不按照规定向客户出示风险说明书，向客户作获利保证或者与客户约定分享利益、共担风险的； (二) 未经客户委托或者不按照客户委托范围擅自进行期货交易的； (三) 提供虚假的期货市场行情、信息，或者使用其他不正当手段，诱骗客户发出	上5倍以下的罚款；没收违法所得或者违法所得不满10万元的，并处10万元以上50万元以下的罚款；情节严重的，责令停业整顿或者吊销期货业务许可证。 (一) 向客户做获利保证或者不按照规定向客户出示风险说明书的； (二) 在经纪业务中与客户约定分享利益、共担风险的； (三) 不按照规定接受客户委托或者不按照客户委托内容擅自进行期货交易的； (四) 隐瞒重要事项或者使用其他不正当手段，诱骗客户发出交易指令的； (五) 向客户提供虚假成交回报的； (六) 未将客户	上5倍以下的罚款；没有违法所得或者违法所得不满10万元的，并处10万元以上50万元以下的罚款；情节严重的，责令停业整顿或者吊销期货业务许可证。 (一) 向客户作获利保证或者不按照规定向客户出示风险说明书的； (二) 在经纪业务中与客户约定分享利益、共担风险的； (三) 不按照规定接受客户委托或者不按照客户委托内容擅自进行期货交易的； (四) 隐瞒重要事项或者使用其他不正当手段，诱骗客户发出交易指令的； (五) 向客户提供虚假成交回报的； (六) 未将客户	最低收益承诺； (二) 与交易者约定分享利益、共担风险； (三) 违背交易者委托进行期货交易； (四) 隐瞒重要事项或者使用其他不正当手段，诱骗交易者交易； (五) 以虚假或者不确定的重大信息为依据向交易者提供交易建议； (六) 向交易者提供虚假成交回报； (七) 未将交易者交易指令下达到期货交易场所； (八) 挪用交易者保证金； (九) 未依照规定在期货保证金存管机构开立保证金账户，或者违规划转交易者保证金； (十) 利用为交易者提供服务的便利，获取不正当利益或者转嫁风险。 (十一) 其他损害交易者权益的行为。 第一百三十五条

续表

1999年条例	2007年条例	2017年条例	《期货和衍生品法》
交易指令的；（四）向客户提供虚假成交回报的；（五）未将客户交易指令下达到期货交易所内的；（六）挪用客户保证金的；（七）有中国证监会规定的其他欺诈客户的行为的。期货经纪公司有前款所列行为之一的，对直接负责的主管人员和其他直接责任人员给予纪律处分，并处1万元以上10万元以下的罚款；构成犯罪的，依法追究刑事责任。任何单位或者个人编造并且传播影响期货交易的虚假信息，扰乱期货交易市场的，	交易指令下达到期货交易所的；（七）挪用客户保证金的；（八）不按照规定在期货保证金存管银行开立保证金账户，或者违规划转客户保证金的；（九）国务院期货监督管理机构规定的其他欺诈客户的行为。期货公司有前款所列行为之一的，对直接负责的主管人员和其他直接责任人员给予警告，并处1万元以上10万元以下的罚款；情节严重的，暂停或者撤销任职资格、期货从业人员资格。任何单位或者个人编造并且传播有关期货交易的虚假信息，扰乱期货交易市场的，依照本条第一款、第二款的	交易指令下达到期货交易所的；（七）挪用客户保证金的；（八）不按照规定在期货保证金存管银行开立保证金账户，或者违规划转客户保证金的；（九）国务院期货监督管理机构规定的其他欺诈客户的行为。期货公司有前款所列行为之一的，对直接负责的主管人员和其他直接责任人员给予警告，并处1万元以上10万元以下的罚款；情节严重的，暂停或者撤销期货从业人员资格。任何单位或者个人编造并且传播有关期货交易的虚假信息，扰乱期货交易市场的，依照本条第一款、第二款的规定处罚。	期货经营机构违反本法第五十条交易者适当性管理规定，或者违反本法第六十六条规定从事经纪业务接受交易者全权委托，或者有第七十八条损害交易者利益行为的，责令改正，给予警告，没收违法所得，并处以违法所得一倍以上十倍以下的罚款；没有违法所得或者违法所得不足五十万元的，处以五十万元以上五百万元以下的罚款；情节严重的，吊销相关业务许可。对直接负责的主管人员和其他直接责任人员给予警告，并处以二十万元以上二百万元以下的罚款。期货经营机构有本法第七十八条规定的行为，给交易者造成损失的，应当依法承担赔偿责任。

续表

1999 条例	2007 年条例	2017 年条例	《期货和衍生品法》
比照本条第一款、第二款的规定处罚；构成犯罪的，依法追究刑事责任。	规定处罚。		

附表 7-2 立法条款沿革演变

1999 年条例	2007 年条例	2017 年条例	《期货和衍生品法》
第二十九条 期货经纪公司接受客户委托为其进行期货交易，应当事先向客户出示风险说明书，经客户签字确认后，与客户签订书面合同。期货经纪公司不得向客户作获利保证或者与客户约定分享利益或者共担风险，不得接受公司、企业或者其他经济组织以个人的名义委托进行期货交易，不得将受托业务进行转委托或者接受转委托业务。	第二十五条 期货公司接受客户委托为其进行期货交易，应当事先向客户出示风险说明书，经客户签字确认后，与客户签订书面合同。期货公司不得未经客户委托或者不按照客户委托内容，擅自进行期货交易。期货公司不得向客户做获利保证；不得在经纪业务中与客户约定分享利益或者共担风险。第七十一条第一款第一项 向客户做获利保证或	第二十四条 期货公司接受客户委托为其进行期货交易，应当事先向客户出示风险说明书，经客户签字确认后，与客户签订书面合同。期货公司不得未经客户委托或者不按照客户委托内容，擅自进行期货交易。期货公司不得向客户作获利保证；不得在经纪业务中与客户约定分享利益或者共担风险。第六十七条第一款第一项 向客户作获利保证或	第六十六条 期货经营机构接受交易者委托为其进行期货交易，应当签订书面委托合同，以自己的名义为交易者进行期货交易，交易结果由交易者承担。期货经营机构从事经纪业务，不得接受交易者的全权委托。第七十八条第一项 向交易者作出保证其资产本金不受损失或者取得最低收益承诺。第七十八条第二项 与交易者约

续表

1999年条例	2007年条例	2017年条例	《期货和衍生品法》
第六十条第一款第一项 不按照规定向客户出示风险说明书，向客户作获利保证或者与客户约定分享利益、共担风险的。	者不按照规定向客户出示风险说明书。 第七十一条第一款第二项 在经纪业务中与客户约定分享利益、共担风险的。	者不按照规定向客户出示风险说明书。 第六十七条第一款第二项 在经纪业务中与客户约定分享利益、共担风险的。	定分享利益、共担风险。

附表7-3　《期货公司监督管理办法》有关业务规则的规定

期货经纪业务	第六十四条　期货公司在为客户开立期货经纪账户前，应当向客户出示《期货交易风险说明书》，由客户签字确认，并签订期货经纪合同。《〈期货经纪合同〉指引》和《期货交易风险说明书》由中国期货业协会制定。
期货资产管理业务	第七十九条　期货公司及其从业人员从事资产管理业务，不得有下列行为： （一）以欺诈手段或者其他不当方式误导、诱导客户； （二）向客户做出保证其资产本金不受损失或者取得最低收益的承诺； （三）接受客户委托的初始资产低于中国证监会规定的最低限额； （四）占用、挪用客户委托资产； （五）以转移资产管理账户收益或者亏损为目的，在不同账户之间进行买卖，损害客户利益； （六）以获取佣金或者其他利益为目的，使用客户资产进行不必要的交易； （七）利用管理的客户资产为第三方谋取不正当利益，进行利益输送； （八）利用或协助客户利用资管账户规避期货交易所限仓管理规定； （九）违反投资者适当性要求，通过拆分资产管理

续表

	产品等方式,向风险承受能力低于产品风险等级的投资者销售资产管理产品; (十) 法律、行政法规以及中国证监会规定禁止的其他行为。
期货投资咨询业务	第七十五条 期货公司及其从业人员从事期货投资咨询业务,不得有下列行为: (一) 向客户做出保证其资产本金不受损失或者取得最低收益的承诺; (二) 以虚假信息、市场传言或者内幕信息为依据向客户提供期货投资咨询服务; (三) 对价格涨跌或者市场走势做出确定性的判断; (四) 利用向客户提供投资建议谋取不正当利益; (五) 利用期货投资咨询活动传播虚假、误导性信息; (六) 以个人名义收取服务报酬; (七) 法律、行政法规和中国证监会规定禁止的其他行为。
2018年《证券期货经营机构私募资产管理业务管理办法》	第四条第一款 证券期货经营机构不得在表内从事私募资产管理业务,不得以任何方式向投资者承诺本金不受损失或者承诺最低收益。 第二十五条第一款 资产管理计划应当以非公开方式向合格投资者募集。

第八章 期货交易所的民事责任

附表8-1 1995年纪要民事责任一览表

主体	1995年纪要
交易所	1. 合约交割不能。 2. 错误平仓。 3. 指定仓库交付商品不合格。 4. 设备故障导致损失。 5. 违规允许透支交易产生的损失。

续表

主体	1995年纪要
期货（经纪）经营机构	6. 错误执行客户指令。 7. 无授权交易。 8. 违法平仓。 9. 违规允许透支交易产生的损失。 10. 挪用或侵占客户保证金。
期货交易中的无效民事法律行为的民事责任[1]	1. 无经纪业务资质从事期货经纪业务。 2. 以欺诈手段诱骗对方进行交易。 3. 制造、散布虚假信息误导客户下单。 4. 私下对冲或与客户对赌违规操作。 5. 其他违反法律或社会公共利益的行为。

附表8-2　2003年司法解释有关交易所民事责任的条款

有关事项	责任条款
交易行为责任，即经纪业务中，执行客户订单违法或错误产生的民事责任	1. 第二十五条第一款　期货交易所未按交易规则规定的期限、方式，将交易或者持仓头寸的结算结果通知期货公司，造成期货公司损失的，由期货交易所承担赔偿责任。 2. 第二十八条第一款　期货公司对交易结算结果提出异议，期货交易所未及时采取措施导致损失扩大的，对造成期货公司扩大的损失应当承担赔偿责任。 3. 第三十二条第一款　期货公司的交易保证金不足，期货交易所未按规定通知期货公司追加保证金的，由于行情向持仓不利的方向变化导致期货公司透支发生的扩大损失，期货交易所应当承担主要赔偿责任，赔偿额不超过损失的百分之六十。 4. 第三十三条第一款　期货公司的交易保证金不足，期货交易所行了通知义务，而期货公司未及时追加保证金，期货公司要求保留持仓并经书面协商一致的，对保留持仓期间造成的

---

[1] 1995年纪要第7条原话是"期货交易中的无效民事行为及其民事责任"。从其第2款"无效行为给当事人造成保证金或佣金等损失的，应当根据无效行为与损失之间的因果关系确定责任承担"的规定来看，无效应该包括经纪合同无效以及经纪商代理客户进行期货交易的无效。

续表

有关事项	责任条款
	损失,由期货公司承担;穿仓造成的损失,由期货交易所承担。 5. 第三十四条第一款　期货交易所允许期货公司开仓透支交易的,对透支交易造成的损失,由期货交易所承担主要赔偿责任,赔偿额不超过损失的百分之六十。 6. 第三十五条第一款　期货交易所允许期货公司透支交易,并与其约定分享利益,共担风险的,对透支交易造成的损失,期货交易所承担相应的赔偿责任。 7. 第三十九条　期货交易所或者期货公司强行平仓数额应当与期货公司或者客户需追加的保证金数额基本相当。因超量平仓引起的损失,由强行平仓者承担。 8. 第四十条　期货交易所对期货公司、期货公司对客户未按期货交易所交易规则规定或者期货经纪合同约定的强行平仓条件、时间、方式进行强行平仓,造成期货公司或者客户损失的,期货交易所或者期货公司应当承担赔偿责任。 9. 第四十七条第一款　交割仓库不能在期货交易所交易规则规定的期限内,向标准仓单持有人交付符合期货合约要求的货物,造成标准仓单持有人损失的,交割仓库应当承担责任,期货交易所承担连带责任。
保证合约履行责任	10. 第四十八条第一款　期货公司未按照每日无负债结算制度的要求,履行相应的金钱给付义务,期货交易所亦未代期货公司履行,造成交易对方损失的,期货交易所应当承担赔偿责任。 11. 第四十九条第一款　期货交易所未代期货公司履行期货合约,期货公司应当根据客户请求向期货交易所主张权利。 12. 第五十条　因期货交易所的过错导致信息发布、交易指令处理错误,造成期货公司或者客户直接经济损失的,期货交易所应当承担赔偿责任,但其能够证明系不可抗力的除外。 13. 第五十一条第一款　期货交易所依据有关规定对期货市场出现的异常情况采取合理的紧急措施造成客户损失的,期货交易所不承担赔偿责任。 14. 第五十二条　期货交易所、期货公司故意提供虚假信息误导客户下单的,由此造成客户的经济损失由期货交易所、期货公司承担。

附表8-3　早期证券市场对交易所系列诉讼[1]

案件名称	原告请求	法院裁决意见
胡某诉上海证券交易所327国债期货尾市交易无效侵权案	上海证券交易所对宣告327国债3月23日尾市成交无效造成的损失进行赔偿。	上海市虹口区人民法院一审认定该行为属于行政行为，不予受理。上海市第二中级人民法院裁定维持原判。
姜某诉上海证券交易所终止生态农业上市侵权案	原告为上市公司股东，认为上海证券交易所作出的终止上市侵害其合法权益，要求确认侵权和误导行为，赔偿损失1元。	上海市浦东区人民法院一审认为，目前证券市场不成熟，相关法律制度尚未完善，故裁定不予受理。
原告陈某诉上海证券交易所、中登公司暂缓交收虹桥机场转债侵权案	原告主张其1200元买入1000张（每张面值100元）机场转债已成交，上海证券交易所以出现异常交易要求暂缓交收，请求将转股的股票及利息过户。	广东省汕头市金平区人民法院以超出诉讼时效驳回起诉，原告上诉，二审法院维持原判。
原告陈某诉上海证券交易所核准武钢认沽权证创设纠纷案	原告向上海市第一中级人民法院提起行政诉讼，称上海证券交易所违反自己颁布的通知，提前核准证券公司创设"武钢认沽权证"并上市交易，违反有关规定，致使其损失，要求赔偿6万元。	上海市第一中级人民法院以上海证券交易所被诉行为与起诉人之间没有直接利害关系，起诉缺乏相应依据为由，裁定不予受理。二审法院维持原判。

[1] 徐明、卢文道：《证券交易所自律管理侵权诉讼司法政策——以中美判例为中心的分析》，载《证券法苑》2019年第3期。

— 339 —

续表

案件名称	原告请求	法院裁决意见
高某诉广东省机场集团管理公司、广州白云国际机场股份有限公司、上海证券交易所违反信息披露义务侵权案	原告称三被告违反证券法有关证券交易信息披露规定，没有明确、充分解释"白云机场认股权证"的最后交易日，构成重大误导，导致其在该权证最后交易日买入权证遭受损失，并认为上海证券交易所对前两被告未尽到监管职责。	一审法院认为上市公司履行了信息披露义务，对最后交易日进行了充分说明，上海证券交易所履行了监管职责，原告损失系个人买卖所致，根据买者自负原则，自行承担。二审法院维持原判。
邢某诉上海证券交易所违规核准证券公司提前创设武钢认沽权证纠纷案	原告称上海证券交易所权证创设违反上海证券交易所有关通知提前创设，导致其损失。交易所未执行其通知，存在过错。	上海市第一中级人民法院认为，交易所行为违反法律规定和业务规则给投资者造成损失的，投资者可对交易所提起侵权诉讼。上海证券交易所审核证券公司创设武钢权证是合法自律监管行为，没有违反业务规则，主观上无恶意，不构成侵权。驳回原告请求。
钟某诉上海证券交易所违规实施南航权证创设侵权案	原告指称上海证券交易所《权证业务管理暂行办法》违反了证券法的有关规定，特别是与2005年修订《证券法》第2条第3款冲突。创设权证违反了《证券法》，是违法的制度安排，创设的南航认沽权证属于无发行人、无保荐人、无发行价的非法产品。	法院认为权证创设行为系上海证券交易所根据国务院证券监督管理机构批准的业务规则作出的自律监管行为，原告主张上海证券交易所无权制定权证交易规则、非法审核创设权证主张于法无据。驳回原告诉讼请求。

附表 8-4 《证券法》与《期货和衍生品法》相关条款比较

2019 年《证券法》	《期货和衍生品法》
第一百一十一条　因不可抗力、意外事件、重大技术故障、重大人为差错等突发性事件而影响证券交易正常进行时，为维护证券交易正常秩序和市场公平，证券交易所可以按照业务规则采取技术性停牌、临时停市等处置措施，并应当及时向国务院证券监督管理机构报告。 因前款规定的突发性事件导致证券交易结果出现重大异常，按交易结果进行交收将对证券交易正常秩序和市场公平造成重大影响的，证券交易所按照业务规则可以采取取消交易、通知证券登记结算机构暂缓交收等措施，并应当及时向国务院证券监督管理机构报告并公告。 证券交易所对其依照本条规定采取措施造成的损失，不承担民事赔偿责任，但存在重大过错的除外。	第八十七条　期货交易场所应当加强对期货交易的风险监测，出现异常情况的，期货交易场所可以依照业务规则，单独或者会同期货结算机构采取下列紧急措施，并立即报告国务院期货监督管理机构： （一）调整保证金； （二）调整涨跌停板幅度； （三）调整会员、交易者的交易限额或持仓限额标准； （四）限制开仓； （五）强行平仓； （六）暂时停止交易； （七）其他紧急措施。 异常情况消失后，期货交易场所应当及时取消紧急措施。 第八十九条　因突发性事件影响期货交易正常进行时，为维护期货交易正常秩序和市场公平，期货交易场所可以按照本法和业务规则规定采取必要的处置措施，并应当及时向国务院期货监督管理机构报告。 因前款规定的突发性事件导致期货交易结果出现重大异常，按交易结果进行结算、交割将对期货交易正常秩序和市场公平造成重大影响的，期货交易场所可以按照业务规则采取取消交易等措施，并应当及时向国务院期货监督管理机构报告并公告。
第一百一十三条　证券交易所应当加强对证券交易的风险监测，出现重大异常波动的，证券交易所可以按照业务规	第九十条　期货交易场所对其依照本法第八十七条、第八十九条规定采取措施造成的损失，不承担民事赔偿责任，但存在重大过错的除外。

续表

2019年《证券法》	《期货和衍生品法》
则采取限制交易、强制停牌等处置措施，并向国务院证券监督管理机构报告；严重影响证券市场稳定的，证券交易所可以按照业务规则采取临时停市等处置措施并公告。 证券交易所对其依照本条规定采取措施造成的损失，不承担民事赔偿责任，但存在重大过错的除外。	

附表8-5 2003年司法解释关于交割库交割不能的民事责任

2003年司法解释	
第42条	交割仓库未履行货物验收职责或者因保管不善给仓单持有人造成损失的，应当承担赔偿责任。
第47条	交割仓库不能在期货交易所交易规则规定的期限内，向标准仓单持有人交付符合期货合约要求的货物，造成标准仓单持有人损失的，交割仓库应当承担责任，期货交易所承担连带责任。 期货交易所承担责任后，有权向交割仓库追偿。

第九章 期货市场民事责任的追责路径、实施方式——多元纠纷解决机制

附表9-1 近三年调解结案数、结案率及耗时（截至2022年10月）[1]

年份（年）	达成协议案件	结案（占比）	历时（天）
2022	679	665（91%）	122

---

[1] 美国金融业监管局官网数据。

续表

年份（年）	达成协议案件	结案（占比）	历时（天）
2021	513	447（89%）)	181
2020	348	477（84%）	113

第十章 美欧期货市场民事责任法律制度比较研究

附表 10-1 美国《商品交易法》一般性反欺诈条款

条款	内容
第 6b 条旨在欺诈或误导的合约	第 6b（a）条下列为非法：（1）为他人或代表他人按照指定合约市场规则在指定合约市场签订商品出售合约或将来交付商品合约；（2）或在指定合约市场或规则之外为他人签订商品期货合约或互换合约，（A）欺骗或欺诈或试图欺诈其他人；（B）故意制造或导致给他人以虚假报告或陈述，或故意制作或导致给他人以虚假记录；（C）故意欺骗或试图欺骗他人，在有关合约执行或处分上，或有关履行的代理行为上，或有关订单或合约，或在（2）款的情形下，与其他人；（D）（i）不在场内执行客户交易指令（bucket an order），如果该订单是由该人代理执行的，或必须按照制定合约市场的规则执行的；或（ii）通过自己代理的订单之间抵消或其他人的订单抵消，或故意和明知和没有经过其他人同意成为其他人卖出订单的购买方，或其他人买进订单的出售方，如果该订单被该人代理执行，或必须在或按照指定合约市场规则执行，除非该执行是按照指定合约市场的规则进行的。
第 6c 条禁止性交易是否属于反欺诈条款，有争议	第 6c（a）条一般（1）禁止任何人利用（2）款规定的期货合约、期货合约期权或互换交易用于（A）对冲商品或商品副产品的交易；（B）根据该交易价格确定价格基础；（C）执行交易时交付该商品；（2）上述（1）款所说的交易（A）（i）构成洗售或（ii）虚假交易；（B）被用来造成报告、注册或记录价格不真实。 第 6c（b）条任何人都不得要约签订或签订或确认执行，任何涉及本章受监管的具有期权、特权（privilege）、赔付（indemnity）、买进（bid）、卖出（offer），提供担保（advance guaranty），或

续表

条款	内容
	"拒绝担保"（decline guaranty）的特征或被视为是商品交易，违反禁止该交易期交会规则、规章或命令，或违反了期交会允许该交易的条款和条件。该命令、规则或规章必须是在通知和给予听证的机会后才能制定，期交会可在不同市场制定不同的条款和条件。
第6o条专门针对咨询与资管业务的反欺诈条款	第4o（1）（A）条使用任何诡计、伎俩或虚伪办法欺诈客户或参与者或潜在客户或参与者； 第4o（1）（B）条从事交易，做法或业务，对顾客或参与者或潜在顾客或参与者从事欺诈或欺骗； 第4o（2）条按照《商品交易法》注册的任何商品交易顾问，其相关工作人员、商品池运营者或其工作人员陈述或暗示该人的能力或资质任何方面被美国、监管机构或官员通过、推荐或核准都是非法的。但真实陈述已获得注册例外。

附表10-2 市场欺诈行为与期货经营机构欺诈行为损害赔偿责任比较

	操纵市场等市场欺诈行为	期货经营机构欺诈行为
行为性质及受害人	对市场运行的损害（impairment of market operations），不特定受害群体，是非人格化的（impersonal）	对具体顾客、交易者和其他市场用户的有害的行为，是人格化的（personal）
因果关系认定	交易者只需要证明在欺诈行为实际发生期间（市场被欺诈价格失灵，传导出虚假市场行情信息）参与了市场交易，并且受到损失就推定因果关系成立	交易者需要证明期货经营机构欺诈行为是针对自己的，且因信赖导致其作出了错误判断
损失的认定（获益或受损的认定）	操纵市场向某个具体方向发送信息，不仅操纵市场者从中获益，其他持有同样仓位者也因此受益（具有溢出效应）。因为市场上做空与做多的数量总是相等的，被操纵的价格走势将对公开市场	被欺诈者受到的损失通常就是欺诈者的所得，无辜第三方不会因此获益或受损

续表

	操纵市场等市场欺诈行为	期货经营机构欺诈行为
	一半有利，伤害另一半人，即与获利操作者进行相反方向交易的交易者受损	
救济手段	很难找到一个充分补偿受害者的方法，操纵者可交出非法所得，但不能让无辜受益的其他人交出所得	欺诈者则可通过交出非法所得对受害者予以充分补偿

附表 10-3　第 4b 条欺诈与第 4o 条欺诈比较

适用范围	构成要件及判例
第 4b 条欺诈只适用于经纪人对顾客信息披露上的欺诈。欺诈者必须是代理顾客从事期货交易的人，而不是与期货合约有关的任何人，欺诈行为必须发生在代表顾客进行期货合	期交会指出，为了证明违反第 4b 条误导性遗漏，必须证明：(1) 被告没有披露某些信息；(2) 普通投资者（reaso-nable investor）将遗漏的信息视为与其投资决定相关的重大性的信息；(3) 被告必须知悉，没有披露信息投资者就会被误导。[1] 在一个案例中，美国联邦第八巡回上诉法院认为，构成第 4b 条欺诈，必须证明三个要素，指控才能成立：(1) 作出了虚假陈述、误导性报告或欺诈性遗漏；(2) 存在主观故意或重大过失；(3) 重大性。是否发生虚假陈述取决于对传达信息的整个和通常的理解。[2] "为或代表其他人"（for or on behalf of any person）适用于经纪人或与他们的顾客具有代理关系的其他人。[3] 美国联邦第七巡回上诉法院认定第 4b 并不限制在下达期货合约订单，而是适用于更广泛的"期货交易或与期货交易有关的"（in or in connection to and futures transactions）行为，它不仅适用于实际的顾客，也适用于对潜在顾客的

〔1〕 West v. Gain Capital Group, LLC, Comm. Fut. L. Rep. (CCH) 32, 582 (C. F. T. C. 2013).

〔2〕 CFTC v. Kratville, Comm. Fut. L. Rep. (CCH) 33, 517 (8th Cir. 2015).

〔3〕 Commodity Trend Service, Inc. v. CFTC, Comm. Fut. L. Rep. (CCH) 8, 439 (7th Cir. 2000).

续表

适用范围	构成要件及判例
约交易有关的行为中。第4b条所说合约市场是指期交会指定的交易所	欺诈。[1]美国联邦第二巡回上诉法院认为，诱导开立任意处分权管理商品期货账户（资管账户）的虚假陈述，应满足第4b条"与……有关（in connection with）"条件（requirement）。[2]招揽过程中的欺诈也适用于第4b条，包括欺诈误导其开立期货合约交易账户。交易顾问在披露与期货交易有关风险上欺诈也满足了第4b条与期货交易有关的条件。期交会认为，与期货交易有关的欺诈可能发生在交易账户实际开立之前，对有关期交易特征和特点的欺诈陈述可能诱导投资者买卖期货合约。承诺盈利和风险最小化，并伴随着开户招揽就满足了第4b条与之有关的条件。[3]
商品期权一般性反欺诈规则（17 CFR §32.9），专门针对商品期权交易	任何人直接或间接从事下列与要约或签订或确认执行商品期权交易相关的行为均为非法：(a) 欺骗或欺诈或试图欺骗或欺诈任何其他人；(b) 作出或导致作出给其他人的虚假报告或陈述，或导致作出虚假的记录；(c) 欺骗或试图欺骗其他人，无论采取何种手段。该条款措辞类似第4b条。在该规则中，期交会删除了第4b条某些款中的"故意的"。美国联邦第十一巡回上诉法院认定构成违反《期监会规章》第33.7节规定的商品期权的商务，必须满足三个要件：(1) 作出了虚假陈述、误导性报告或欺骗性遗漏；(2) 存在主观故意或重大过失；(3) 信息具有重大性。法院认为虚假陈述将根据传达信息的整体和通常理解来认定。主观故意必须具有欺诈、操纵或阴谋的意图，或被告行为极端偏离了普通的注意标准。本案涉及被告强调潜在盈利，淡化损失风险。[4]

〔1〕 Hirk v. Agri-Research Council, Inc., 561 F. 2d 96, Fed. Sec. L. Rep. (CCH) 96, 167 (7th Cir. 1977).

〔2〕 In Venesky v. Murlas Commodities, Inc., Comm. Fut. L. Rep. (CCH) 23, 218, at 32, 600 n. 3 (C. F. T. C. 1986).

〔3〕 In the Matter of Pennings and Caulkins, Comm. Fut. L. Rep. (CCH) 28, 600 (C. F. T. C. 2001).

〔4〕 Commodity Futures Trading Com'n v. R. J. Fitzgerald & Co., Inc., 310 F. 3d 1321, Comm. Fut. L. Rep. (CCH) 29214 (11th Cir. 2002).

续表

适用范围	构成要件及判例
第 4o 条用于交易顾问、商品池运营者和其他从业人员，无论是在全国期协还是期交会注册、或没有注册，和豁免注册的人，都必须遵守	第 4o 条是一个唯一适用于商品交易顾问和商品池（集合资管计划）管理人的反欺诈条款。[1]它模仿了《投资顾问法》第 206 节。这就提出一个问题，主观故意是否是构成要件，换句话说，美国联邦最高法院在有关证券投资顾问的"SEC v. Capital Gains Research Bureau Inc."的判例规则是否适用于商品交易顾问和商品池管理人，即主观故意不是构成要件。理由就是该措辞聚焦的不是具体行为而是行为产生的效果。[2] 第六巡回上诉法院认为第 4o 条下的欺诈与源于普通法欺诈诉讼第 4b 条下的欺诈基本相同，不过，法院认定构成第 4o 条下的欺诈不包含第 4b 条的主观故意要件。[3]一方面，第 4o(1)(A) 条看起来包含了主观故意要件，措辞与第 10(b) 条相同，禁止使用任何"诡计"（devise）、"伎俩"或"阴谋"（artifice）进行欺诈，联邦最高法院判例明确第 10(b) 条欺诈构成必须有主观故意要件。另一方面，第 4o(1)(B) 条禁止"为了实现欺诈或欺骗"（operate as a fraud or deceit）的行为，与美国《证券法》第 17(a) 条措辞相同，法院认定其构成要件不包含故意，因为该措辞聚焦在行为的效果上（the effects of the conduct）。[4]在一个判例中，美国联邦第九巡回上诉法院认为第 4o (1)(A) 条包含了类似《证券交易法》10b 的措辞，第 4o (1)(B) 条包含了"更为宽泛的措辞"。法院认为该措辞就否定了任何故意构成要件，非常接近《投资顾问法》第 206 节，即联邦最高法院在上述 Capital Gain 的判例解读中指出，故意不是构成要件，至少在期交会申请禁止令的诉讼中

[1] Jerry W. Markham, Rigers Gjyshi, *Commodities Regulation*: *Fraud, Manipulation & Other Claims*, § 3: 8 Scienter requirements for Sections 4o and 4c.

[2] Securities and Exchange Commission v. Capital Gains Research Bureau, Inc., 375 U. S. 180, 84 S. Ct. 275, 11 L. Ed. 2d 237 (1963).

[3] First Nat. Monetary Corp. v. Weinberger, 819 F. 2d 1334 (6th Cir. 1987).

[4] Jerry W. Markham, Rigers Gjyshi, *Commodities Regulation*: *Fraud, Manipulation & Other Claims*, § 3: 8 Scienter requirements for Sections 4o and 4c.

续表

适用范围	构成要件及判例
	不是。法院进一步追溯了 1974 年立法修订创造该条款的历史。立法历史表明，该修订的目的"是禁止未料到的对交易者的诱惑，消除不理想的商业做法"。法院也肯定了第 4o 条与第 4b 条功能上有所不同，因为它是落实"顾问与客户之间的信义义务（fiduciary capacity）"的。[1] 期交会认为，为了证明违反第 4b 条，必须证明被告虚假陈述或欺骗性遗漏有关期货交易的信息，且该虚假陈述或遗漏必须是重大的，被告知道该信息是虚假的且能预见导致的损害，或因重大过失无视信息的真实或虚假。当作出高度不合理的遗漏或虚假陈述时，该遗漏或虚假陈述产生误导顾客的危险，被告知悉或明显应当知道，主观要件就满足了。期交会也指出，第 4o（1）（A）条必须有故意构成要件，而第 4o（1）（B）条则不需要。[2] 第 4o 条也不包含第 4b 条和《证券交易法》第 10b 条"与……有关"（in connection with）的限制。第 4o 条也明确规定其适用于现有客户或潜在客户。美国联邦第十一巡回上诉法院认定第 4o 条欺诈行为也适用于开立账户有关的行为，即使《证券交易法》第 10b 条必须是买卖证券有关的欺诈行为。[3]期交会认定从事夸大潜在盈利的欺诈性销售的期货经纪商的工作人员，同时又作为商品交易顾问的，该虚假陈述直接导致顾客开立交易账户和商品期货合约交易时，该行为构成违反第 4o 条和第 4b 条的竞合，同时满足了第 4b 条与期货合约有关的条件。[4]

[1] CFTC v. Savage, 611 F. 2d 270 (9th Cir. 1979).

[2] In the Matter of Roane, Comm. Fut. L. Rep. (CCH) 30, 769 (CFTC 2008).

[3] Messer v. E. F. Hutton & Co., 833 F. 2d 909, Blue Sky L. Rep. (CCH) 72676, Fed. Sec. L. Rep. (CCH) 93545 (11th Cir. 1987).

[4] In the Matter of Pennings and Caulkins, Comm. Fut. L. Rep. (CCH) 28, 600 (C. F. T. C. 2001).

附表 10-4 行政赔偿和法院关于交易者适当性义务的判例

期交会判例裁决意见	法院判例[1]
1. 行政法官认定,只要不存在欺诈,期货经纪商就无义务对顾客进行调查以确定顾客是否适合该交易,除非经纪人有理由相信顾客不能自己评估适当性。上诉中,期交会强调从未采取任何调整经纪人与顾客关系的适当性规则。[2]期交会将行政法官以经纪人违反适当性义务课以责任的裁决都予以推翻,行政法官就以欺诈性诱导和未尽到适当风险披露义务为由认定责任。[3] 2. 行政法官认为顾客被诱导在收入上造假以便能够放大交易,风险披露报告不足以否定该欺诈。[4]	1. 美国联邦第一巡回上诉法院认定经纪企业主张法院拒绝《商品交易法》反欺诈条款包含适当性义务的诉由是对的。换句话说,针对经纪人或投资公司没有建议顾客该投资不适合他们的诉由不成立。但经纪企业不能逃避没有充分披露风险的索赔请求。[5] 2. 适当性义务是否暗含在《商品交易法》第 4b 条反欺诈条款中,法院通常持否定态度。但在情形非常恶劣时,有些法院会以经纪人明知不适合顾客而不向顾客披露该信息构成欺诈。 3. 关于适当性义务是否包含在普通法信义义务中。有些州法院认为在信义义务中包含适当性义务。但美国联邦第五巡回上诉法院确认,在密西西比法中,经纪企业没有确定顾客对高风险期货投资的适当性或警告顾客不适合风险的义务。[6]

[1] Jerry W. Markham, Rigers Gjyshi, *Commodities Regulation: Fraud, Manipulation & Other Claims*, 13 Commodities Reg. § 10: 8.

[2] Avis v. Shearson Hayden Stone Inc., Comm. Fut. L. Rep. (CCH) 20, 738, at 23, 059-061 (C. F. T. C. 1979).

[3] Jerry W. Markham, Rigers Gjyshi, *Commodities Regulation: Fraud, Manipulation & Other Claims*, 13 Commodities Reg. § 10: 6.

[4] Baker v. Yarusso, Comm. Fut. L. Rep. (CCH) 27, 707 (C. F. T. C. 1999).

[5] Schofield v. First Commodity Corp. of Boston, 793 F.2d 28, R. I. C. O. Bus. Disp. Guide (CCH) 6, 271 (1st Cir. 1986).

[6] Puckett v. Rufenacht, Bromagen & Hertz, Inc., Comm. Fut. L. Rep. (CCH) 25, 205 (5th Cir. 1992).

附表 10-5　期交会与法院风险揭示中的欺诈与误导的认定标准

期交会判例	法院判例
期交会和行政法官面临无数主张交易风险没有披露或被虚假陈述的案件。被告的抗辩通常是顾客是老练的，知悉风险。[1] 1. 顾客被认定有权获得赔偿，因为没有收到期货经营机构的风险披露报告。但期交会指出对被告没有披露的风险报告的信赖是一种推定，被告可通过证明顾客知悉期货交易的风险，没有风险披露报告，仍然会开立账户来推翻该推定，但期交会强调被告的举证负担会很重。[2] 2. 风险披露报告必须是在开立账户时提供，否则违规。[3] 3. 期交会不支持潜在盈利损失的索赔。理由是：对盈利的索赔让风险披露报告效力失灵，不支持。 4. 主观故意或重大过失不是未履行或未恰当履行风险披露报告义务的构成要件，也不必与违反第 4b 条反欺诈条款相同。	1. 美国联邦第十一巡回上诉法院认定经纪人告诉顾客风险披露报告仅仅只是形式。此外，在顾客阅读风险披露报告后，初始决定不开立账户，经纪人贬低了报告的意义和重要性，夸大盈利并保证风险不会发生，说服顾客开立账户。上述行为构成第 4b 条规定的欺诈，不得以提供风险披露报告进行抗辩。法院还指出，提供风险披露报告并不能免除经纪人《商品交易法》中规定的披露所有有关风险的重大信息给顾客的义务。而且更进一步指出，虚假陈述妨碍了顾客对风险披露报告中信息的了解与获得。[4] 2. 顾客是非老练投资者，被无数电话中的谎言所欺骗，虽提供了风险披露报告，但被告知风险披露报告仅仅满足法律强制性要求的形式，且不要读它。法院驳回风险披露报告已经给予顾客充分风险警示的抗辩。[5]

---

〔1〕Jerry W. Markham, Rigers Gjyshi, *Commodities Regulation*: *Fraud, Manipulation & Other Claims*, 13 Commodities Reg. § 9: 2.

〔2〕Abeyta v. Bear, Stearns & Co., Comm. Fut. L. Rep. (CCH) 21, 350, at 25, 661 (C. F. T. C. 1982); Shah v. David H. Siegel, Inc., Comm. Fut. L. Rep. (CCH) 21, 485 (C. F. T. C. 1982).

〔3〕Domenico v. Rufenacht, Bromagen & Hertz, Inc., Comm. Fut. L. Rep. (CCH) 23, 934 (C. F. T. C. 1987).

〔4〕Clayton Brokerage Co. of St. Louis, Inc. v. Commodity Futures Trading Com'n, 794 F. 2d 573 (11th Cir. 1986).

〔5〕Wegerer v. First Commodity Corp., 744 F. 2d 719 (10th Cir. 1984).

续表

期交会判例	法院判例
5. 尽管提供了风险披露报告，但其重要性被淡化或最小化（口头交流上贬低风险披露报告的重要性）可能让风险披露效果失灵，同样构成违法。如经纪商口头的虚假陈述完全抵消了书面的风险披露报告。[1] 6. 对盈利过度吹嘘并不因为提供风险披露报告而被免责。这会导致顾客相信某个具体投资一定会盈利，并不能因为经纪人作了形式上的风险披露，就能逃避责任。[2] 7. 风险披露报告是在顾客决定用其账户进行投资的两天后签署的，销售后的披露不能纠正或补救先前的虚假陈述。[3] 8. 在虚假陈述索赔中，被告仅仅以顾客获得披露某些重大信息的文件或作了了解风险的声明等作为证据并不充分，不能抵消原告索赔主张。[4] 9. 期交会认定下列行为违法：(1) 告	3. 在销售商品权之后提供风险披露报告不能补救先前在购买期权中的虚假陈述，因为交易已经达成且期权费已经支付了。[5] 4. 与顾客协议中的合同条款不能用于免除经纪人违反《商品交易法》的法律责任。法院认定，顾客不能被强制要求豁免经纪人违反《商品交易法》的责任。[6] 5. 美国联邦第五巡回上诉法院认定，风险披露报告不能免除经纪人披露其他有关风险的重大信息的义务。额外需要披露重大信息的数量取决于交易的事实和情形，以及经纪人和顾客的关系。[7] 6. 原告签署风险披露报告和投资者有投资经验并不能排除其对期货经营机构有关期货交易虚假陈述的信赖。法院指出，通常，签订风险披露报告履行了经纪人告知顾客交易的风险的义务，但虚假陈述抵消了

---

[1] Myhre v. First Commodity Corp., Comm. Fut. L. Rep. (CCH) 23, 487 (C. F. T. C. 1987).

[2] Miller v. First Commodity Corp., Comm. Fut. L. Rep. (CCH) 23, 577 (C. F. T. C. 1987).

[3] Fisher v. Apache Trading Corp., Comm. Fut. L. Rep. (CCH) 23, 582, at 33, 528 n. 4 (C. F. T. C. 1987).

[4] Oram v. National Monetary Fund, Comm. Fut. L. Rep. (CCH) 23, 670 (C. F. T. C. 1987).

[5] Hill v. Bache Halsey Stuart Shields Inc., 790 F. 2d 817, 20 Fed. R. Evid. Serv. 932 (10th Cir. 1986).

[6] Myron v. Hauser, 673 F. 2d 994 (8th Cir. 1982).

[7] Puckett v. Rufenacht, Bromagen & Hertz, Inc., 903 F. 2d 1014 (5th Cir. 1990).

续表

期交会判例	法院判例
知可获得巨大盈利，顾客损失风险可通过止损订单加以限制；(2) 风险披露报告大打折扣。期交会还认定，风险披露报告本身并不能构成免责的盾牌或给予撒谎或作出毫无根据虚假陈述的许可。[1]经纪人虽然提供风险披露报告，但作出的陈述明显意图贬低期货交易中的风险，严重损害了风险披露报告的作用。口头盈利保证完全让风险披露报告无用。[2] 10. 期交会认定，顾客开立账户时经纪人没有提供《期监会规章》第1.55节要求的风险披露报告，就可推定如果提供了风险披露报告，顾客就不会开立账户，因为它是评估期货交易风险的重大性文件。要推翻该推定，经纪人就必须举证证明顾客了解了报告的信息，顾客明知并愿意承担交易的风险。[3]	风险披露报告的效力，降低其重要性仍然会导致其效果的否定。[4] 7. 美国联邦第七巡回上诉法院认定提供风险披露报告不足以免除经营机构人的责任，因为该披露报告同时伴随重大遗漏和有关风险的虚假陈述。而且，法院认定将与顾客会晤录音，询问其是否阅读风险披露报告和是否作出虚假陈述并不足以规避期货经营机构承担的责任，因为法院认定这是一种规避期交会要求的不当行为。[5] 8. 美国联邦第六巡回上诉法院认定《商品交易法》第4b条要求原告证明被告故意对重大事实作出虚假陈述以诱导信赖，原告信赖该虚假陈述，该信赖导致了原告损失。提供充分的有关风险的信息披露的必要程度取决于交易的具体事实和情形以及顾客与经纪人之间的关系。法院还指出，仅仅提供风险披露报告并不能免除经纪人《商品交易法》中向顾客披露所有有关风险重大信息的义务。

[1] Rasheed v. Heinold Commodities, Inc., Comm. Fut. L. Rep. (CCH) 21, 837, at 27, 526 (C. F. T. C. 1983).

[2] Nyahay v. National Monetary Fund, Inc., Comm. Fut. L. Rep. (CCH) 23, 121, at 32, 323 (C. F. T. C. 1986).

[3] Wisbey v. Merrill Lynch, Pierce, Fenner & Smith, Inc., Comm. Fut. L. Rep. (CCH) 24, 594 (C. F. T. C. 1990).

[4] McAnally v. Gildersleeve, Comm. Fut. L. Rep. (CCH) 26, 006 (8th Cir. 1994).

[5] JCC, Inc. v. CFTC, Comm. Fut. L. Rep. (CCH) 26, 492 (11th Cir. 1995).

附表10-6 期交会赔偿程序三种机制比较

	自愿程序	简易程序	正式程序
法律基础	《期监会规章》第12.26（a）节、第12.100节—第12.106节	《期监会规章》第12.26（b）节和（c）节、第12.1节—第12.36节、第12.200节—第12.210节和第12.400节—第12.408节	《期监会规章》第12.1节—第12.36节、第12.300节—第12.408节
适用的案件	1. 书面裁决。 2. 双方当事人对赔偿金额外的其他事项，如投诉、答辩、反申请或答辩都达成一致。对达成一致后发生的事件，可提起补充起诉。 3. 唯一准许的动议就是发现程序动议，这是调整该程序的规则明确允许的。 4. 口头作证和对当事人或证人的盘问都不被允许。支持起诉的证据必须是宣誓文件、非当事人的证言、事实陈述和其他合适的书面文件和有形证据。一旦证据收集完成，裁判	1. 当事人不愿选择自愿程序。损失如果超过3万美元，则触发正式程序。 在初步裁决作出前，双方都可选择退出，采用自愿程序，但必须双方一致。 2. 损失赔偿请求，不包括利益和成本，或反申请不超过3万美元。 3. 简易程序裁判官享有举行裁决前会议的额外权力，有权对各种动议作出裁定，按照规章第12.210节的规定作出初步裁决。第12.208节规定，当事人可以通过核实文件和知情非当事人的书面证词和其他文件等有形证据支持其主张。 根据动议，有必要且适当解决事实问题时，	1. 双方都没有选择自愿程序，当事人也没有人选择简易程序，损失除利益和诉讼费用超过3万美元，且缴纳诉讼费。 2. 正式程序由行政法官主持，他有权在听证前举行会议简化或理顺裁决程序，发布发现令和传唤令，采取必要措施，对当事人没有遵守程序规则或对动议作出裁定。规章第12.303节允许行政法官召开裁决前会议，第12.304节授权行政法官发布再次听审令，认证给委员会的临时禁

续表

自愿程序	简易程序	正式程序
官员就作出最终裁决并按第12.106节报备,当事人可立即获得裁决的副本。 5. 最终裁决本身就包含对被指控的违法的最终认定、反申请的认定以及损失的认定,但不超过起诉金额。裁决官员同时签发命令要求败诉方支付赔偿金额。损失不包括裁决前的利益、律师费或其他成本。裁决是最终的,并在下达后的30天内生效,不受期交会复议审查和上诉法院的司法审查,除非期交会在30天内自己决定审查。除非期交会中止,一旦裁决生效,必须在45天内支付赔偿,否则被告就会被中止经营资格。	当事人和证人可提供口头证词。如果裁判官允许口头作证,当事人就会收到通知。口头作证可在华盛顿或通过电话进行。如果裁判官要求,就必须按命令要求出席在华盛顿举行的口头听证。不同意出席可能被命令通过电话作证或审查。听证限制在裁判官指定的范围。第12.209(b)节允许当事人通过电话参与口头听证。接到通知的当事人必须在计划听证前两天前告知能够通知到他(她)的正确电话号码。裁判官可自由裁量是否对作证和审查进行监管,电话会被录音,记录将可供期交会或联邦上诉法院审查。	令,发布驳回令、弃权令、速裁令,主持口头听证和获得相关证据,管理和确认誓言,审查证人,对证据提供作出裁定,作出初裁,签发命令和采取其他必要措施。

续表

	自愿程序	简易程序	正式程序
	6. 当事人自愿放弃口头听证和书面的事实认定、裁决前利益或上诉等权利。		
裁判者	裁判官员	裁判官员	行政法官
复议、上诉	无	复议、上诉与正式程序相同	复议、上诉

附表10-7 三种纠纷解决机制利弊比较

仲裁	行政赔偿程序	法院民事诉讼
正式性最弱	正式性较弱	正式性强（发现程序和动议）
上诉受到严格限制，耗时短	受到限制，相对短	不受限制，漫长
比较便宜	相对于诉讼，便宜	昂贵
无发现程序，证据取得渠道受限制	有限发现程序，当事人自己取证，但可从平行行政执法中获得证据支持	发现程序，复杂案件尤其有用
仲裁员可能武断，不确定性因素大，无须出具书面裁决，无法了解被驳回的理由，上诉渠道受到限制，即使有严重错误也难以得到纠正	由专业裁判官和行政法官负责案件事实及法院裁决，对裁决可向期交会申诉，并可上诉到联邦法院，裁决可请求法院强制执行	事实判断可由陪审团进行，证据收集及争议辩论依靠双方律师，法院主要负责释法
小额索赔具有明显优势	适用于小额、不那么复杂的案件	适用于大额、复杂索赔案件

附表 10-8 三种纠纷解决机制程序比较

	仲裁	行政赔偿程序	民事诉讼程序
依据	《商品期货交易委员会法案》第 5d（13）条和第 17（b）条	《商品期货交易委员会法案》第 14 节	《商品期货交易委员会法案》第 22（a）条
裁判主体	合约市场和期货协会监督的仲裁机构，并受期交会监管	期交会行政法官、裁判官员；期交会；上诉法院	联邦法院
原告	会员的顾客	期货经营机构的顾客	无限制
被告	交易所与期货协会的会员及其从业人员	注册的实体（工作人员），包括期货经纪商、引介经纪人、地面经纪人、地面交易商、商品交易顾问、商品池管理者（工作人员）（1983 年修改第 14 节将未注册的排除），但《期监会规章》第 12.2 节将注册者（registrant）定义为包括豁免注册的人不能针对合约市场，因为合约市场是被指定的，而不是注册的。但按第 17 节，期货协会是注册实体，可作为被告	注册与未注册的实体及从业人员
案由	会员与顾客的合同纠纷	违反《商品期货交易委员会法案》、期交会的监管规则	侵权、合同纠纷普通法诉讼
诉求	限于会员与顾客合同纠纷	限于违法侵权损害赔偿，不适用违约纠纷和其他确认之诉	无限制

续表

	仲裁	行政赔偿程序	民事诉讼程序
程序	发现程序 集团诉讼	发现程序（有限的） 无集团诉讼	发现程序 集团诉讼
执行	法院	期交会、法院	法院

附表 10-9　期交会赔偿程序与证交会投资者赔偿解决机制的比较

证交会	期交会行政索赔程序
证交会有三种方法赔偿受到伤害的投资者。对接管收入进行分配（distribution by receivers）、分配违法者交回的获利和分配民事罚款。 三种技术有一个共同点，证交会都是作为顾问的角色，获得救济，选择提起诉讼，寻求某些救济，或作为对手方谈判和解。	通过赔偿程序，期交会提供了一个解决期货顾客和期货经营机构之间民事赔偿纠纷的场所。与证交会的赔偿功能相反，期交会扮演的是类似法官或仲裁者的角色。 (1) 争端必须是期货经营机构及从业人员与顾客（无论是企业还是个人）之间的争端。(2) 必须是违反了《商品期货交易委员会法案》或期交会的规则，如违反信义义务、违反欺诈、未授权交易、资金侵占或过度交易（为获得佣金收入而过度交易）等。(3) 违法者必须是在期交会注册的或在投诉时完成了注册的期货机构或从业人员。(4) 法定时效限制。必须是在投资者知道或应当知道违法行为存在的两年内。 期交会赔偿行政程序为受害投资者提供了三种程序：自愿程序（voluntary proceeding）、简易诉讼（summary proceeding）和正式程序（formal proceeding）。上述三类程序都是自愿性质的，投资者选择赔偿方案索赔是自愿的，也可选择法院诉讼，还可选择仲裁。 选择期交会的索赔程序必须签订一个协议，同意放弃私人诉讼，但仍然有 45 天窗口期选择索赔程序。为减少重复诉讼，期交会索赔程序规则禁止针对同一被告基于同一事实的平行程序。如果构成平行程序，要排除索赔程序，投资者必须提起仲裁或诉讼。 索赔程序救济包括违法导致的实际损失。在简易和正式程序中，如果在合约市场故意违法执行订单，也可

续表

证交会	期交会行政索赔程序
	裁决实际损失两倍的惩罚性赔偿。投资者请求实际赔偿和惩罚性赔偿，要证明实际损害，证明惩罚性是适当的。为保持期交会作为裁决者而不是律师的角色，当事人负担取证成本。这与证交会公平基金相反，证交会承担取证成本。 期交会涉入投资者赔偿不仅限于赔偿方案或裁决角色。它也追求类似证交会的强制执行，在行政或司法程序中充当受害者顾问的角色。而且，期交会还可寻求返还的衡平救济。

参考文献

1. 曹理:《证券内幕交易构成要件比较研究》,法律出版社 2016 年版,第 237—238 页。
2. 程合红主编:《〈证券法〉修订要义》,人民出版社 2020 年版。
3. 贺绍奇:《期货立法基础理论研究》,中国财富出版社 2015 年版。
4. 江必新主编:《最高人民法院〈关于审理期货纠纷案件若干问题的规定〉的理解与适用》,人民法院出版社 2015 年版。
5. 姜洋主编:《期货市场新法规解释与适用》,法律出版社 2007 年版。
6. 刘俊海、宋一欣主编:《中国证券民事赔偿案件司法裁判文书汇编》,北京大学出版社 2013 年版。
7. 马其家:《证券民事责任法律制度比较研究》,中国法制出版社 2010 年版。
8. 彭真明等:《期货违法违规行为的认定与责任研究》,中国社会科学出版社 2012 年版。
9. 王瑞贺、方星海主编:《中华人民共和国期货和衍生品法释义》,法律出版社 2022 年版。
10. 王瑞贺主编:《中华人民共和国证券法释义》,法律出版社 2020 年版。
11. 吴庆宝、江向阳主编:《期货交易民事责任——期货司法解释评述与展开》,中国法制出版社 2003 年版。
12. 吴庆宝主编:《期货诉讼原理与判例》,人民法院出版社 2005 年版,第 212 页。
13. 熊进光:《金融衍生品侵权法律问题研究》,中国政法大学出版社 2014 年版,第 269 页。

14. 叶林主编：《期货期权市场法律制度研究》，法律出版社 2017 年版。
15. 叶林主编：《中华人民共和国期货和衍生品法理解与适用》，中国法制出版社 2022 年版。
16. 张国炎、张建：《期货犯罪与防范论》，人民法院出版社 2005 年版。
17. 张明楷：《刑法学》（第四版），法律出版社 2011 年版。
18. 中国证券监督管理委员会行政处罚委员会编：《证券期货行政处罚案例解析》（第一辑），法律出版社 2017 年版。
19. 周光权：《刑法各论》（第四版），中国人民大学出版社 2021 年版。
20. 蔡奕：《信息型操纵基本法律范畴分析》，载《证券法苑》2016 年第 2 期。
21. 陈洁：《从问题性思考到体系化安排——〈关于依法从严打击证券违法活动的意见〉评述》，载《证券法苑》2021 年第 4 期。
22. 陈立峰、王海量：《论我国〈仲裁法〉的管辖范围》，载《北京仲裁》2006 年第 1 期。
23. 程红星、王超：《美国期货市场操纵行为认定研究》，载《期货及衍生品法律评论》2018 年。
24. 单素华：《证券纠纷特别代表人诉讼相关程序性法律问题分析》，载《投资者》2020 年第 4 期。
25. 单素华：《证券民事公益诉讼机制的司法路径探索》，载《投资者》2019 年第 4 期。
26. 董新义：《域外证券期货纠纷调解程序安排及其启示》，载《金融服务法评论》2018 年。
27. 董新义、王馨梓：《新〈证券法〉证券纠纷调解的保障机制建设——以域外经验为借鉴》，载《银行家》2020 年第 2 期。
28. 杜惟毅、张永开：《美国期货市场信息型操纵监管研究专刊》，载《证券法制通讯》2010 年第 14 期。
29. 关敬杨：《新证券法中国特色证券集体诉讼制度研究》，载《中国证券期货》2020 年第 3 期。
30. 何海锋、席琢玉：《从〈股票交易条例〉到新〈证券法〉——法律责任的视角》，载《金融博览》2020 年第 12 期。

31. 贺绍奇：《美国商品期货内幕交易法的最新发展及内幕交易第一案》，载《期货及衍生品法律评论》2018 年。

32. 胡学军、罗楠：《中国金融案例测试机制生成的内在逻辑》，载《上海金融》2022 年第 9 期。

33. 黄佩蕾：《2015—2019 年上海法院证券虚假陈述责任纠纷案件审判情况通报》，载《上海法学研究》集刊 2020 年第 8 卷。

34. 贾纬：《证券市场侵权民事责任之完善》，载《法律适用》2014 年第 7 期。

35. 姜德华：《期货市场反操纵监管问题研究》，载《价格理论与实践》2022 年第 5 期。

36. 蒋军堂：《论我国证券纠纷多元化解决机制的完善》，载《洛阳师范学院学报》2021 年第 8 期。

37. 李辽：《证券期货仲裁：金融法治建设新路径》，载《法人》2021 年第 11 期。

38. 李明良、李虹：《期货市场内幕交易的内涵：以美国为中心的考察》，载《证券法苑》2014 年第 4 期。

39. 李明良、马行知：《期货交易所采取紧急处置措施时的免责制度研究》，载《证券法律评论》2020 年。

40. 李雪纯：《我国证券诉讼特别代表人制度的司法困境及解决对策》，载《中国证券期货》2021 年第 4 期。

41. 林少兵、王畅：《经纪机构在贵金属延期交易强行平仓前负有通知义务》，载《人民司法》2013 年第 14 期。

42. 林文学、付金联、周伦军：《〈关于审理证券市场虚假陈述侵权民事赔偿案件的若干规定〉的理解与适用》，载《人民司法》2022 年第 7 期。

43. 林晓镍、单素华、黄佩蕾：《上海金融法院证券纠纷示范判决机制的构建》，载《人民司法》2019 年第 22 期。

44. 林晓镍、单素华、朱颖琦：《全国首例证券群体性纠纷示范判决解析——投资者诉方正科技公司证券虚假陈述责任纠纷案》，载《证券法苑》

2020 年第 1 期。

45. 刘宏光：《我国期货市场行政处罚案例透视：1999—2018》，载《金融法苑》2019 年第 2 期。

46. 刘连煜：《内部人交易中消息领受人之责任》，载《中兴法学》1994 年第 38 期。

47. 刘宪权：《操纵证券、期货市场罪"兜底条款"解释规则的建构与应用抢帽子交易刑法属性辨正》，载《中外法学》2013 年第 6 期。

48. 刘晓春、姜婧姝：《中国资本市场纠纷解决机制的局限与创新——以深圳证券期货业纠纷调解中心的实践为视角》，载《金融法苑》2019 年第 2 期。

49. 卢勤忠、黄敏：《期货市场中"抢先交易"行为的刑法规制》，载《政治与法律》2017 年第 9 期。

50. 栾春旭：《金融衍生品市场操纵行为的识别与规制——以国内证券市场首个 ETF 操纵交易案为例》，载《福建金融》2019 年第 11 期。

51. 马雪程：《证券期货行业仲裁机制研究——以完善证券期货纠纷多元化解机制为视角》，载《投资者》2021 年第 1 期。

52. 缪因知：《操纵证券市场民事责任的适用疑难与制度缓进》，载《当代法学》2020 年第 4 期。

53. 倪培根：《论我国证券期货纠纷示范判决机制的制度化展开》，载《河北法学》2019 年第 4 期。

54. 皮琬泉：《证券纠纷调解研究——以中证法律服务中心为研究对象》，华东政法大学 2021 年硕士学位论文。

55. 上海市高级人民法院课题组、郭伟清：《多元化解证券期货纠纷协调对接机制发展现状与完善建议——以诉调对接为研究重点》，载《投资者》2019 年第 3 期。

56. 沈伟、沈平生：《我国证券纠纷调解机制的完善和金融申诉专员制度合理要素的借鉴》，载《西南金融》2020 年第 5 期。

57. 施明浩：《金融创新下证券纠纷解决模式比较——从纠纷调解机制的视角》，载《证券市场导报》2013 年第 9 期。

58. 汤欣、杨青虹：《期货跨操纵市场的界定与立法完善》，载《期货及衍生品法律评论》2018 年。
59. 巫文勇：《金融衍生产品交易侵权民事法律责任研究》，载《甘肃政法学院学报》2012 年第 1 期。
60. 吴庆宝：《解读最高人民法院〈关于审理期货纠纷案件若干问题的规定〉》，载《法律适用》2003 年第 8 期。
61. 徐明、卢文道：《证券交易所自律管理侵权诉讼司法政策——以中美判例为中心的分析》，载《证券法苑》2019 年第 3 期。
62. 徐绍史：《关于〈中华人民共和国期货法（草案）〉的说明——2021 年 4 月 26 日在第十三届全国人民代表大会常务委员会第二十八次会议上》，载《中华人民共和国全国人民代表大会常务委员会公报》2022 年第 3 期。
63. 徐瑶：《信息型操纵市场的内涵与外延——基于行政和刑事案件的实证研究》，载《证券法苑》2017 年第 3 期。
64. 薛峰、马荣伟：《论审判在证券市场风险防范化解中的作用》，载《中国应用法学》2020 年第 1 期。
65. 杨东：《论我国证券纠纷解决机制的发展创新———证券申诉专员制度之构建》，载《比较法研究》2013 年第 3 期。
66. 杨秋林：《试论操纵证券市场的民事责任研究》，载《证券法律评论》2017 年。
67. 翟浩：《论我国商品期货交割库交割违约时的责任分配》，载《河北法学》2022 年第 5 期。
68. 张治红：《编造、传播虚假信息行政处罚案例综述》，载彭冰主编：《规训资本市场：证券违法行为处罚研究》，法律出版社 2018 年版。
69. 李有星：《中小投资者保护工作效果评估和制度完善研究——以投服中心为例》，载《投资者》2021 年第 2 期。
70. 钟维：《跨操纵市场的行为模式与法律规制》，载《法学家》2018 年第 3 期。
71. 钟维：《期货强行平仓的法律属性及规则解释》，《河南财经政法大学学报》2017年第6期。

72. 钟维：《期货市场内幕交易：理论阐释与比较法分析——兼论我国期货法之内幕交易制度的构建》，载《广东社会科学》2015年第4期。

73. 朱志峰：《对证券欺诈民事赔偿"难"的思考》，载《广东社会科学》2013年第6期。

74. 竺常贇：《民法典施行背景下的金融法裁判方法》，载《法律方法》2020年第3期。

75. 宋一欣：《操纵股价民事赔偿诉讼审理亟待从六方面予以完善》，载《证券时报》2021年3月4日，第A008版。

76. 王可：《上海金融法院推出金融市场案例测试机制》，载《中国证券报》2022年7月6日，第A02版。

77. 吴晓璐：《证券期货多元纠纷化解扩围升级 筑牢投资者保护之基》，载《证券日报》2022年3月15日，第A03版。

78. 吴晓璐：《投资者保护八大典型案例出炉》，载《证券日报》2022年5月16日，第A02版。

79. 杨东：《我国证券期货纠纷多元化解机制发展的里程碑——评〈关于在全国部分地区开展证券期货纠纷多元化解机制试点工作的通知〉》，载《上海证券报》2016年7月18日，第7版。

80. Basel Committee on Banking Supervision,"Customer Suitability in the Retail Sale of Financial Products and Services", available at https://www.iosco.org/library/pubdoes/pdf/IOSCOPD268.pdf, last visited on 2022-12-3.

81. Danny Busch, Guido Ferrarini, *Regulation of the EU Financial Markets: MiFID II and MiFIR*, Oxford University Press, 2017, p.568.

82. Maro Ventoruzzo, Sebastian Mock, *Market Abuse Regulation Commentary and Annotated Guide*, Oxford University Press, 2017, p.106.

83. Jerry W. Markharn, Rigers Gjyshi., *Commodities Regulation: Fraud, Manipulation & Other Claims*, §3: 8 Scienter requirements for Sections 4o and 4c.

84. Kenneth M. Raisler, Edward S. Geldermann, "The CFTC's New Reparation

Rules: In Search of A Fair, Responsive, and Practical Forum for Resolving Commodity-Related Disputes", 40 *Bus. Law.*, 539 (1985).

85. Robert C. Lower, "Disuptions of Futures Market: A Comment on Deraling with Market Manipulaiton", 8 *Yale J. on Reg.*, 391 (1991).

86. Jerry W. Markham, "Manipulation of Commodity Futures Prices-The Unproscutable Crime", 8 *Yale J. on Reg.*, 281 (1991).

87. (Robin) Hui Huang., "Rethinking the Relationship Between Public Regulation and Private Litigation Evidence From Securities", 19 *Theoretical Inquiries in Law.*, 333 (2018).

88. Rosa M. Abrantes-Metz, Gabriel Rauferbery, Andrew Verstein, "Revolution in Manipulation Law: The New CFTC Rules and the Urgent Need for Economic and Emprical Analyses", 15 *Pa. J. Bus.*, 357 (2013).

89. Rudiger Veil, *European Capital Markets Law*, 2nd ed., Hart Publishing, 2017, pp. 171, 172.

90. Walter C. Greenough., "The Limits of the Suitability Doctrine in Commodity Futures Trading", 47 *Bus. Law*, 3 (1992).